THE LUCIANIC MANUSCRIPTS
OF 1 REIGNS

HARVARD SEMITIC MUSEUM

HARVARD SEMITIC MONOGRAPHS

edited by
Frank Moore Cross

Number 50
THE LUCIANIC MANUSCRIPTS
OF 1 REIGNS
Volume 1
Majority Text

by
Bernard A. Taylor

Bernard A. Taylor

THE LUCIANIC MANUSCRIPTS OF 1 REIGNS

Volume 1

Majority Text

Scholars Press
Atlanta, Georgia

THE LUCIANIC MANUSCRIPTS
OF 1 REIGNS
Volume 1
Majority Text

by
Bernard A. Taylor

Library of Congress Cataloging in Publication Data
Taylor, Bernard A. (Bernard Alwyn), 1944-
    The Lucianic manuscripts of 1 Reigns / Bernard A. Taylor.
        p. cm. — (Harvard Semitic monographs; no. 50)
    Revision of pt. 2 of author's thesis (doctoral)—Hebrew Union
College-Jewish Institute of Religion, 1989.
    "The running text [of the Lucianic manuscripts of 1 Reigns]
primarily consists of all the readings supported by a majority of
the family, while the critical apparatus contains the lists of the
variants...both family and non-family"—V.1, introd.
    Contents: v. 1. Majority text.
    ISBN 1-55540-785-4 (cloth)
    1. Bible. O.T. Kings, 1st. Greeks—Versions Septuagint-
-Criticism, Textual.   I. Bible. O.T. Kings, 1st. Greek.
Septuagint. 1992.   II. Title.   III. Series.
BS1334.G7S48   1992.
222'.53048—dc20   92-36940
                                         CIP

Printed in the United States of America
on acid-free paper

Contents

To

Alyna, Clynton, Danelle

from the bottom of my heart

Preface

These two volumes represent my 1989 Hebrew Union College–Jewish Institute of Religion doctoral dissertation: "An Analysis of Manuscripts b o c2 e2 in 1 Reigns." Since that time both have been extensively revised, both in format and content. Volume one provides the text necessary for the analysis of the Lucianic manuscripts found in volume two.

Dr Tsevat, my doctoral advisor, opened to me the field of Samuel studies in my first semester at the College. Dr Emanuel Tov of Hebrew University, having learned of my interest in the Septuagint first nurtured at Sydney University in Australia, challenged me to study the Lucianic text. Through him I met Dr Robert Kraft of the University of Pennsylvania who agreed to serve as a reader on my committee. Finally, Dr Stephen Kaufman, advisor for my course work at the College, first introduced me to computers and their academic potential, and subsequently served as first reader. I am grateful to each for his guidance and interest in my fledgling scholarship.

To my family, Alyna, Clynton, and Danelle, I owe much for their long-suffering patience and ongoing support as time extended far beyond the original (optimistic) schedules as new horizons for research appeared. However, more than their patience has been their belief both in me and in my ideas which enabled them to provide encouragement when the end was not in sight.

The Creation of the Majority Text

. . . Origen has something to teach the modern textual critic of the LXX: such a scholar, influenced by classical scholarship, exerts all his energy on recovering the original texts of the translators, forgetting that the LXX was a living and ever changing entity, and forgetting too that many scholars outside his own field–and here I have in mind the patristic scholar in particular–would like to see an edition of the LXX as current, say, in fourth century Antioch–to give but one example that might actually be feasible. [As indeed attempted by Lagarde, with, alas, lamentable results!][1]

As is detailed in Chapter One of Volume Two, central to this study is the database of the Greek variants for 1 Reigns created from the second apparatus of Brooke-McLean's Larger Cambridge Septuagint.[2] One of the new avenues of research this has made possible is the detailed study of families and sub-families of manuscripts, and the presentation of their evidence in a fully documented edition.

Traditionally there have been two methods of publishing such a text: either as a diplomatic text where one particular manuscript is selected as the representative text (with only minor editorial adjustments) and the variants of the other manuscripts are printed in the apparatus; or as a critical edition where the text contains readings selected on a unit-by-unit basis according to certain criteria, with the apparatus again containing the

---

[1] S. P. Brock, "Origen's Aims as a Textual Critic of the Old Testament" (*Studia Patristica*, Vol. 10 [1970]), p. 218.

[2] A. E. Brooke, and N. McLean, with H. St J. Thackeray, *The Old Testament in Greek According to the Text of Codex Vaticanus, Supplemented from Other Uncial Manuscripts, with a Critical Apparatus containing the Variants of the Chief Ancient Authorities for the Text of the Septuagint*. Volume II: The Later Historical Books. Part I. I and II Samuel (Cambridge: Cambridge University Press, 1927).

variants of the manuscripts. The Cambridge Septuagint follows the former method and the Göttingen Septuagint follows the latter.

When a small group or family of manuscripts such as the Lucianic manuscripts[3] is under investigation there are difficulties with both approaches. If a diplomatic text is attempted the question immediately arises as to which one of the group is to be selected for the running text. This text is the initial point of contact for scholars studying the manuscript family, so it is important that the text be as representative of the family as possible.[4] If each of the witnesses in the family is significantly idiosyncratic then the choice of a single base manuscript would hinder rather than help.[5]

The critical edition consists of two separate but unified parts: the critical text and the critical apparatus, each with its own set of editorial decisions. The critical text is constructed eclectically unit-by-unit in accord with predetermined editorial principles on the basis of existing witnesses and conjectural inferences drawn from those witnesses. Normally an eclectic approach attempts to recreate a text form no longer directly available in any one of the preserved witnesses.

This approach depends to a large extent on the editor's ability to identify sub-families and conjecture which readings seem to be the oldest and/or most capable of providing the basis from which the other readings developed. With a very limited textual base such as found among the Lucianic manuscripts from which to work the eclectic approach may

---

[3]For 1 Reigns, these are MSS b o c$_2$ e$_2$. For further details see the List of Symbols.

[4]The choice of a text from outside the family under study would confine the distinctive group readings to the apparatus as is the case with the majority of the manuscripts in the Cambridge Septuagint.

[5]It is clear from the analysis in Chapter Three of Volume Two that none of the Lucianic manuscripts is suitable for use as the running text because of the amount of individual readings each contains.

founder for lack of sufficiently broad controls, and may result in largely subjective guess-work.

Accordingly, for the Lucianic manuscripts a third type of text, the majority text, has been created for 1 Reigns to bridge between the diplomatic edition of Brooke-McLean and a full-blown critical edition of 1 Reigns.[6] The running text primarily consists of all the readings supported by a majority of the family, while the critical apparatus contains the lists of the variants with their manuscript support, both family and non-family.

For those places in the running text where there is no majority reading eclectic procedures are followed: the reading among the variants that either best accords with the overall characteristics of the family,[7] or that best accounts for the other variants present, is adopted and included in the text.[8] To indicate that these are not majority readings they are

---

[6]The majority text shares characteristics of both the diplomatic edition and the critical edition. Like the diplomatic edition which faithfully reproduces one text, where there are majority readings they are mechanically selected; and where there are no majority readings eclectic procedures are followed in the selection of the readings. As with both the diplomatic edition and the critical edition an apparatus of the variant readings is included, and like the eclectic edition the manuscripts are grouped according to families.

[7]A typical example is found in 6:18. As noted in Chapter Three of Volume Two the majority of the Lucianic manuscripts usually read σατραπων, but in 6:18 MS be₂ read σατραπιων, leaving no majority reading. The evidence points to MS e₂ as having been harmonized to the non-Lucianic reading here, and thereby aligned with MS b (which does not share the majority reading elsewhere as well). This means that the usual Lucianic reading is the preferred reading, and is included in the text.

In some instances the alternatives have equal weight, and at best a value judgment based on knowledge of the family of manuscripts is made, although at times it is an arbitrary decision. Especially is this true when attempting to decide whether one reading has entered due to harmonization, or another has dropped out for some reason.

[8]At 1:1 there are three variations on the name: MS b has Σωφ, MS e₂ has Σιφ, MS o has Ωφ, while MS c₂ omits. The reading of MS b is adopted because MSS be₂ witness to a name beginning with Σ-, MS e₂ witnesses to a name ending with -φ, while MSS bo witness to a name ending with -ωφ, all of which is met by the form Σωφ which is adopted for the majority text.

enclosed within square brackets in the text: e.g. [Σωφ]. If the minority reading adopted for inclusion is an omission,[9] then the text is marked by four dashes ("[----]"), and four dashes form the lemma in the critical apparatus.

For the most part the Lucianic majority text was created by computer, with manual intervention only required at two levels: selecting the non-majority readings for the running text, and overall editing of the text.[10]

It should be noted that in some instances the critical apparatus entries do not account for all of the Lucianic manuscripts. This occurs when the lemma is listed without variants, but not all of the Lucianic manuscripts are included.[11] In 1:1 the Lucianic majority reading is:

εξ ορους[2] boe$_2$ y M(mg)g

In the Brooke-McLean apparatus, from the perspective of Codex Vaticanus, the diplomatic text, this is an addition, but when it comes over to the Lucianic majority text it is part of the text. Presented thus in the apparatus it appears as though the reading for MS c$_2$ has been over-looked. This is not the case. If MS c$_2$ alone were to have been listed as

---

[9]At 9:12 there is a split reading: MSS be$_2$ have εν with the dative while oc$_2$ omit it. The shorter text is accepted because the preposition appears to have been included to harmonize with the following phrase: (εν) τω λαω εν Βαμα, and the Lucianic manuscripts do omit this preposition with the dative in preference for the simple dative in a significant number of instances.

[10]As detailed in Chapter One of Volume Two, the format of the database calls for one (Greek) word per line. To simplify their apparatus Brooke-McLean often used spans–a series of three or more words cited in the apparatus by using only the first and the last words separated by a dash as the lemma for the variants to that passage. When these were entered in the database it was necessary to combine all of the separately-listed phrases. As a result the computer reconstruction formed smaller phrase units or even single words for the apparatus when they were recombined since the computer was programmed to combine only readings supported by the same manuscript or group of manuscripts. Manual editing restored the integrity of the longer Lucianic family readings.

[11]Where variants to the lemma are listed, the Lucianic manuscripts not otherwise listed share the lemma reading.

omitting this reading[12] it would have left the rest of the database manuscripts unaccounted for. On the other hand if all the database manuscripts that have no reading at this point (Ba₂ Acx dpqtz efmsw M(txt)Nahinvb₂) were to be listed along with MS c₂ as omitting, then an unwarranted picture of commonality would have been created.[13] Accordingly, when a Lucianic manuscript is not listed it is because it has no reading at that point, but there is no evidence to link the omission with other (non-Lucianic) manuscripts.[14]

The majority text thus created facilitates the study of the selected family of manuscripts. First, it excludes the non-recensional singular readings of each family manuscript that arose over the centuries, but retains them in the apparatus for study. Second, it contains the combined witness of the family to the underlying text which dated from the time that the manuscripts were edited. According to Brock, in the case of the Lucian manuscripts this was soon after the text was created. He says:

> The conclusion to be drawn from the investigation . . . is that the five mss that constitute *L*[ucian], although none is earlier than the tenth century, accurately reflect the type of text that was current in and around Antioch as early as the first half of the fourth century, that is to say, shortly after Lucian's death.[15]

---

[12]As: εξ οϱους² boe₂ y M(mg)g] > c₂

[13]As: εξ οϱους² boe₂ y M(mg)g] > c₂ Ba₂ Acx dpqtz efmsw M(txt)Nahinvb₂. Even if all the manuscripts were to omit–or lack–the reading for the same reason, it is still an unwarranted picture, because it is not possible to know of such a relationship from the data at hand in the Brooke-McLean apparatus.

[14]Three other examples are found on page 1 in the critical apparatus:
   1:3 εκεινος be₂ A / εκει o
   1:4 πασιν boe₂ Acx fmsw
   1:5 o boe₂
Although MS c₂ has no reading it is not listed as an omission.

[15]S. P. Brock, "The Recensions of the Septuagint Version of I Samuel" (D.Phil. dissertation, Oxford University, 1966), p. 196.

Sigla, Abbreviations and Latin Words[16]

Uncial Manuscripts.

A   Codex Alexandrinus. London, Brit. Mus., Reg. I. D. v-viii
         A^1 corrections by the original scribe
         A^a A^b A^c A^d corrections by four successive later scribes

B   Codex Vaticanus. Rome, Vatican, iv, Gr. 1209
         B^1 corrections by the original scribe
         B^a B^b B^c corrections by three successive later scribes

M   Codex Coislinianus. Paris, Bibl. Nat., vii., Coislin Gr. I

N   Codex Basiliano-Vaticanus. Rome, Vatican, xi., Gr. 2106

Cursive Manuscripts

*   original, uncorrected writing of the first scribal hand
a   correction by the original hand or by a contemporary
b   correction by a later hand
x   not known which hand supplied the correction

a   Sinai, St Catharine Gr. i
b'   Rome, Chigi, R. vi. 38
b   Rome, Vat. Gr. 330

---

[16]The following is based upon material found in B-M vol. I, part I ("Preface to the Octateuch," "Prefatory Notes to Genesis"); and vol. II, part I ("Prefatory Notes to the Books of Samuel"), with additional sigla introduced to facilitate citing evidence in the context of the majority text.

b	= b′ + b
c	Escurial, Ψ. ii. 5
d	Ferrara, Bibl. Comun., Gr. 188 I
e	Florence, Bibl. Laur., Acquisti 44
f	Munich, Gr. 454
g	Bâle, Univ. Libr. B. vi. 22
h	Rome, Vat., Regin. Gr. I
i	Paris, Bibl. Nat., Gr. 3
j	Paris, Bibl. Nat., Coislin 8
l	Rome, Chigi, R. viii. 61
m	Paris, Bibl. Nat., Gr. 8
n	Paris, Bibl. Nat., Gr. 7
o	Paris, Bibl. Nat., Coislin 3
p	Ferrara, Bibl. Comun., 187. I, II, and 188 II
q	Venice, St Mark's, Gr. 4
s	Vienna, Theol. Gr. 23
t	Florence, Laur., v. I
v	Rome, Vat., Gr. 334
w	Athens, Nat. Libr. 44
x	Rome, Vat., Urbin. Gr. 1
y	Venice, St Mark's, Gr. 3
z	Paris, Bibl. Nat., Gr. 133
a_2	Petrograd, Imp. Libr., 62
b_2	Venice, St Mark's, Gr. 2
c_2	Moscow, Synodal Libr. Gr. 31
e_2	London, Brit. Mus., Royal I. D. II

The following is a list of MSS whose readings are occasionally quoted on the authority of Holmes and Parsons:

44	Zittau, Stadtbibl., A. I
71	Paris, Bibl. Nat., Gr. I
74	Florence, Laur., S. Marco 700
123	Codex Dorothei v

125	Moscow, Syn. Libr., Gr. 30
236	Rome, Vat., Gr. 331
242	Vienna, Theol. Gr. 135
244	Rome, Vat., Gr. 333
246	Rome, Vat., Gr. 1238

Editions of Patristic Writers Used

Chr   Chrysostom. Savile.

Cyp   Cyprian. The quotations were collected by Prof. F. C. Burkitt from Hartel's edition. They have been supplemented from Mr C. H. Turner's collations of fresh MSS.

Did-gr   Didache? Didymus? Although B-M quote from this source in chapter fifteen, they do not explain the abbreviation.

Eus   Eusebius. *Hist. Eccl.*, bks i-v, Schwartz; bks vi-x, Heinichen.

Iren   Irenaeus. Stieren (supplemented by Mr H. N. Bate's collation of the Cheltenham MS).

Jos   Josephus. Niese.

Or   = works of Origen extant in Greek and in Latin translations
Or-gr   = works of Origen extant in Greek
Or-lat   = works of Origen extant in Latin

Thd   Theodore of Mopsuestia. Migne.

Thdt   Theodoret. Schulze.

Greek Abbreviations

ανος   ανθρωπος

ανους	ανθρωπους
δαδ	Δαυιδ
θς	θεος
θυ	θεου
θω	θεω
ιηλ	Ισραηλ
κε	κυριε
κν	κυριον
κς	κυριος
κυ	κυριου
κω	κυριω
ουνου	ουρανου
πρα	πνευμα
πρε	πατερε?
πρι	πατρι
πηρ	πατηρ
πρς	πατρος
σριω	σωτηριω

Latin Words and Abbreviations

ad	to
adnot	*annotatio*: remark
aliq(uid)	something
bis	twice
cf	*confer(endum)*: compare
cod(d)	*codex (-dices)*: i.e. one manuscript; two or more manuscripts
comma	verse
ed	*in editione*: i.e. according to the text of the edition used
et	and
ex	out of
ex corr	*ex correctura*: from a corrector

ext lin line	*extra lineas*: i.e. projecting beyond the beginning or end of a
hab	*habe(n)t*: it has/they have
illeg	*illegibilis*: illegible
init	*initium*: beginning
inter	between
lac(una)	a gap
lin	*linea*: line
liquet	clear, evident
lit(t)	*littera(e)*: letter(s)
mg	*in marginale*: in the margin
nonnulla	some
om	*omittit* or *ommittunt*: it omits, they omit
part	*partim*: in part; partly; part
periere	be lost, perish
ponit	places
post	after
pr	*praemittit* or *praemittunt*: set before, or in front of
pr m	*primus manus*: first hand
ras	*rasum* or *rasura*: an erasure. Ras(I), ras(2) mean one letter erased, two letters erased, etc.
relictum	left, remaining
scr	*scripsit* or *scripserunt*: he/they wrote
semel	once
spatium	space
sub	under
sup ras	*supra rasuram*: above the erasure
totum	all
txt	*in textu*: in the text
valde	very much
v(s).	*versus (-si)*: verse(s)
vid	*ut videtur*: as it seems

Other sigla

:   separates variants to the same word or phrase

| separates variants to one word or phrase from those of another

]   separates the lemma (and its list of witnesses, if any), from the variants to it

( )   after a symbol contain a peculiarity of spelling or wording found only in that authority. Where however symbols are included within the brackets the peculiarity is found in all the authorities so denoted

[ ]   i. (in the majority text) the reading enclosed by the brackets is not supported by a majority of the Lucianic MSS, and has been selected according to certain criteria
            ii. (in the apparatus) words or parts of words which cannot be clearly read are enclosed in square brackets

----   the selected reading where there is no clear majority reading is an omission, and its position in the majority text is marked by the four dashes

?   the immediately preceding letter or reading is in doubt

...   at the end of an incomplete word or phrase indicates that the completion is lacking or cannot be read

< >   enclose all the information cited on the authority of Holmes and Parsons

>   the following manuscript(s) omit/lack the lemma text

+   introduces an addition which comes after the words quoted from the text

1,2, etc.   indicate the first, second, etc. time the word or phrase occurs in the verse

2/3   a fraction after the name of an authority indicates by the denominator the number of times that the words in question are quoted by that authority, and by the numerator the number of times that it supports the particular variant

[[ ]]   when an addition or alternative reading of some length is supported by several authorities, the commonest form of the reading is given first, followed by the symbols of all the authorities which share all or part of the reading: then the detailed variants from those manuscripts are added in double brackets

※   Origen's asterisk (= in the Heb., but not in the Grk.)

÷   Origen's obelus (= in the Grk, but not in the Heb.)

λ   Syriac letter *lamadh* (= Lucian)

Βασιλειων Α

1:1 Και ανθρωπος ην εξ Αρμαθαιμ Σιφα εξ ορους Εφραιμ, και ονομα αυτω
Ελκανα υιος Ιερεμιηλ υιου [Ηλι] υιου [Θωε] υιου [Σωφ] εξ ορους Εφραιμ.
2 και τουτω δυο γυναικες· ονομα τη μια Αννα, και ονομα τη δευτερα
[Φεννανα]· και ην τη [Φεννανα] παιδια, τη δε [Αννα] ουκ ην παιδιον. 3 και
ανεβαινεν ο ανθρωπος [εκεινος] εξ ημερων εις ημερας εκ πολεως αυτου εξ
Αρμαθαιμ προσκυνειν και θυειν τω κυριω σαβαωθ θεω παντοκρατορι εν
[Σηλω]· και εκει [ην] Ηλι και οι δυο υιοι αυτου Οφνι και Φινεες ιερεις του
κυριου. 4 και εγενετο ημερα και εθυσεν Ελκανα και εδωκεν τη Φεννανα
γυναικι αυτου και πασιν τοις υιοις αυτης και ταις θυγατρασιν αυτης
μεριδας· 5 τη δε Αννα εδωκεν μεριδα μιαν κατα προσωπον, οτι ουκ ην
αυτη παιδιον· πλην οτι ηγαπα ο Ελκανα την Ανναν υπερ την [Φενναναν],

1:1 και[1] boc₂e₂ ya₂ Acx Eus | ην ανθρωπος b′ Chr | Αρμαθαιμ] Αρμαθεμ c₂* c
aghv Chr : + εκ c₂ | Ιερεμιηλ boc₂ a₂ dp(ι 2nd ex corr pᵃ)qtz Eus] Ιερεμηλ e₂ |
υιου[1]] > o | Ηλι b y dpqtz efmsw M(txt) Naghinvb₂] Ηλιου c₂ Ba₂ : Ιλι e₂ : > o |
υιου[2]] > o | Θωε be₂] > oc₂ | υιου[3] boe₂ Acx Mᵐᵉ(vid)g Eus] > c₂ | Σωφ b g] Σιφ
e₂ : Ωφ o : > c₂ | εξ ορους² boe₂ y M(mg)g | 2 Φεννανα[1] be₂* Ba₂ Acx dpqtz sw
MNahnb₂] Φεννανα e₂* : Φεναννα oc₂ f i | Φεννανα² be₂ Bya₂ Ac dpqtz sw
MNah*nb₂] Φεναννα oc₂ f i | τη δε boe₂ A z] και τη c₂ Bya₂ cx dpqt efmsw
MNaghinb₂ | Αννα c₂e₂ Bya₂ A dqt e MNaghinvb₂] Αννη bo cx pz fmsw | 3 εκει-
νος be₂ A] εκει o(κ sup ras oᵃ) | ημερας] ημεραν b*(vid) | προσκυνειν] προσ-
κυνησαι c₂ | σαβαωθ θεω παντοκρατορι boe₂] θεω παντοκρατορι σαβαωθ c₂
dpqtz N | Σηλω b Ba₂ A dpqt Mgv] Σηλωμ o y cx z efmsw Nahi*(vid) nb₂ : Σιλωμ
c₂ : Σιναιν e₂ | ην be₂ dpqtz] > c₂e₂ | κυριου] θυ b y | 4 εγενετο boe₂ dpqtz]
εγενηθη c₂ Bya₂ Acx efms MNaghinvb₂ | Φεννανα bc₂e₂ Bya₂ Acx dpqt emsw
MNgnvb₂] Φεναννα o f i : + τη c₂ | πασιν boe₂ Acx fmsw | αυτης[1]] αυτοις b′ |
ταις] τη oᵃ | 5 τη δε boe₂ z : και τη c₂ Bya₂ Acx dpqt efmsw MNaghinvb₂ | Αννα]
Αννη b cx fmsw hᵇν | κατα προσωπον boc₂e₂ | οτι[1]] > c₂ | ο boe₂ | Ελκανα]
+ ηγαπα c₂ dpqtz | την Ανναν boc₂e₂ | υπερ] > c₂ | την² boe₂] > c₂ | Φεννα-

και κυριος απεκλεισεν τα περι την μητραν αυτης · 6 και παρωργιζεν αυτην η αντιζηλος αυτης καιγε παροργισμω δια το εξουθενειν αυτην. και ουκ εδωκεν κυριος αυτη παιδιον κατα την θλιψιν αυτης και κατα την αθυμιαν της ψυχης αυτης, και ηθυμει δια τουτο, οτι συνεκλεισεν κυριος τα περι την μητραν αυτης του μη δουναι αυτη παιδιον. 7 ουτως εποιει ενιαυτον κατ' ενιαυτον απο ικανου εν τω αναβαινειν αυτην εις οικον κυριου· και ηθυμει και εκλαιεν και ουκ ησθιεν. 8 και ειπεν αυτη Ελκανα ο ανηρ αυτης Αννα. και ειπεν αυτω Ιδου εγω, κυριε. και ειπεν αυτη Τι εστιν σοι, οτι κλαιεις, και ινα τι ουκ εσθιεις, και ινα τι τυπτει σε η καρδια σου; ουκ αγαθος εγω σοι υπερ δεκα τεκνα ειμι; 9 και ανεστη Αννα μετα το φαγειν αυτους εν Σηλω και μετα το πιειν και κατεστη ενωπιον κυριου, και [Ηλι] ο ιερευς εκαθητο επι διφρου επι των φλιων ναου κυριου. 10 και αυτη κατωδυνος ψυχη. και προσηυξατο Αννα προς κυριον και κλαιουσα εκλαυσεν 11 και ηυξατο ευχην τω κυριω των δυναμεων λεγουσα Αδωναι κυριε [ελωαι] σαβαωθ, εαν επιβλεπων [επιβλεψης] επι την ταπεινωσιν της δουλης σου και μνησθης μου και μη επιλαθη της δουλης σου και δως τη δουλη σου σπερμα

ναν *bc*₂ dpqtz sw Nghnb₂] Φενανναν o f Chr : Φεννανα b´e₂ a₂ | 6 και παρωργιζεν αυτην η αντιζηλος αυτης καιγε παροργισμω δια το εξουθενειν (εξουδενουσα c₂) αυτην boc₂(> καιγε–το)e₂ g(> καιγε–εξουθενειν)h Chr (vid) | και (οτι c₂ Bya₂ A dpqtz efmsw MNaghinvb₂) ουκ εδωκεν boc₂ Bya₂ Acx dpqtz efmsw MNaghinvb₂ | κτ bc₂e₂] αυτη κυριος o : + ουκ εδωκεν e₂ | αυτη¹ bc₂e2 | θλιψιν] μεμψιν c₂ | ψυχης boe₂ dpqtz Chr] θλιψεως c₂ Bya₂ Ax efmsw MNaghinb₂ | τουτο] + και εκλαιεν b´ : + και εκλαιεν και ουκ ισθιεν *b*(και ουκ ισθιεν ext lin, hab mg ουτω παρωργιζεν αυτ..) | 7 απο ικανου boe₂ Chr | κυριου] + ουτως παροργιζον αυτην c₂ | 8 αυτω boe₂ Bya₂ Ni | κυριε] > c₂ y Acx dpqt | αυτη²] > c₂ d | εστιν] > c₂ | σοι¹] > c₂ v | ινα τι¹] > c₂ cx : + εστιν σοι οτι e₂ | εσθιεις] εσθιης b´o | τυπτει] τυπτη c₂ c g | ειμι boc₂e₂ | 9 Σηλω boc₂e₂ Ba₂ Mg | και μετα το πιειν boc₂e₂ A Chr | κατεστη] ανεστη b | Ηλι bc₂ Bya₂ cx dpqtz efmsw MNaghinvb₂] Ηλις o : Ιλι e₂ | o] > o <242> | επι¹] + του o Bya₂ A dpqtz efmsw MNaghinb₂ | ναου] ναων b´ Or-gr-cod | 10 Αννα boc₂e₂ | 11 ηυξατο] προσηυξατο e₂ v | τω κω των δυναμεων boc₂e₂ | ελωαι oc₂ A Nib₂] ελωι b y cx pz ef ah : ελωε e₂ Ba₂ dqt msw Mgnv | επιβλεπων] επιβλεψων e₂ | επιβλεψης *b*(mg)c₂ Bya₂ A dpqtz efms MNaghinvb₂] επιβλεπης e₂ w : επιβλεψεις b´o cx h : > *b*(txt) | μνησθης] μνησθητο e₂ | και μη επιλαθη της δουλης σου

[ανδρων], και δωσω αυτον ενωπιον σου δοτον εως ημερας θανατου αυτου, και οινον και μεθυσμα ου πιεται, και σιδηρος ουκ αναβησεται επι την κεφαλην αυτου. 12 και εγενετο, οτε επληθυνεν προσευχομενη ενωπιον κυριου, και Ηλι ο ιερευς εφυλασσεν το στομα αυτης· 13 και αυτη ελαλει εν τη καρδια αυτης, τα δε χειλη αυτης εκινειτο, και φωνη αυτης ουκ ηκουετο, και εισηκουσεν αυτης ο κυριος· και ελογισατο αυτην Ηλι εις μεθυουσαν. 14 και ειπεν αυτη το παιδαριον Ηλι Εως ποτε μεθυσθηση; περιελου τον οινον σου απο σου και απελθε εκ προσωπου κυριου. 15 και απεκριθη Αννα και ειπεν Ουχι, κυριε· γυνη εν σκληρα ημερα εγω ειμι, και οινον και μεθυσμα ου πεπωκα και εκχεω την ψυχην μου ενωπιον κυριου· 16 μη δη δως την δουλην σου εις προσωπον εις θυγατερα λοιμην, οτι εκ πληθους αδολεσχιας μου και εκ πληθους αθυμιας μου εκτετακα εως του νυν. 17 και απεκριθη Ηλι και ειπεν προς αυτην Πορευου εν ειρηνη· κυριος ο θεος Ισραηλ δωη σοι παν αιτημα σου ο ητησω παρ' αυτου. 18 η δε ειπεν Ευροι η δουλη σου χαριν εν οφθαλμοις σου. και επορευθη η γυνη την οδον αυτης και εισηλθεν εις το καταλυμα και εφαγεν μετα του ανδρος αυτης και [επιεν], και το προσωπον αυτης ου συνεπεσεν ετι. 19 ορθρισαντες δε το πρωι προσεκυνησαν τω κυριω και επορευθησαν την οδον αυτων. και εισηλθεν Ελκανα εις τον οικον αυτου εις Αρμαθαιμ και εγνω Ανναν την

boc₂e₂ A(επιλαθης)cx qtz i Chr Or-gr | δως] δος o c pz m | ανδρων c₂e₂ B A] ανδρος bo ya₂ cx dpqtz efmsw MNaghinvb₂ Chr Or-gr | και⁴] > o cx Chr | αυτον] αυτο o z e n Chr | μεθυσμα] σικερα o | 12 εγενετο boc₂e₂ dpqtz Chr | εφυλασσεν bc₂e₂ Chr] εφυλαξεν o Bya₂ Acx dpqtz efmsw MNaghinvb₂ | 13 και¹] + Αννα c₂ cx | δε boc₂e₂ | και²] + η c₂ a₂ q i Chr 2/3 | και εισηκουσεν (εισηκουσατο b′) αυτης (αυτη dg) o (> dpqt efmsw MNaᵇgnb₂) κς(> <236> Chr) boc₂e₂ dpqtz efmsw MNaᵇ gnb₂ <236> Chr | 14 περιελου] περιελε o ya₂ z Nahb₂ | σου¹] > b cx | απο σου boc₂e₂ A dpqtz g Chr2/3 | απελθε boc₂e₂ dpqtz Chr | 16 δη boc₂ | δως] διδως e₂ | εις προσωπον boc₂e₂ Chr | λοιμην] λυμην b e g | και εκ πληθους αθυμιας μου boc₂e₂ Nib₂ | 17 προς αυτην boc₂e₂ dpqtz e hn | εν ειρηνη boc₂e₂ Chr Thdt | κς boc₂e₂ z Thdt | Ισραηλ δωη σοι] > o | αυτου] αυτον b | 18 η δε boc₂e₂ | ευροι boc₂e₂ dpqtz Chr | και⁴] > e₂ <244> | επιεν bo Bya₂ Acx dpqtz efmsw MNaghinvb₂] ειπεν c₂ : > e₂ <244> | 19 ορθρισαντες δε bo(ορθρισαντος)c₂e₂ | προσεκυνησαν boc₂e₂ | επορευθησαν boc₂e₂

γυναικα αυτου, και εμνησθη αυτης κυριος, 20 και συνελαβεν. εγενετο δε
εν [τω] καιρω των ημερων και ετεκεν Αννα υιον· και εκαλεσεν το ονομα
αυτου Σαμουηλ λεγουσα Παρα κυριου σαβαωθ θεου παντοκρατορος ητη-
σαμην αυτον. 21 Και ανεβη ο ανθρωπος Ελκανα και πας ο οικος αυτου
θυσαι εν Σηλω την θυσιαν των ημερων και αποδουναι πασας τας ευχας
αυτου και πασας τας δεκατας της γης αυτου· 22 και Αννα ουκ ανεβη μετ᾽
αυτου, οτι ειπεν τω ανδρι αυτης Ουκ αναβησομαι εως του αναβηναι το
παιδαριον μετ᾽ εμου· οταν δε απογαλακτισω αυτο, και οφθησεται τω προ-
σωπω κυριου και καθησεται εκει εως αιωνος. 23 και ειπεν αυτη Ελκανα
ο ανηρ αυτης Ποιει το αρεστον ενωπιον σου· καθου εως αν απογαλακτισης
αυτο· πλην στησαι κυριος παν το εξελθον εκ του στοματος σου. και
εκαθισεν η γυνη και εθηλασεν τον υιον αυτης, εως ου απεγαλακτισεν
αυτον. 24 και ανεβη μετ᾽ αυτου εις Σηλω εν μοσχω τριετιζοντι και αρτοις
και οιφι σεμιδαλεως και νεβελ οινου και εισηλθον εις τον οικον κυριου εν
Σηλω, και το παιδαριον μετ᾽ αυτων. 25 και προσηγαγον αυτον ενωπιον
κυριου, και εσφαξεν ο πατηρ αυτου την θυσιαν των ημερων ην εποιει εξ
ημερων εις ημερας τω κυριω, και προσηγαγον το παιδαριον και εσφαξαν
τον μοσχον. και προσηλθεν Αννα η μητηρ του παιδαριου προς Ηλι 26 και
ειπεν αυτω Εν εμοι, κυριε· ζη η ψυχη σου, εγω η γυνη η καταστασα
ενωπιον σου εν τουτω προσευξασθαι προς κυριον· 27 υπερ του παιδαριου

cx] + και ηλθον c₂(sub ※) Acx | την² boc₂e₂ y dpqtz Nh | 20 εγενετο boc₂e₂ | δε
boc₂e₂ | τω be₂ Bya₂ Acx dpqtz efmsw MNaghinvb₂] > oc₂ <125> | Αννα boc₂e₂ |
λεγουσα boc₂e₂ dpqtz b₂ | θῡ παντοκρατορος boc₂e₂ | 21 o¹] > e₂ g <125> |
Σηλω boc₂e₂ dpqt | αποδουναι πασας¹ boc₂e₂ | 22 αυτου] αυτων b´ | ουκ
αναβησομαι boc₂e₂ Chr | μετ᾽ εμου οταν δε boc₂e₂ z(> οταν) Chr | 23 αρεσ-
τον ενωπιον boc₂e₂ dpqtz | πλην boc₂e₂ dpqtz <74> | παν boc₂e₂ dpqtz v | η
γυνη] Αννα c₂ | ου απεγαλακτισεν boc₂e₂ | 24 εις¹ boc₂ Ba₂ Acx dpqtz e
MNahinvb₂] εν b´e₂ y fmsw g | Σηλω¹ boc₂e₂] + ηνικα απεγαλακτισεν αυτω
b(mg) | νεβελ] νεβαλ o | εισηλθον bc₂e₂ dpqtz fmsw Mhvb₂] εισηλθεν o Bya₂ Acx
e Nagn | τον boc₂e₂ y Ac a | Σηλω² boc₂e₂ | 25 και¹-κυριω sub ÷ c₂*(vid) | αυτον
boc₂e₂ dpqt | των ημερων boc₂e₂ dpqt efmsw Nnv] + αυτου e₂ | προσηγαγον²
boc₂e₂ A dpqt fmsw | εσφαξαν² boc₂e₂ z v | προσηλθεν bc₂e₂ qz] ηλθεν o |
26 αυτω boc₂e₂ dpqtz | σου¹] + κε μου c₂(sub ※) Acx | τουτω bc₂e₂ Acx e ahn] τω

τουτου προσηυξαμην προς κυριον, και εδωκεν μοι κυριος το αιτημα μου
ο ητησαμην παρ' αυτου· 28 και εγω κιχρημι αυτον τω κυριω πασας τας
ημερας ας ζη αυτος, χρησιν τω κυριω· και προσεκυνησαν τω κυριω.

2:1 και προσηυξατο Αννα και ειπεν Εστερεωθη η καρδια μου εν κυριω,
υψωθη κερας μου εν θεω μου· επλατυνθη στομα μου επ' εχθρους μου,
ευφρανθην εν σωτηρια σου. 2 οτι ουκ εστιν αγιος ως ο κυριος, και ουκ
εστιν δικαιος ως ο θεος ημων· και ουκ εστιν αγιος πλην σου. 3 μη καυ-
χασθε και μη λαλειτε υψηλα εις υπεροχην, και μη εξελθετω μεγαλορ-
ρημοσυνη εκ του στοματος υμων, οτι θεος γνωσεως κυριος και θεος
ετοιμαζων επιτηδευματα αυτου. 4 τοξον δυνατων ησθενησεν, και οι
ασθενουντες περιεζωσαντο δυναμιν· 5 πληρεις αρτων ηλαττωθησαν, και
οι πεινωντες παρηκαν γην· οτι στειρα ετεκεν επτα, και η πολλη εν τεκνοις
ησθενησεν. 6 κυριος θανατοι και ζωογονει, καταγει εις αδου και αναγει·
7 κυριος πτωχιζει και πλουτιζει, ταπεινοι και ανυψοι. 8 ανιστα απο γης
πενητα, και απο κοπριας εγειρει πτωχον, του καθισαι αυτον μετα δυνασ-
των λαου, και θρονον δοξης κατακληρονομων αυτοις. 9 διδους ευχην τω
ευχομενω, και ευλογησεν ετη δικαιου· οτι ουκ εν ισχυι ανηρ δυνατος εν
τη ισχυι αυτου. 10 κυριος ασθενη ποιησει τον αντιδικον αυτου, κυριος
αγιος. μη καυχασθω ο σοφος εν τη σοφια αυτου, και μη καυχασθω ο ισχυ-

ο Bya₂ dpqtz fmsw Nivb₂ | 27 προς κ̄ν̄ bc₂e₂ dpqtz Chr1/2 | 28 και εγω κιχρημι
boc₂e₂(κεχριμη e₂*) dpqtz | και προσεκυνησαν τω κω̄ boc₂e₂ z |

2:1 και προσηυξατο (ηυξατο Nb₂) Αννα boc₂e₂ A z Ngb₂ | μου επ' εχθρους
boc₂e₂ Ax p an Chr | σωτηρια] σριω b´ a₂ cx dpqtz efmsw | 2 και² boc₂e₂ a₂ cᵃ⁷x
dpqtz efsw Chr | 3 λαλειτε] λαλητε c₂ s agn* | και² bc₂e₂ qtz | μη³ bc₂e₂ B A tz
ai] μηδε o ya₂ cx dp efmsw MNghnb₂ | εξελθετω oc₂e₂ y x dpqtz efmsw Mahᵇinb₂]
εξελθατω b Ba₂ A Ngh* | του] > c₂ v | υμων] ημων e₂ c p* Ngh | γνωσεως oᵃc₂e₂
B] γνωσεων bo* ya₂ Acx dpqtz efmsw MNaghinb₂ | 4 οι b´oc₂e₂ ya₂ c dpqtz efmsw
agin | 6 αναγει] αναγη e₂ c | 7 και²] > b´ d v | 8 ανιστα] και ανιστα b´ |
9 εν ισχυι] ενισχυει b´ B Ax z* fmw i | ανηρ δυνατος boe₂ c] δυνατος ανηρ c₂
Bya₂ Acx dpqtz efmsw MNaghinb₂ | εν τη ισχυι (δυναμη c : δυναμει <74>)
αυτου boc₂e₂ ā₂˘ cx dpz e aghn <74> | 10 ποιησει] ποιησαι b´ x | τον¹ b´oc₂ ya₂

ρος εν τη ισχυι αυτου, και μη καυχασθω ο πλουσιος εν τω πλουτω αυτου, αλλ' η εν τουτω καυχασθω ο καυχωμενος, εν τω συνιειν και γινωσκειν τον κυριον και ποιειν κριμα και δικαιοσυνην επι της γης. κυριος ανεβη εις ουρανους και εβροντησεν, αυτος κρινει ακρα γης, δικαιος ων, και δωσει ισχυν τοις βασιλευσιν ημων και υψωσει κερας χριστου αυτου. 11 Και [κατελιπον] αυτον ενωπιον κυριου εκει και προσεκυνησαν τω κυριω και απηλθον εις Αρμαθαιμ εις τον οικον [αυτων], και το παιδαριον Σαμουηλ ην λειτουργων τω κυριω προ προσωπου Ηλι του ιερεως. 12 Και οι υιοι Ηλι του ιερεως υιοι λοιμοι και ουκ ειδοτες τον κυριον. 13 και το δικαιωμα του ιερεως παρα παντος του λαου του θυοντος ην· και ηρχετο το παιδαριον του ιερεως ως αν ηψηθη το κρεας, και κρεαγρα τριοδους εν τη χειρι αυτου, 14 και καθιει αυτην εις τον λεβητα τον μεγαν η εις την χυτραν η εις το χαλκιον· και παν ο εαν ανεβαινεν εν τη κρεαγρα ελαμβανεν εαυτω ο ιερευς· κατα ταδε εποιουν παντι Ισραηλ εν Σηλω τοις ερχομενοις θυσαι τω κυριω. 15 και πριν θυμιαθηναι το στεαρ ενωπιον κυριου ηρχετο το παιδαριον του ιερεως και ελεγεν τω ανδρι τω θυοντι Δος κρεας οπτησαι τω ιερει, και ου μη λαβω κρεας παρα σου εφθον εκ του λεβητος. 16 και ελεγεν ο ανηρ ο θυων Θυμιαθητω προτερον το στεαρ ως καθηκει, και τοτε ληψη

cx dpqtz efmsw Nahinb₂ | σοφος boc₂e₂ dp Thdt | σοφια boc₂e₂ dp Thdt | ισχυρος boc₂e₂ Thdt | ισχυι boc₂e₂ Thdt | εν τω² boc₂e₂ cx dpz efmsw ai*n Thdt | γινωσκειν] γινωσκει o | επι boc₂e₂ Thdt-ed] εν b´ Bya₂ Acx dpqtz efmsw M(sub ÷) Naghinb₂ | της γης] αυτου b´ | αυτος] αυτους e₂ | δωσει boc₂e₂ a₂ cx dptz Mg Eus 2/3 Thdt | χριστου] χρηστου e₂ c | 11 κατελιπον bc₂ dqtz efmsw n] κατελειπον oe₂ ya₂ A Naghiv : κατελιπεν B p : κατελειπεν cx b₂ | κυ εκει και προσεκυνησαν τω κω bo(προσεκυνησον)c₂e₂ | εις τον οικον boc₂(οι※κον) e₂ Acx dpqtz g | αυτων bo A dpqtz g] αυτου c₂e₂ : αυτης cx | Σαμουηλ boc₂e₂ h | λειτουργων] λειτουργουν c₂(vid) dpqtz f | κω² boc₂e₂ | προ προσωπου boc₂e₂ z^n⁷ e Magnb₂ | 12 και² boc₂e₂ Chr | 13 του λαου bo(ναου)c₂e₂ | ην boc₂e₂ h | 14 καθιει boc₂e₂ | αυτην] + εις τον λουτηρα η c₂ A | εις τον λεβητα] εν τω λουτηρι b | τον μεγαν] > b cx Eus | την χυτραν bo(χυθραν)c₂e₂ A Thd | το χαλκιον boc₂e₂ | και² boc₂e₂ x vb₂ Thd | ανεβαινεν boc₂e₂ Thd | εαυτω] αυτο b´ | εν Σηλω b(σ ex τ b´*)oc₂e₂ | τω oc₂e₂ dpqt efmsw MNghnv | 15 ενωπιον κυ boc₂e₂ dpqtz efmsw MNaghnvb₂ | κρεας² boc₂e₂ g | 16 προτερον boc₂e₂ | ως

σεαυτω εκ παντων ων επιθυμει η ψυχη σου. και ελεγεν Ουχι, αλλ' η νυν δωσεις, ει δε μη, λημψομαι κραταιως. 17 και ην η αμαρτια των παιδαριων μεγαλη [ενωπιον] κυριου [σφοδρα], οτι ηθετουν την θυσιαν κυριου. 18 και Σαμουηλ ην λειτουργων ενωπιον κυριου παιδαριον περιεζωσμενον εφουδ, 19 και διπλοιδα μικραν εποιησεν αυτω η μητηρ αυτου και ανεφερεν αυτω εξ ημερων εις ημερας εν τω αναβαινειν αυτην μετα του ανδρος αυτης θυσαι την θυσιαν των ημερων. 20 και ευλογησεν Ηλι τον Ελκανα και την γυναικα αυτου λεγων Ανταποδωσει [σοι] κυριος σπερμα ετερον εκ της γυναικος ταυτης αντι του χρεους, ου εχρησας τω κυριω. και απηλθεν ο ανθρωπος εις τον τοπον αυτου, 21 και επεσκεψατο κυριος την Ανναν, και συνελαβεν ετι και ετεκεν τρεις υιους και δυο θυγατερας. και εμεγαλυνθη το παιδαριον Σαμουηλ ενωπιον κυριου. 22 Και Ηλι πρεσβυτης σφοδρα, και ηκουσεν α εποιουν οι υιοι αυτου τοις υιοις Ισραηλ παντα, και οτι συνεκοιμωντο οι υιοι αυτου μετα των γυναικων των παρεστηκυιων παρα τας θυρας της σκηνης του μαρτυριου. 23 και ειπεν αυτοις Ινα τι ποιειτε κατα τα ρηματα ταυτα α εγω ακουω καταλαλουμενα καθ' υμων εκ στοματος του λαου κυριου; 24 μη, τεκνα, μη ποιειτε ουτως οτι ουκ αγαθη η ακοη ην εγω ακουω περι υμων· του ποιειν τον λαον μη λατρευειν τω κυριω. 25 εαν

καθηκει boc₂e₂ | τοτε boc₂e₂ z fmsw Nv | ληψη boc₂e₂ | επιθυμει] επεθυμει c₂ | ελεγεν² boc₂e₂ x | αλλ' η boc₂ z] αλλα e₂ | ει δε boc₂e₂ | 17 παιδαριων] + εναντιον του θ͞υ e₂ | μεγαλη] > c₂ | ενωπιον bo] κατενωπιον c₂ | κυριου bo] κ͞υ c₂ | σφοδρα bo Bya₂ Acx dpqtz efmsw MNaghinvb₂] > c₂e₂ | 18 ην] > o | εφουδ] φουδ b′ | 19 αυτω²] αυτον b′ | 20 ανταποδωσει boc₂] ανταποδω e₂ z(mg) Chr | σοι c₂e₂ Bya₂ x z(mg) efmsw hiv] > bo c | ετερον boc₂e₂ z(mg) Chr | τοπον] οικον b N | 21 και συνελαβεν boc₂e₂ Acx dpqtz N | και ετεκεν boc₂e₂ | 22 παντα–μαρτυριου sub ※ c₂ m i | παντα boc₂e₂ gh | οτι συνεκοιμωντο boc₂e₂ z(mg) ghi <246> | οι υιοι αυτου μετα των γυναικων των παρεστηκυιων boc₂e₂ z^{mg}(> οι) Ngh(> οι υιοι αυτου) | τας θυρας boc₂e₂ x h | 23 ποιειτε] ποιητε c₂ c ag | τα ρηματα ταυτα α boc₂e₂ i | ακουω] > b′ | καταλαλουμενα καθ' υμων boc₂e₂ i(περι) | 24 μη² boc₂e₂ y efmsw Nv Chr | ποιειτε ουτως boc₂(ποιητε)e₂ Chr | περι υμων boc₂e₂ efmsw MNgnv Chr | ποιειν boc₂e₂ dqtz

αμαρτων αμαρτη ανηρ εις ανδρα, και προσευξονται περι αυτου προς κυριον· εαν δε τω κυριω αμαρτη ανθρωπος, τις προσευξεται [περι] αυτου; και ουκ ηκουον της φωνης του πατρος αυτων, βουλομενος γαρ εβουλετο κυριος διαφθειραι αυτους. 26 και το παιδαριον Σαμουηλ επορευετο και εμεγαλυνετο και ην αγαθον μετα κυριου και ανθρωπων. 27 και ηλθεν ανθρωπος του θεου προς Ηλι και ειπεν αυτω Ταδε λεγει κυριος Αποκαλυφθεις απεκαλυφθην προς τον οικον του πατρος σου οντων αυτων εν γη Αιγυπτου δουλων τω οικω Φαραω 28 και εξελεξαμην τον οικον του πατρος σου εκ πασων των φυλων του Ισραηλ ιερατευειν εμοι του αναβαινειν επι το θυσιαστηριον μου και θυμιαν θυμιαμα και αιρειν εφουδ ενωπιον μου και εδωκα τω οικω του πατρος σου τα παντα του πυρος των θυσιων των υιων Ισραηλ εις βρωσιν· 29 και ινα τι επεβλεψας επι το θυμιαμα μου και επι την θυσιαν μου αναιδει οφθαλμω και εδοξασας τους υιους σου υπερ εμε ενευλογεισθαι απαρχην πασης θυσιας Ισραηλ εμπροσθεν μου; 30 δια τουτο ταδε λεγει κυριος ο θεος Ισραηλ Ειπον Ο οικος σου και ο οικος του πατρος σου διελευσονται ενωπιον εμου εως αιωνος· και νυν ουχ ουτως φησιν κυριος Μηδαμως εμοι, οτι αλλ' η τους δοξαζοντας με δοξασω, και οι εξουθενουντες με [εξουθενωθησονται]. 31 και ιδου ημεραι ερχονται και

Chr | τον μη λατρευειν τω boc₂(> τω)e₂ z(δουλευειν) Chr(> τον) | κω boc₂e₂ a₂ n Chr | 25 αμαρτων boc₂e₂ y nv Chr | ανηρ] ανος b Chr 2/5 | δε boc₂e₂ z Chr Or-gr-cod 3/4 | ανος boc₂e₂ z Chr 1/4 | περι b΄c₂*e₂ ya₂ Acx dpqtz fmsw MNa^{a'}gin vb₂ Chr Or-gr] υπερ boc₂ᵃ B e h | γαρ boc₂e₂ | εβουλετο κυριος] ο κς εβουλετο e₂ | 26 ην boc₂e₂ z gb₂ | 27 αυτω boc₂e₂ z | τον boc₂e₂ z fmsw N | του² boc₂e₂ a₂ z efmsw Nn | Αιγυπτου oc₂e₂ f] Αιγυπτω b Bya₂ Acx dpqtz emsw MNahinvb₂ | 28 πασων των φυλων boc₂e₂ z(mg) M(mg) | του² boc₂e₂ | ιερατευειν] + του e₂ | εμοι boe₂] μοι c₂ | ενωπιον μου boc₂e₂ A(εμου)cx dpqtz | εδωκα pr ※c₂(ad init lin) | τω οικω] του οικου e₂* | παντα τα b | του⁴ pr ※ c₂ | των θυσιων των boc₂e₂ dpqtz | 29 και²–μου] > o a₂ v | επι² bc₂e₂ MNaghib₂ Thdt | 30 λεγει boc₂e₂ ya₂ e MNaghnb₂ Thdt | ο θεος] > b | ειπον boc₂e₂ Thdt | διελευσονται boc₂e₂ cx p efmsw in Thdt | εμου boe₂ a₂ Ni] μου c₂ By Ac dpqtz emsw Maghnvb₂ | ουχ ουτως boc₂e₂ g Thdt | οι εξουθενουντες boc₂(εξουδενουντες)e₂ cx Or-gr | εξουθενωθησονται be₂ Chr 1/2 Thdt 1/2 Thdt-ed 1/2] εξουδενωθησονται oc₂

εξολεθρευσω το σπερμα σου και το σπερμα του οικου του πατρος σου, 32 και επιβλεψει κραταιωμα [μαων] εν πασιν οις αγαθυνει τον Ισραηλ, και ουκ εσται πρεσβυτης εν τω οικω σου και ουκ εσται σοι πρεσβυτης εν τω οικω μου πασας τας ημερας· 33 και ανδρα ον ουκ εξολεθρευσω σοι απο του θυσιαστηριου μου ποιησω εκλειπειν τους οφθαλμους αυτου και καταρρειν την ψυχην αυτου, και παν το περισσευον πληθος του οικου σου πεσειται εν ρομφαια ανδρων. 34 και τουτο σοι το σημειον, ο ηξει επι τους δυο υιους σου τουτους Οφνι και Φινεες· εν ημερα μια αποθανουνται αμφοτεροι εν ρομφαια ανδρων. 35 και αναστησω εμαυτω ιερεα πιστον, ος παντα τα εν τη καρδια μου και τα εν τη ψυχη μου ποιησει· και οικοδομησω αυτω οικον πιστον, και διελευσεται ενωπιον των χριστων μου πασας τας ημερας. 36 και εσται πας ο υπολελειμμενος εν τω οικω σου ηξει προσκυνησαι αυτω εν οβολω αργυριου και εν αρτω ενι λεγων Παρρριψον με επι μιαν των ιερατειων σου του φαγειν αρτον κυριου.

3:1 Και το παιδαριον Σαμουηλ ην λειτουργων τω κυριω ενωπιον Ηλι του ιερεως· και ρημα κυριου ην τιμιον εν ταις ημεραις εκειναις, ουκ ην ορασις

---

31 και[1] boc₂e₂ cx z | του[1] boc₂e₂ f Thdt | 32 και επιβλεψει (επιβλεψη Ag*) κραταιωμα boc₂e₂ Acx gh Thdt | μαων e₂ g] ναων b′ : νωων b : λαων c₂ : ων o | εν (επι b) πασιν οις αγαθυνει τον Ισραηλ boc₂e₂ Acx gh Thdt | και ουκ εσται πρεσβυτης εν τω οικω σου bc₂(sub ※)e₂ g | τω² boc₂e₂ A z Nn Eus | 33 ον boc₂e₂ dpqtz v | εξολεθρευσω] εξολοθρευσωσιν b′ cx p | σοι] > b′ Bya₂ cx dlp Nagijvb₂ | ποιησω boc₂e₂ v | εκλειπειν] εκλιπειν e₂ By cx Nv | παν το περισσευον πληθος του bo(πληθους)c₂e₂ g(πληθος ext lin g*) | σου] > e₂ | πεσειται boc₂e₂ z | 34 σου] + ※c₂ | εν ρομφαια ανδρων boc₂e₂ z(> ανδρων) N | 35 τα²] > o y c gn Cyp | των χριστων boc₂e₂ z^{α?} Thdt Cyp-ed | 36 πας boc₂e₂ Acx dpqtz Eus | υπολελειμμενος boc₂e₂ z(mg) MNagb₂ | τω boc₂e₂ efmsw v | προσκυνησαι boc₂e₂ Acx | αυτω] εν τω b′ | εν οβολω boc₂e₂ z^{α?} v Cyp | και εν αρτω ενι (εν A) bo(> εν)c₂e₂ Acx dpqtz fmw g Eus Cyp-ed | με] μοι b′ : > e₂ | επι μιαν] εναντιον e₂ | μιαν²] επι μια b^{α?} : > e₂ | του bc₂e₂ | κυ boc₂e₂ z N |

3:1 λειτουργων] λειτουργουν bc₂ |

διαστελλουσα. 2 και εγενετο εν τη ημερα εκεινη και Ηλι εκαθευδεν εν τω τοπω αυτου, και οι οφθαλμοι αυτου ηρξαντο βαρυνεσθαι, και ουκ ηδυνατο βλεπειν, 3 και ο λυχνος του θεου πριν η κατασκευασθηναι, και Σαμουηλ εκαθευδεν εν τω ναω κυριου, ου ην η κιβωτος του θεου και κατεστη, 4 και εκαλεσεν κυριος Σαμουηλ Σαμουηλ· και ειπεν Ιδου εγω. 5 και εδραμεν προς Ηλι και ειπεν Ιδου εγω, οτι κεκληκας με· ο δε ειπεν Ου κεκληκα σε, αναστρεφε και καθευδε τεκνον. και ανεστρεψεν και εκαθευδεν. 6 και προσεθετο κυριος ετι καλεσαι τον Σαμουηλ και εκαλεσεν Σαμουηλ Σαμουηλ· και επορευθη προς Ηλι εκ δευτερου και ειπεν Ιδου εγω, οτι κεκληκας με· και ειπεν Ου κεκληκα σε τεκνον, αναστρεφε και καθευδε· 7 και Σαμουηλ πριν η γνωναι τον θεον και πριν η αποκαλυφθηναι ρημα κυριου προς αυτον. 8 και προσεθετο κυριος καλεσαι Σαμουηλ Σαμουηλ εν τριτω· και ανεστη Σαμουηλ και επορευθη προς Ηλι και ειπεν Ιδου εγω, οτι κεκληκας με. και εσοφισατο Ηλι οτι κυριος κεκληκεν το παιδαριον, 9 και ειπεν Ηλι τω Σαμουηλ Αναστρεφε και καθευδε τεκνον, και εσται εαν καλεση σε ο καλων, και ερεις Λαλει, κυριε, οτι ακουει ο δουλος σου. και επορευθη Σαμουηλ και εκοιμηθη εν τω τοπω αυτου. 10 και ηλθεν κυριος και κατεστη και εκαλεσεν αυτον ως απαξ και δις Σαμουηλ Σαμουηλ, και ειπεν Σαμουηλ Λαλει, κυριε, οτι ακουει ο δουλος σου. 11 και ειπεν κυριος

2 και²] > c₂ | βαρυνεσθαι] αμαυρουσθαι b z(mg) | ηδυνατο] ηδυναντο o y dpqtz e Nanb₂ | 3 η κατασκευασθηναι boc₂e₂ Thdt | κυ boc₂e₂ Acx dpqtz | ην boc₂e₂ z | 4 και κατεστη boc₂e₂ s Nhv | Σαμουηλ²] > o* x Ma* | 5 ο δε boe₂ z] και c₂ Bya₂ Acx dpqt efmsw MNaghinvb₂ | και³ boc₂e₂ cx z emsw Maghnvb₂ | τεκνον boc₂e₂ z fmsw MNgv | 6 ετι b′bˣoc₂e₂ efmsw inv] επι b* | καλεσαι τον Σαμουηλ boc₂e₂ efmsw MNaghnvb₂ | Σαμουηλ²] + και ανεστη Σαμουηλ c₂ Acx dpqtz | εκ δευτερου boc₂e₂ efmsw MNaghnvb₂ | και ειπεν²] > c₂* | τεκνον boc₂e₂ efmsw MNaghvb₂ | 7 Σαμουηλ] + εδουλευε b | τον boc₂e₂ Acx dpqtz fmsw | πριν η boc₂e₂ efmsw MNaghinvb₂ | κυ προς αυτον boc₂e₂ | 8 Σαμουηλ² boc₂e₂ Ng] Σαμουην b′ | Σαμουηλ³ boc₂e₂ | εσοφισατο] συνηκεν b M(mg) το παιδαριον] τω παιδαριω o | 9 Ηλι τω Σαμουηλ boc₂e₂ Ax d(> ηλι)pqtz | εαν] αν o | καλεση] καλεσει b′ cx dp giv | ο καλων boc₂e₂ z fmsw MNaghvb₂ Thdt | 10 δις boc₂e₂ M(mg) | Σαμουηλ Σαμουηλ boc₂(sub ※ vid)e₂ A pqtz | κε bc₂e₂ cx z mᵇ v |

προς Σαμουηλ Ιδου εγω ποιω τα ρηματα μου εν Ισραηλ ωστε παντος ακουοντος αυτα [τχησει] αμφοτερα τα ωτα αυτου. 12 εν τη ημερα εκεινη επεγερω επι Ηλι παντα οσα ελαλησα, και επι τον οικον αυτου αρξομαι και συντελεσω. 13 και ανηγγειλα αυτω οτι εκδικω εγω επι τον οικον αυτου εως αιωνος εν αδικιαις υιων αυτου αις εγνω, οτι κακολογουντες θεον [οι] υιοι αυτου, και ουκ ενουθετει αυτους. 14 και ουχ ουτως ωμοσα τω οικω Ηλι Ει εξιλασθησεται αμαρτια οικου Ηλι εν θυμιαματι η εν θυσιαις εως του αιωνος. 15 και κοιμαται Σαμουηλ εως πρωι και ωρθρισεν το πρωι και ηνοιξεν τας θυρας του οικου κυριου· και εφοβηθη αναγγειλαι την ορασιν τω Ηλι Σαμουηλ. 16 και ειπεν Ηλι προς Σαμουηλ Τεκνον· και ειπεν Ιδου εγω. 17 και ειπεν Τι το ρημα κυριου το λαληθεν προς σε την νυκτα, τεκνον; μη δη κρυψης απ᾽ εμου εκ παντων των λογων των λαληθεντων εν τοις ωσιν σου· ταδε ποιησαι σοι ο θεος και ταδε προσθειη, εαν κρυψης απ᾽ εμου ρημα. 18 και απηγγειλεν αυτω Σαμουηλ παντας τους λογους και ουκ εκρυψεν απ᾽ αυτου ρημα, και ειπεν Ηλι Κυριος αυτος· το αρεστον ενωπιον αυτου ποιησει. 19 Και εμεγαλυνθη Σαμουηλ, και ην ο κυριος μετ᾽ αυτου· ουκ επεσεν απο παντων των λογων αυτου επι την γην ουδε εν ρημα. 20 και εγνωσαν πας Ισραηλ απο Δαν και εως Βηρσαβεαι οτι πιστος Σαμουηλ εις προφητην τω κυριω. 21 και προσεθετο κυριος του δηλωθηναι αυτω εν Σηλω,

11 τχησει bo By Acx dpqtz efms MNghivb$_2$] τχησαι c$_2$e$_2$ | 12 και επι boc$_2$e$_2$ | και^2] > b a* | συντελεσω boc$_2$e$_2$ | 13 ανηγγειλα boc$_2$e$_2$ z | εκδικω] εκδικησω b Acx | επι boc$_2$e$_2$ A dpqtz fmsw Ngv | εως] + του o*(vid) c | αυτου^2] + εν o | αις boc$_2$e$_2$ z] ας b′ dpqt efmsw Nhinvb$_2$ Chr(vid) | εγνω boc$_2$e$_2$ dpqtz fmsw Nhinvb$_2$ | οι bo ya$_2$ x dpqtz efmsw Maghinvb$_2$ Chr] > c$_2$e$_2$ B Ac N | υιοι ext lin o^a | 14 ει] η e$_2$* cx N | αμαρτια boc$_2$e$_2$ | η boc$_2$e$_2$ | του boc$_2$e$_2$ | 15 πρωι] ωι sup ras (6) b′ | του boc$_2$e$_2$ cx qtz fmsw | αναγγειλαι boc$_2$e$_2$ a$_2$ Acx dpqtz h | Σαμουηλ^2 boc$_2$e$_2$ | 17 κυ boc$_2$e$_2$ z | την νυκτα τεκνον boc$_2$e$_2$ z | κρυψης] κρυψεις b′ cx | των λογων] > e$_2$ cx b$_2$ | ταδε ποιησαι bc$_2$e$_2$] ταδε ποιησει ο | σοι ο θεος και ταδε προσθειη εαν κρυψης απ᾽ εμου ρημα boc$_2$e$_2$ | 18 αυτω boc$_2$e$_2$ Acx dpqtz | λογους] + τουτους b′ | ρημα boc$_2$e$_2$ z | αρεστον boc$_2$e$_2$ a$_2$ z$^{a?}$ i Chr Thdt | 19 ο bc$_2$e$_2$ | ουδε εν ρημα boc$_2$e$_2$ z | 20 Βηρσαβεαι boc$_2$e$_2$ A] Βηρσαβεε b′ Bya$_2$ cx dptz efsw MNaghnvb$_2$ | 21 του^1 boc$_2$e$_2$ M(mg) | αυτω boc$_2$e$_2$ z$^{a?}$ M(mg) | Σηλω

και απεκαλυφθη κυριος προς Σαμουηλ· και επιστευθη του γενεσθαι εις προφητην κυριου εις παντα Ισραηλ απ' ακρων οριων της γης και εως ακρων. και Ηλι πρεσβυτης σφοδρα, και οι υιοι αυτου πορευομενοι επορευοντο και πονηρα η οδος αυτων ενωπιον κυριου.

4:1 Και εγενετο εν ταις ημεραις εκειναις και συναθροιζονται οι αλλοφυλοι εις πολεμον επι Ισραηλ· και εξηλθεν Ισραηλ εις απαντησιν αυτοις εις πολεμον και παρεμβαλλουσιν επι Αβεννεζερ, και παρεμβαλλουσιν οι αλλοφυλοι επι Αφεκ. 2 και παρατασσονται οι αλλοφυλοι εις πολεμον επι Ισραηλ. και συνεβαλον, και εκλινεν ο πολεμος, και επταισεν ανηρ Ισραηλ ενωπιον των αλλοφυλων, και επληγησαν εν τη παραταξει εν τω πεδιω τεσσαρες χιλιαδες ανδρων. 3 και ηλθεν ο λαος εις την παρεμβολην, και ειπον οι πρεσβυτεροι Ισραηλ Δια τι αρα εθραυσεν ημας κυριος σημερον ενωπιον των αλλοφυλων; λαβωμεν προς ημας την κιβωτον της διαθηκης κυριου του θεου ημων [εκ] Σηλω, και εξελθετω εν μεσω ημων και σωσει ημας εκ χειρος των εχθρων ημων. 4 και απεστειλεν ο λαος εν Σηλω, και ηραν εκειθεν την κιβωτον διαθηκης κυριου των δυναμεων ου επεκαθητο τα

boc₂e₂ dpqt iᵃ⁷ | και² boc₂e₂ zᵃ⁷ | επιστευθη] επιστευον b | του² boc₂e₂ | εις προφητην boc₂e₂ zᵃ⁷ fmsw hv | ακρων¹] ακρων ex ακκαρων e₂ | οριων boc₂e₂ z(mg) g | και⁴ boc₂e₂ B | ακρων²] + της γης e₂ | και⁵] + ην e₂ | αυτων] αυτου o* |

4:1 εγενετο boc₂e₂ | εκειναις] > c₂* | οι¹ boc₂e₂ dpqtz fmsw a | παρεμβαλλουσιν] παρεμβαλουσιν b'o* a₂ A dp av | επι¹] > o e | επι² bis scr b' | Αβεννεζερ και παρεμβαλλουσιν] > o e | οι αλλοφυλοι boc₂e₂ | επι³ boc₂e₂ | 2 και² boc₂e₂ | συνεβαλον bc₂e₂] συνεβαλλον o | επταισεν] επαισεν b qᵃ⁷ | των boc₂e₂ z | τω πεδιω boc₂e₂ fmsw M(mg> τω) | τεσσαρες] τεσσαρακοντα e₂ᵇ⁷ | 3 ειπον boc₂e₂ d ef a | δια boc₂e₂ z(mg) | αρα εθραυσεν boc₂e₂ | των¹ boc₂e₂ z | προς ημας oc₂(sub ※ vid)e₂ Acx dpqtz <123>(υμας) | την κιβωτον] > e₂*(vid) | της διαθηκης boc₂(sub ※)e₂ Acx(> της) dpqtzx | κυ boc₂e₂ cx | του θεου] > b | εκ¹ oc₂ Bya₂ cx fmsw Maghinvb₂] εν be₂ N | Σηλω boc₂e₂ | εν μεσω] ενωπιον b' | χειρος] > b' | των² boc₂e₂ cx | 4 εν boe₂ dpqtz e agh] εις c₂ Bya₂

χερουβιμ· και αμφοτεροι οι υιοι Ηλι μετα της κιβωτου της διαθηκης του θεου, Οφνι και Φινεες. 5 και εγενετο ως ηλθεν η κιβωτος της διαθηκης του κυριου εις την παρεμβολην, και ανεκραξεν πας Ισραηλ φωνη μεγαλη, και ηχησεν η γη. 6 και ηκουσαν οι αλλοφυλοι την φωνην της κραυγης, και ειπον Τις η φωνη [του αλαλαγμου] η μεγαλη αυτη εν τη παρεμβολη των Εβραιων; και εγνωσαν οτι η κιβωτος του κυριου ηκει εις την παρεμβολην. 7 και εφοβηθησαν οι αλλοφυλοι σφοδρα και ειπον Ουτος ο θεος αυτων ηκει προς αυτους εις την παρεμβολην· ουαι ημιν· εξελου ημας, κυριε, σημερον, οτι ουκ εγενηθη ουτως εχθες και τριτης. 8 ουαι ημιν· τις εξελειται ημας εκ χειρος του θεου του στερεου τουτου; ουτος ο θεος ο παταξας την Αιγυπτον εν παση πληγη και εν τη ερημω. 9 κραταιουσθε και γινεσθε εις ανδρας, αλλοφυλοι, οπως μη δουλευσητε τοις Εβραιοις, καθως εδουλευσαν ημιν, και εσεσθε εις ανδρας και πολεμησετε αυτους. 10 και επολεμησαν οι αλλοφυλοι προς αυτους· και πταιει ανηρ Ισραηλ ενωπιον των αλλοφυλων, και εφυγεν εκαστος εις το σκηνωμα αυτου· και εγενετο πληγη μεγαλη σφοδρα, και επεσον εξ Ισραηλ τριακοντα χιλιαδες ταγματων. 11 και η κιβωτος του θεου ελημφθη, και αμφοτεροι οι υιοι Ηλι, Οφνι και Φινεες, απεθανον. 12 Και εφυγεν ανηρ Ιεμιναιος εκ της παραταξεως του πολεμου

Acx fmsw MNinvb₂ | Σηλω boc₂e₂ dpqtz | ηραν boc₂e₂ M(mg) | κιβωτον] + της b′ Acx dpqtz | διαθηκης boc₂(sub ⁂ vid)e₂ Acx dpqtz a | των δυναμεων ου επεκαθητο τα boc₂e₂ | χερουβιμ] χερουβημ b | της διαθηκης του θυ b(κυ b′)oc₂(sub ⁂ vid)e₂ A dpqtz | 5 εγενετο boc₂e₂ cx | της διαθηκης boc₂(sub ⁂ vid)e₂ | του boc₂e₂ hi | 6 την φωνην boc₂e₂ Acx dpqtz i | φωνη boc₂e₂ | του αλαλαγμου c₂(sub ⁂) Acx dpqtz] του αλαλαγματος b : > oe₂ | η μεγαλη αυτη] του μεγαλου b′ | του² boc₂e₂ y i | 7 σφοδρα boc₂e₂ | ουτος boc₂ z^{a7} v] ουτως e₂ | ο θς boc₂e₂ z^{a7}(θεος) v | αυτων boc₂e₂ | ηκει boc₂e₂ | ουκ oc₂e₂] ου b Bya₂ A dpqtz efmsw MNahinvb₂ | εγενηθη bc₂e₂] εγεννηθη o | ουτως εχθες boc₂] εχθες ουτως e₂ | τριτης boc₂e₂ A dpqtz | 8 ημιν τις εξελειται] > c₂ d | του θυ του στερεου τουτου ουτος ο θς ο παταξας boc₂e₂ z^{a7} Thdt | 9 εις ανδρας] ανδρες b′ | αλλοφυλοι boc₂e₂ Acx dpqtz | πολεμησετε oc₂e₂ fmsw Niv] πολεμησατε b Bya₂ Acx dpqtz e Maghnb₂ | 10 και επολεμησαν αυτους] > o e | οι αλλοφυλοι προς bc₂e₂ z | και εφυγεν] > o | επεσον] επεσαν o By i | 11 οι] b′ B c f Ni | απεθανον boc₂e₂ cx | 12 εφυγεν boc₂e₂ z^{a7} M(mg) | του πολεμου boc₂e₂ fmsw

και εισηλθεν εις Σηλω εν τη ημερα εκεινη, και τα ιματια αυτου διερρηγμενα, και γη επι της κεφαλης αυτου. 13 και οτε ηλθεν ιδου Ηλι εκαθητο επι του διφρου αυτου παρα την πυλην σκοπευων την οδον, οτι ην η καρδια αυτου αγωνιωσα υπερ της κιβωτου του θεου· και ο ανθρωπος εισηλθεν αναγγειλαι εις την πολιν, και ανεβοησεν ολη η πολις. 14 και ηκουσεν Ηλι την φωνην της βοης και ειπεν Τις η φωνη της βοης ταυτης; και ο ανθρωπος σπευσας εισηλθεν και απηγγειλεν τω Ηλι. 15 και Ηλι υιος ενενηκοντα και οκτω ετων, και οι οφθαλμοι αυτου εβαρυνθησαν, και ουκ εβλεπεν· και ειπεν Ηλι τοις ανδρασιν τοις παρεστηκοσιν αυτω Τις η φωνη του ηχου τουτου; 16 και απεκριθη ο ανηρ ο εληλυθως και ειπεν Εγω ειμι ο ηκων εκ της παρεμβολης, εγω πεφευγα εκ της παραταξεως σημερον. και ειπεν αυτω Ηλι Τι το γεγονος ρημα, τεκνον; απαγγειλον μοι. 17 και απεκριθη το παιδαριον και ειπεν αυτω Πεφευγεν ανηρ Ισραηλ απο προσωπου των αλλοφυλων, και πληγη μεγαλη γεγονεν εν τω λαω, και αμφοτεροι οι υιοι σου τεθνηκασιν, και η κιβωτος του θεου ελημφθη. 18 και εγενετο ως εμνησθη της κιβωτου του θεου, και επεσεν απο του διφρου εις τα οπισθεν εχομενα της πυλης, και συνετριβη ο νωτος αυτου και απεθανεν, οτι πρεσβυτης ην ο ανθρωπος και βαρυς και ενδοξος· και αυτος εκρινεν τον Ισραηλ εικοσι ετη. 19 Και η νυμφη αυτου γυνη Φινεες συνειληφυια του τεκειν· και ηκουσεν την αγγελιαν οτι ελημφθη η κιβωτος του θεου και οτι τεθνηκεν ο πενθερος αυτης και ο ανηρ αυτης, και εστεναξεν και ετεκεν, οτι εστρα-

Nn^b v | εισηλθεν boc₂e₂ | εις Σηλω bc₂e₂ dpqtz] εις Ηλω o | διερρηγμενα boc₂e₂ cx Thdt | 13 οτε ηλθεν boc₂e₂ | αυτου¹ bc₂e₂ Nb₂ | αγωνιωσα oc₂e₂ z^a⁷] εξεστηκυια b Bya₂ Acx dlpqtz* efmsw MNaghnvb₂ | υπερ boc₂e₂ | του² bis scr o | εις την πολιν boc₂e₂ Acx dpqtz | 14 φωνην της βοης] βοην της φωνης o | βοης²] ακοης o | ταυτης] αυτη b´ | 15 και¹] + ην b | και(> b´ Eus) οκτω boc₂e₂ Acx g Eus | εβαρυνθησαν boc₂e₂ z^a⁷ M(mg)g | και⁵–τουτου sub ÷ c₂ | Ηλι] Ιλι e₂ | 16 απεκριθη boc₂e₂ | ο² boc₂e₂ | εληλυθως boc₂e₂ | εγω² boc₂e₂ | αυτω boc₂e₂ | τι] > b´b* | ρημα] > e₂ : + απαγγειλον μοι o | απαγγειλον μοι boc₂e₂ | 17 αυτω boc₂e₂ | απο boc₂e₂ | των boc₂e₂ | γεγονεν boc₂e₂ Mghv Eus | οι] > b´e₂ c h | 18 απο] επι b´ | εις τα οπισθεν εχομενα boc₂e₂ | ην boc₂e₂ | και ενδοξος boc₂e₂ z c(πρεσβυτερος) h | εικοσι ετη] ετη τεσσαρακοντα e₂ | 19 εστεναξεν

φησαν επ' αυτην αι ωδινες αυτης. 20 και εν τω καιρω αυτης αποθνησκει, και ειπον αυτη αι γυναικες αι παρεστηκυιαι αυτη Μη φοβου, οτι υιον τετοκας· και αυτη ουκ απεκριθη, και ουκ ενοησεν η καρδια αυτης. 21 και εκαλεσεν ονομα τω παιδαριω Ουαι βαριωχαβηλ υπερ της κιβωτου του θεου και υπερ του πενθερου αυτης και υπερ του ανδρος αυτης, οτι απεθανεν. 22 και ειπεν Απωκισται δοξα απο Ισραηλ διοτι ελημφθη η κιβωτος του θεου.

5:1 Και οι αλλοφυλοι ελαβον την κιβωτον του θεου και εισηνεγκαν αυτην εξ Αβεννεζερ εις Αζωτον. 2 και ελαβον αυτην οι αλλοφυλοι και εισηνεγκαν αυτην την κιβωτον [του θεου] εις τον οικον Δαγων και παρεστησαν αυτην παρα Δαγων. 3 και ωρθρισαν οι Αζωτιοι και εισηλθον εις τον οικον Δαγων τη επαυριον και ειδον και ιδου Δαγων πεπτωκως επι προσωπον αυτου επι την γην ενωπιον της κιβωτου του θεου· και ηγειραν τον Δαγων και εστησαν αυτον επι τον τοπον αυτου. 4 και εγενετο ως ωρθρισαν τη επαυριον το πρωι οι Αζωτιοι, και ιδου Δαγων πεπτωκως επι προσωπον αυτου ενωπιον της κιβωτου του κυριου, και η κεφαλη Δαγων και αμφοτερα τα ιχνη των ποδων αυτου αφηρημενα επι τα εμπροσθια των σταθμων, και αμφοτεροι οι καρποι των χειρων αυτου πεπτωκοτες επι το προθυρον, πλην

boc₂e₂ z^{a?} | εστραφησαν boc₂e₂ a₂ cx | 20 αυτης¹] αυτο b^{a?}(vid) | ειπον bc₂e₂ Ba₂ Acx fmsw ab₂] ειπαν o y dpqtz e Nghinv | αυτη³ boc₂e₂ | 21 εκα-λεσεν] + τω ο | ονομα τω παιδαριω βαριωχαβηλ bo(-ωιχ-)c₂e₂] | υπερ¹- αυτης² sub ÷ c₂ | οτι απεθανεν b(-θαναν b)oc₂e₂ | 22 ειπεν boc₂e₂ A | απο boc₂(pr ※)e₂ Acx dpqtz | διοτι boc₂e₂] οτι b′ Acx | ελημφθη boc₂e₂ Acx | η κιβωτος του θυ̅ boc₂e₂ Acx |

5:1 οι boc₂e₂ y cx t efmsw nv | εισηνεγκαν] εξηνεγκαν o cx fmsw a | 2 αυτην boc₂e₂ | αυτην¹] αυτων o | την κιβωτον boc₂e₂ | του θεου bc₂] > oe₂ | τον boc₂e₂ | και παρεστησαν αυτην παρα Δαγων] > b′ m*w | 3 τον¹ boc₂e₂ cx i | τη επαυριον boc₂e₂ | πεπτωκως] πεπτωκος bo m g | επι την γην boc₂e₂ A dpqtz fmsw n^b | της boc₂e₂ cx d es gv | εστησαν boc₂e₂ | αυτον boc₂e₂ Acx dpqtz^a fmsw Nh | επι³ boc₂e₂ | 4 ως boc₂e₂ cx | τη επαυριον το πρωι bc₂e₂] το πρωι τη επαυριον o Acx dpqtz | οι Αζωτιοι boc₂e₂ | αυτου¹] + επι την γην c₂ Acx qtz

η ραχις Δαγων υπελειφθη. 5 δια τουτο ουκ επιβαινουσιν οι ιερεις Δαγων και πας ο εισπορευομενος εις οικον Δαγων επι τον σταθμον οικου Δαγων εν Αζωτω εως της ημερας ταυτης, αλλ᾽ υπερβαινοντες υπερβαινουσιν. 6 και εβαρυνθη η χειρ κυριου επι Αζωτον και εβασανισεν τους Αζωτιους και επαταξεν αυτους εις τας εδρας αυτων, την Αζωτον και το οριον αυτης· και επηγαγεν επ᾽ αυτους μυας, και εξεβρασαν εις τας ναυς αυτων, και εις μεσον της χωρας αυτων ανεφυησαν μυες· και εγενετο συγχυσις θανατου μεγαλη εν τη πολει. 7 και ειδον οι ανδρες Αζωτου οτι ουτως γεγονεν αυτοις, και λεγουσιν Ου καθησεται η κιβωτος του θεου Ισραηλ μεθ᾽ ημων, οτι σκληρα η χειρ αυτου εφ᾽ ημας και επι Δαγων τον θεον ημων. 8 και αποστελλουσιν και συναγουσιν τους σατραπας των αλλοφυλων οι Αζωτιοι προς εαυτους και λεγουσιν οι Αζωτιοι Τι ποιησωμεν τη κιβωτω του θεου Ισραηλ; και λεγουσιν οι Γεθθαιοι Μετελθετω δη η κιβωτος του θεου Ισραηλ προς ημας εις Γεθ· και μετηλθεν η κιβωτος του θεου Ισραηλ εις Γεθ. 9 και εγενετο εν τω μετελθειν την κιβωτον προς τους Γεθθαιους, και γινεται χειρ κυριου εν τη πολει εν πληγη μεγαλη σφοδρα και επαταξεν τους ανδρας της πολεως απο μικρου [και] εως μεγαλου εις τας εδρας· και εποιησαν οι Γεθ-

fmsw | της boc₂e₂ p fmsw | κιβωτου] + διαθηκης c₂ | του boc₂ᵃe₂ | κυριου] θῡ b | ποδων boc₂e₂ cx dpqtz fmsw gb₂ | των σταθμων boc₂e₂ dpqtzᵃˀ | Δαγων] Δεγων o | 5 τον σταθμον boc₂e₂ | αλλ᾽ boc₂e₂ | 6 η¹ boc₂e₂ y c dpqtz e a | και εβασανισεν b(εβασανιζε) oc₂e₂ dp h | τους Αζωτιους boc₂e₂ dp h | και επαταξεν αυτους εις τας εδρας αυτων την Αζωτον και το οριον αυτης boc₂e₂ dp h <44> | επ᾽ oc₂e₂ dpz | αυτους² oc₂e₂ dpqtz] αυτοις b Bya₂ Acx efmsw Naghnvb₂ | μυας boc₂e₂ z h | εξεβρασαν bc₂e₂ zᵃˀ] εξεβρασεν o | αυτων² boc₂e₂ z h | εις³ boc₂e₂ | αυτων⁴ boc₂e₂ c Nb₂ | και(8)–μεγαλη sub ÷ c₂ | 7 γεγονεν αυτοις boc₂(sub ÷ vid)e₂ dpz gh | η¹ boc₂e₂ cx pz efmsw Nagnv | η² boc₂e₂ a₂ cx z ef Nahiv | τον boc₂e₂ dpqtz fmsw | 8 οι Αζωτιοι¹ boc₂e₂ | εαυτους boc₂ a₂ z f] αυτους e₂ By Acx dpqt emsw Naghinvb₂ | οι Αζωτιοι boc₂e₂ | τη boc₂e₂ cx dpz efmsw Nvᵇˀ | του¹ boc₂e₂ cx dpz efmsw N | θεου] > e₂ | δη boc₂e₂ | ιηλ¹] > b By A agb₂ | εις Γεθ¹ bc₂e₂ d(> εις)pqtz s N(> εις)h | και μετηλθεν η κιβωτος του θεου] > o fmw | ιηλ² bc₂e₂ pqt es Nh | 9 εγενετο εν τω boc₂e₂ | την κιβωτον προς τους(> b᾽) Γεθθαιους (γεθ b᾽) boc₂e₂ | γινεται] + η e₂ | εν πληγη b᾽b(txt)oc₂e₂ dpzᵃˀ] εν ταραχος b(mg) Bya₂(και ταραχος) Acx qtz* efmsw

θαιοι [εαυτοις] εδρας χρυσας, και εξεβρασαν εν αυτοις μυες. 10 και εξαποστελλουσιν οι Γεθθαιοι την κιβωτον του θεου Ισραηλ εις Ασκαλωνα· και εγενετο, ως [εισηλθεν] η κιβωτος του θεου εις Ασκαλωνα, και ανεβοησαν οι Ασκαλωνιται λεγοντες Τι απεσταλκατε την κιβωτον του θεου Ισραηλ προς ημας θανατωσαι ημας και τον λαον ημων; 11 και αποστελλουσιν και συναγουσιν παντας τους σατραπας των αλλοφυλων και λεγουσιν Εξαποστειλατε την κιβωτον του θεου Ισραηλ, και αποκαταστητω εις τον τοπον αυτης και ου μη θανατωση ημας και τον λαον ημων· οτι εγενετο συγχυσις θανατου εν ολη τη πολει βαρεια σφοδρα, ως εισηλθεν η κιβωτος του θεου Ισραηλ, 12 και οι ζωντες και οι [αποθανοντες] επληγησαν εν ταις εδραις, και ανεβη η κραυγη της πολεως εως του ουρανου.

6:1 Και εγενετο η κιβωτος του θεου εν τω πεδιω των αλλοφυλων μηνας επτα, και εξεβρασεν η γη αυτων μυας. 2 και καλουσιν οι αλλοφυλοι τους ιερεις και τους μαντεις και τους επαοιδους αυτων και λεγουσιν αυτοις Τι

MNaghinvb₂ | μεγαλη b′b(txt)oc₂e₂ x dpz^{a?}] μεγας b(mg) Bya₂ Ac qtz* efmsw Naghinvb₂ | και⁴ c₂e₂ A] > bo | Γεθθαιοι] Γετθαιοι c₂ fmsw a(ετθ ex corr) Thdt | εαυτοις c₂e₂ A qtz e aghinb₂] > bo y dp Nv | χρυσας και εξεβρασαν εν αυτοις μυες b(αυταις b′)oc₂e₂ | 10 οι Γεθθαιοι boc₂e₂ z | ιηλ boc₂e₂ i | και εγενετο ως εισηλθεν η κιβωτος του θεου εις Ασκαλωνα] > b y Ac z e gv Eus | εισηλθεν c₂e₂ Ba₂ dpqt fsw hib₂] ηλθεν o x m Nan | Ασκαλωνα²] + και ανεβοησαν οι Ασκαλωνα b* | ανεβοησαν boc₂e₂ z e Nghnvb₂ | απεσταλκατε boc₂e₂ | προς ημας boc₂e₂ c dp fmsw v | 11 αποστελλουσιν boc₂e₂ Ac dpqtz g | παντας boc₂e₂ Acx dpqtz | λεγουσιν boc₂e₂ | αποκαταστητω boc₂e₂ z^{a?} | εγενετο boc₂e₂ a | του² boc₂e₂ cx efsw Ngh Eus | 12 οι² boc₂e₂ y dp v Eus | αποθανοντες oe₂ Bya₂ Acx dpqtz efmsw Naghinb₂] αποθανουντες c₂ v : αποθνησκοντες b | εν oc₂e₂] επι b | ταις εδραις boc₂e₂ | εως του ουνου boc₂e₂ |

6:1 εγενετο oc₂e₂ Thdt] ην b Bya₂ Acx dpqtz efsw Naghinvb₂ | του θυ boc₂e₂ Nhb₂(> του) Thdt | τω πεδιω oc₂e₂ Thdt] αγρω b Bya₂ Acx dpqtz efsw Naghinvb₂ | επτα boc₂e₂ Thdt | εξεβρασεν oc₂e₂ z^{a?}] εβρασεν b | μυας] μυιας o cx dpz f n | 2 και³–αυτων¹ sub ÷ c₂ | και λεγουσιν bo(λεγουσι)c₂e₂ | αυτοις bc₂e₂ | του

ποιησωμεν τη κιβωτω του θεου; γνωρισατε ημιν εν τινι εξαποστειλωμεν αυτην εις τον τοπον αυτης. 3 και ειπον αυτοις εκεινοι Ει εξαποστελλετε υμεις την κιβωτον της διαθηκης κυριου του θεου Ισραηλ, μη εξαποστειλητε αυτην κενην, αλλ' η αποδιδοντες αποδοτε αυτη υπερ της βασανου δωρα, και τοτε ιαθησεσθε, και εξιλασθησεται υμιν, μη ου μη αποστη η χειρ αυτου αφ' υμων; 4 και λεγουσιν Τι το υπερ της βασανου ο αποδωσομεν αυτη; και ειπον αυτοις εκεινοι Κατ' αριθμον των σατραπων των αλλοφυ-λων ποιησατε πεντε εδρας χρυσας ομοιωμα των εδρων υμων, οτι πταισμα εν υμιν και τοις αρχουσιν υμων και εν τω λαω, 5 και πεντε μυας χρυσους ποιησατε ομοιωμα των μυων υμων των διαφθειροντων την γην υμων· και δωσετε τω κυριω θεω Ισραηλ δοξαν, οπως κουφιση την χειρα αυτου αφ' υμων και απο των θεων υμων και απο της γης υμων. 6 και ινα τι βαρυνετε τας καρδιας υμων, ως εβαρυνεν Αιγυπτος και Φαραω την καρδιαν αυτων; ουχι, οτε ενεπαιξεν αυτοις, εξαπεστειλεν τον λαον αυτου, και απηλθον; 7 και νυν λαβετε και ποιησατε μιαν αμαξαν καινην και λαβετε δυο βοας πρωτοτοκουσας ανευ των τετεγμενων εφ' ας ουκ επετεθη ζυγος και ζευξατε

θυ boc₂e₂ e n | εξαποστειλωμεν b′oc₂e₂] εξαποστειλομεν b | 3 ειπον αυτοις εκεινοι boc₂e₂ | εξαποστελλετε boc₂e₂ Bya₂ A dqtz efsw Naghnb₂ | της¹ boc₂e₂ p e | του boc₂e₂ | εξαποστειλητε] εξαποστελειτε o | κενην] καινην b′ Ax g | αλλ' η bc₂e₂] αλλα o Bya₂ Acx dpqtz efsw Naghinvb₂ | αυτη] αυτην e₂ z^{a?} | υπερ boc₂e₂ dpz^{a?} g | δωρα boc₂e₂ dpz^{a?} g | ου μη boc₂e₂ | υμων] ημων e₂ x f* a | 4 υπερ boc₂e₂ dp | ο boc₂e₂ efsw aghnb₂ | αποδωσομεν] αποδωσωμεν b′o y x Nagnv | αυτη] αυτω c₂^{a?} | ειπον αυτοις εκεινοι boc₂e₂ | των¹ oc₂e₂ Ba₂ Acx a*v] > b y dpqtz efsw Na^{a?}ghinb₂ | σατραπων oc₂e₂ Ba₂ Ax a*v] σατραπιων b y c dpqtz efsw Na^{a?}ghinb₂ | ποιησατε boc₂e₂ | ομοιωμα των εδρων υμων boc₂e₂ g | υμων²] υμιν b′c₂ c d | εν² bc₂e₂ | 5 πεντε μυας boc₂e₂ | ποιησατε boc₂e₂ | υμων² boc₂e₂ | κυριω] + τω c₂ | θυ ιηλ bo(θυ ext lin o*)c₂e₂ | κουφιση] κουφισει ο Acx Na*gi | των³] > b′ v | υμων⁴] ημων o* c^{a?} g | 6 αυτων] αυτου o* cx | ενε-παιξεν] ενεπαιξαν b y iv | εξαπεστειλεν oc₂e₂ Ac dpt ew Nagnvb₂ Chr Thdt] εξαπεστειλαν b Bya₂ x qz fs hi | τον λαον boc₂e₂ Chr Thdt | αυτου bc₂e₂ Chr Thdt] αυτους o Bya₂ Acx dpqtz efsw Naghinvb₂ | απηλθον] απηλθεν ο | 7 μιαν boc₂e₂ | καινην] κενην ο y* pt^a e ah*v | λαβετε boc₂e₂ | τετεγμενων b′c₂e₂]

αυτας εν τη αμαξη και τα τεκνα αυτων απαγαγετε απο οπισθεν αυτων εις οικον· 8 και λημψεσθε την κιβωτον κυριου και θησετε αυτην επι την αμαξαν και τα σκευη τα χρυσα αποδοτε αυτη υπερ της βασανου και θησετε αυτα εν θεματι βαεργαζ εκ πλαγιων μερους αυτης και εξαποστελειτε αυτην και απελευσεται· 9 και απελευσεσθε και οψεσθε, ει εις οδον οριου αυτης πορευσεται κατα Βαιθσαμυς, αυτος πεποιηκεν υμιν την κακιαν την μεγαλην ταυτην, και εαν μη, γνωσομεθα οτι [ουχι] η χειρ αυτου ηπται ημων, αλλα συμπτωμα τουτο γεγονεν ημιν. 10 και εποιησαν οι αλλοφυλοι ουτως και ελαβον δυο βοας πρωτοτοκουσας και εζευξαν αυτας εν τη αμαξη και τα τεκνα αυτων απεκλεισαν εις οικον 11 και επεθηκαν την κιβωτον του θεου επι την αμαξαν, και τους μυας τους χρυσους και τας εδρας τας χρυσας εθηκαν εν θεματι βαεργαζ εκ πλαγιων αυτης. 12 και κατευθυναν αι βοες εν τη οδω εις την οδον Βαιθσαμυς, εν τριβω [μια] επορευοντο, εκοπιων και ουκ [εξεκλινον] δεξιαν ουδε αριστεραν· εν οδω μια επορευοντο πορευομεναι και βοωσαι, και οι σατραπαι των αλλοφυλων

τεταγμενων *bo* | εφ' ας (αις p^a, οις p*) ουκ επετεθη (ετεθη <44>) ζυγος boc$_2$e$_2$ dp g <44> | αυτας boc$_2$e$_2$ | αυτων^1 boc$_2$e$_2$ dpqtz efsw Nhnb$_2$ | απαγαγετε boc$_2$e$_2$ | 8 λημψεσθε] ληψεται b' | κυ boc$_2$e$_2$ Acx dpqtz | θησετε^1] καθισατε b' | αποδοτε boc$_2$e$_2$ | υπερ boc$_2$e$_2$ p g | αυτα oc$_2$e$_2$ z$^{a?}$] αυτην b p | βαεργαζ boc$_2$e$_2$ dpqtz Ngnvb$_2$ | πλαγιων boc$_2$e$_2$ z$^{a?}$ | και απελευσεται boc$_2$e$_2$ | 9 και απελευσεσθε oc$_2$e$_2$] > b | ει] η o : > b' y*a$_2$ dp Nh | οριου boe$_2$ y^b z$^{a?}$ efsw Na$^{a?}$ginvb$_2$] οριους c$_2$ | υμιν b'oc$_2$e$_2$ a$_2$ efsw n^b] ημιν b By Acx dpqtz Naghin*vb$_2$ | ταυτην boc$_2$e$_2$ Acx dpqtz e Naghnvb$_2$ | ουχι bc$_2$] ου o Bya$_2$ A i : > e$_2$ c | γεγονεν] + εν ο z w | 10 πρωτοτοκουσας] πρωτοτοκους o f h$^{b?}$ | 11 επεθηκαν boc$_2$e$_2$ | του θυ boc$_2$e$_2$ h | μυας boc$_2$e$_2$ z$^{a?}$ b$_2$ | και τας boc$_2$e$_2$ y^b Acx dpqtz w N(τα) ghn^b(vid) | εδρας τας χρυσας boc$_2$e$_2$ y^b z$^{a?}$ w ghn^b(vid) | εθηκαν εν boc$_2$e$_2$ y^b z$^{a?}$ w hn^b(vid) | θεματι βαεργαζ εκ πλαγιων αυτης boc$_2$e$_2$ z$^{a?}$ hn^b(vid) | 12 την boc$_2$e$_2$ | μια^1 c$_2$e$_2$ cx] εν η b a$_2$ dpqtz es hvb$_2$: εν ω b' : ευθεια o | ουκ boc$_2$e$_2$ z$^{a?}$ v | εξεκλινον c$_2$e$_2$ z$^{a?}$] εξεκλιναν bo | δεξιαν boc$_2$e$_2$ z$^{a?}$ v | ουδε] + επορευοντο o | αριστεραν boc$_2$e$_2$ z$^{a?}$ v | εν οδω μια επορευοντο πορευομεναι και βοωσαι boc$_2$e$_2$ dz$^{a?}$ gh <44>(> πορευομεναι και) |

επορευοντο οπισω [αυτης] εως [οριων] Βαιθσαμυς. 13 και οι εν Βαιθσαμυς εθεριζον θερισμον πυρων εν τη κοιλαδι· και ηραν τους οφθαλμους αυτων και ειδον την κιβωτον [του] κυριου και εχαρησαν και επορευθησαν εις απαντησιν αυτης. 14 και η αμαξα εισηλθεν εις αγρον Ιωσηε του εκ Βαιθσαμυς, και εστη εκει παρα λιθον [μεγαν] και εσχισαν τα ξυλα της αμαξης και τας βοας ανηνεγκαν ολοκαυτωσιν τω κυριω. 15 και οι Λευιται ανηνεγκαν την κιβωτον του κυριου και το θεμα βαεργαζ το μετ’ αυτης και τα σκευη τα χρυσα και εθεντο αυτα επι τω λιθω τω μεγαλω, και οι ανδρες οι εν Βαιθσαμυς ανηνεγκαν ολοκαυτωσεις και εθυσαν θυσιαν τω κυριω εν τη ημερα εκεινη. 16 και οι πεντε σατραπαι των αλλοφυλων εωρων και ανεστρεψαν εις Ασκαλωνα εν τη ημερα εκεινη. 17 και αυται αι εδραι αι χρυσαι, ας απεδωκαν οι αλλοφυλοι υπερ της βασανου τω κυριω· της Αζωτου μιαν, και της Γαζης μιαν, και της Ασκαλωνος μιαν, και [της] Γεθ μιαν, και της Ακκαρων μιαν. 18 και μυες χρυσοι κατ’ αριθμον πασων των πολεων των αλλοφυλων των πεντε [σατραπων] εκ πολεως εστερεωμενης και εως κωμης του Φερεζαιου και εως του λιθου του μεγαλου, ου επεθηκαν επ’

αυτης oc$_2$ Bya$_2$ Acx dpqtz efsw Naginvb$_2$] αυτων be$_2$ | οριων be$_2$ Bya$_2$ Acx dpqtz efsw Naginvb$_2$] οριου c$_2$: οδον o | 13 Βαιθσαμυς boc$_2$e$_2$ B dpqtz sw nvb$_2$] Βαιθσαμυσε b′ | τη boc$_2$e$_2$ dpqtz efsw Na^{b}gnvb$_2$ | τους oc$_2$e$_2$ a$_2$ efsw Na^{b}ginvb$_2$ | του oe$_2$ x] > bc$_2$ | εχαρησαν και επορευθησαν boc$_2$e$_2$ z | 14 εισηλθεν η αμαξα e$_2$ | Ιωσηε boc$_2$e$_2$ | του boc$_2$e$_2$ efsw Na$^{a'}$nv | εκ bc$_2$e$_2$] > o N | εστη boc$_2$e$_2$ | παρα boc$_2$e$_2$ ag | μεγαν bc$_2$ Bya$_2$ A dpqtz efsw aginvb$_2$] μεγα oe$_2$ cx N | εσχισαν boc$_2$e$_2$ | ανηνεγκαν] + εις o Bya$_2$ c dpqtz efmsw Naginvb$_2$ | 15 του boc$_2$e$_2$ Ba$_2$ av | βαεργαζ boc$_2$e$_2$ z | το bc$_2$e$_2$ z | εθεντο] εθετο b′ g* | αυτα boc$_2$e$_2$ | τω λιθω τω μεγαλω boc$_2$e$_2$ | οι εν boc$_2$e$_2$ f | εθυσαν boc$_2$e$_2$ A e Nagnvb$_2$ <44> | θυσιαν] θυσιας b Bya$_2$ Nn* | εν τη ημερα εκεινη boc$_2$e$_2$ | 16 ανεστρεψαν] απεστρεψαν c$_2$ | εν boc$_2$e$_2$ cx t fsw v | 17 υπερ boc$_2$e$_2$ dpz g | Αζωτου] + τω κω b′ | και^2 boc$_2$e$_2$] + της γεθ μιαν και b | της Γαζης μιαν] > b′ | και^3 boc$_2$e$_2$ | και^4 oc$_2$e$_2$ | της^5 oe$_2$ By Acx dpqtz efsw Nagivb$_2$] γης c$_2$: > b a$_2$ | Γεθ μιαν] > b a$_2$ | και^5 boc$_2$e$_2$ e | της^6] γης c$_2$ | 18 μυες boc$_2$e$_2$ z$^{a'}$ gb$_2$ | χρυσοι] χρυσαι e$_2$ cx | των^1 boc$_2$e$_2$ a$_2$ A d sw N | των αλλοφυλων] > b v | σατραπων oc$_2$ Bya$_2$] σατραπιων be$_2$ Acxdpqtz efsw Naginv b$_2$ | εκ ει$_2$ e$_2$ | του^2 boc$_2$e$_2$ fsw N |

αυτου την κιβωτον της διαθηκης κυριου, του εν αγρω Ιωσηε του [Βαιθσα-
μυσιτου] εως της ημερας ταυτης. 19 Και ουκ ησμενισαν οι υιοι Ιεχονιου
εν τοις ανδρασιν Βαιθσαμυς, οτι ειδον την κιβωτον του κυριου· και
επαταξεν εν αυτοις εβδομηκοντα ανδρας και πεντηκοντα χιλιαδας ανδρων
εκ του λαου. και επενθησεν ο λαος, οτι επαταξεν κυριος εν τω λαω πληγην
μεγαλην σφοδρα. 20 και ειπον οι ανδρες οι εν Βαιθσαμυς Τις δυνησεται
παραστηναι ενωπιον κυριου του αγιου τουτου; και προς τινα αναβησεται
η κιβωτος του κυριου αφ' ημων; 21 και αποστελλουσιν αγγελους προς τους
κατοικουντας Καριαθιαριμ λεγοντες Απεστρεψαν οι αλλοφυλοι την
κιβωτον του κυριου· καταβητε και αναγαγετε αυτην προς υμας.

7:1 και ερχονται οι ανδρες Καριαθιαριμ και αναγουσιν την κιβωτον δια-
θηκης κυριου και εισαγουσιν αυτην εις οικον Αμιναδαβ του εν τω βουνω·
και ηγιασεν τον υιον αυτου Ελεαζαρ φυλασσειν την κιβωτον διαθηκης κυ-
ριου. 2 Και εγενετο αφ' ης ημερας ην η κιβωτος του θεου εν Καριαθιαριμ,
επληθυνθησαν αι ημεραι, και εγενετο εικοσι ετη, και επεστρεψεν πας ο οι-

επεθηκαν] απεθηκαν b' | της boc₂e₂ cx dp f | αγρω] > e₂ | Ιωσηε boc₂e₂ |
Βαιθσαμυσιτου be₂ B dqtz sw Nnvb₂] Βαιθσαμυς του c₂ : Βαθσαμι ο | εως της
ημερας ταυτης boc₂e₂ | 19 οι] > ο a₂ A Thdt | Ιεχονιου] Ιεχωνιου b' x nv |
ειδον] ειλον c₂ | του¹ boc₂e₂ Thdt | χιλιαδας ανδρων] ανδρων χιλιαδας b' |
εκ του λαου bo(> του)c₂e₂ p(> του) Thdt | 20 ειπον boc₂e₂ d efsw av | εν boc₂e₂
y z s Na Thdt | παραστηναι boc₂e₂ zᵃ⁷ Thdt | ΚΥ] + του(> cx) θΥ c₂ Acx dpqtz |
η boc₂e₂ cx dpz Nv | του² boc₂e₂ z | 21 καριαθιαριμ λεγοντες] καριαθιριμ
λεγοντας b' | απεστρεψαν boc₂e₂ z v | οι boc₂e₂ cx dpz efsw gn | του boc₂e₂ f*
g | και καταβητε b f v(αναβητε) | αναγαγετε] αναγαγνητε ο a₂ d an | υμας
boc₂e₂ |

7:1 Καριαθιαριμ] Καριαθιριμ b' | αναγουσιν] αναγαγουσι ο | κιβωτον¹]
+ της b'o a₂ dp | εισαγουσιν] εισηγαγον b | Αμιναδαβ] Αμιναδαμ b' cx*(vid)
s a*(vid) nv | του oc₂e₂ dp v] τω b | ηγιασεν boc₂e₂ Nag | τον υιον αυτου Ελε-
αζαρ boc₂e₂ | κιβωτον²] + της b'o dp a | 2 εγενετο¹ boc₂e₂ | του θΥ boc₂e₂ |
επληθυνθησαν boc₂e₂ efsw Naghnvb₂ <71> | εγενετο² boc₂e₂ y pqtz | επε-

7:2-7:8 Βασιλειων Α 22

κος Ισραηλ οπισω κυριου εν ειρηνη. 3 και ειπεν Σαμουηλ προς παντα
οικον Ισραηλ λεγων Ει εν ολη καρδια υμων υμεις επεστρεψατε προς κυ-
ριον, εξαρατε τους θεους τους αλλοτριους εκ μεσου υμων και τα αλση και
ετοιμασατε τας καρδιας υμων προς κυριον και δουλευσατε αυτω μονω, και
εξελειται υμας εκ χειρος των αλλοφυλων. 4 και εξηραν οι υιοι Ισραηλ τα
Βααλιμ και τα αλση Ασταρωθ και εδουλευσαν τω κυριω μονω και ευηρεσ-
τουν αυτω. 5 και ειπεν Σαμουηλ Συναθροισατε τον παντα Ισραηλ εις
Μασσηφα, και προσευξομαι προς κυριον υπερ [υμων]. 6 και συνηχθη ο
λαος εις Μασσηφα και υδρευονται υδωρ και εκχεουσιν ενωπιον κυριου επι
την γην και ενηστευσαν εν τη ημερα εκεινη και ειπον Ημαρτομεν τω
κυριω· και εδικαζεν Σαμουηλ τους υιους Ισραηλ εις Μασσηφα. 7 και
ηκουσαν οι αλλοφυλοι παντες οτι συνηχθησαν οι υιοι Ισραηλ εις Μασ-
σηφα παντες, και ανεβησαν οι σατραπαι των αλλοφυλων επι Ισραηλ· και
ηκουσαν οι υιοι Ισραηλ και εφοβηθησαν απο προσωπου των αλλοφυλων.
8 και ειπον οι υιοι Ισραηλ προς Σαμουηλ Μη παρασιωπησης αφ᾽ ημων του
[μη] βοαν προς κυριον τον θεον σου υπερ ημων, και σωσει ημας εκ χειρος

των αλλοφυλων. 9 και ελαβεν Σαμουηλ αρνα γαλαθηνον ενα και ανηνεγκεν αυτον ολοκαυτωσιν τω κυριω συν παντι τω λαω, και [εβοησεν] Σαμουηλ προς κυριον υπερ του Ισραηλ, και επηκουσεν αυτου κυριος. 10 και ην Σαμουηλ αναφερων την ολοκαυτωσιν, και οι αλλοφυλοι προσηγον εις πολεμον επι Ισραηλ. και εβροντησεν κυριος εν τη ημερα εκεινη φωνη μεγαλη επι τους αλλοφυλους, και συνεχυθησαν και επταισαν ενωπιον Ισραηλ. 11 και εξηλθον ανδρες Ισραηλ εκ Μασσηφα και κατεδιωξαν τους αλλοφυλους και επαταξαν αυτους εως υποκατω Βαιθχορ. 12 και ελαβεν Σαμουηλ λιθον ενα και εστησεν αυτον ανα μεσον Μασσηφα και ανα μεσον της παλαιας και εκαλεσεν το ονομα αυτου Αβεννεζερ, λιθος του βοηθου μου, και ειπεν Εως ενταυθα εβοηθησεν ημιν ο κυριος. 13 και εταπεινωσεν κυριος τους αλλοφυλους, και ου προσεθεντο ετι του επελθειν εις το οριον Ισραηλ· και εγενετο χειρ κυριου επι τους αλλοφυλους πασας τας ημερας Σαμουηλ. 14 και απεδοθησαν αι πολεις, ας ελαβον οι αλλοφυλοι παρα των υιων Ισραηλ, και απεδωκαν αυτας τω Ισραηλ απο Ακκαρων εως Γεθ, και αφειλατο το οριον αυτου Ισραηλ εκ χειρος των αλλοφυλων. και ην ειρηνη ανα μεσον Ισραηλ και ανα μεσον του Αμορραιου. 15 και εκρινεν Σαμουηλ τον Ισραηλ πασας τας ημερας της ζωης αυτου· 16 και επορευετο εφ' ικανου ενιαυτον κατ' ενιαυτον και εκυκλου Βαιθηλ και την Γαλγαλ και την Μασσηφα και εδικαζεν τον Ισ-

---

θεου <74> : > d | περι] υπερ v | προσευχομενον] προσευχομενος z$^{a?}$ b₂ : προς κν v]] 9 συν παντι τω λαω boc₂e₂ | εβοησεν be₂ Bya₂ Acx dpqtz efsw Naghinvb₂] ανεβοησεν oc₂ | υπερ του boc₂e₂ | αυτου] + o b | 10 αναφερων] φερων o | οι boc₂e₂ cx dp f hv | εν τη ημερα εκεινη φωνη μεγαλη bc₂e₂] φωνη μεγαλη o | επταισαν] επεσαν b′ cx p a | 11 εξηλθον] + οι c₂ cx | Ισραηλ] > c₂ y A | εκ] εις e₂ y v | Μασσηφα boc₂e₂ cx ptz fsw h$^{b?}$ | επαταξαν] επαταξεν e₂ y A | Βαιθχορ boc₂(Βα ex corr vid c₂^{a})e₂ B sw Ngh* | 12 Μασσηφα bc₂e₂ cx dptz fsw h$^{b?}$] > o y* | και ανα μεσον] > o y* <44> | Αβεννεζερ boc₂e₂ y fsw Nhinb₂ | μου boc₂e₂ z h | O boc₂e₂ fsw hv | 13 ετι] επι o | του boc₂e₂ | το boc₂e₂ | εγενετο boc₂e₂ A N | 14 Γεθ boc₂e₂ Acx qtz fw n^{b} | αφειλατο oc₂e₂] αφειλαντο b Bya₂ Acx aghnvb₂ | το οριον αυτου ιηλ boc₂e₂ | των² boc₂e₂ y | ανα μεσον²] > o y d | 15 εκρινεν boc₂e₂ z(mg) | 16 εφ' ικανου boc₂e₂(αφ') | κατ' boc₂e₂ v | Γαλγαλ

ραηλ εν πασι τοις ηγιασμενοις τουτοις, 17 η δε αποστροφη αυτου ην εν Αρμαθαιμ, και εκει ην ο οικος αυτου, και εδικαζεν εκει τον Ισραηλ και ωκοδομησεν εκει θυσιαστηριον τω κυριω.

8:1 Και εγενετο ως εγηρασεν Σαμουηλ, και κατεστησεν τους υιους αυτου δικαστας τω Ισραηλ. 2 και ταυτα τα ονοματα των υιων αυτου· ο πρωτοτοκος Ιωηλ, και ο δευτερος Αβιρα, δικασται εν Βηρσαβεαι. 3 και ουκ επορευθησαν οι υιοι αυτου εν τη οδω αυτου και εξεκλιναν οπισω της πλεονεξιας και ελαμβανον δωρα και εξεκλινον δικαιωματα. 4 και συναθροιζονται παντες ανδρες Ισραηλ και παραγινονται προς Σαμουηλ εις Αρμαθαιμ 5 και λεγουσιν αυτω Ιδου συ γεγηρακας, και οι υιοι σου ου πορευονται εν τη οδω σου· και νυν καταστησον εφ᾽ ημας βασιλεα δικαζειν ημας καθως παντα τα εθνη. 6 και ην πονηρον το ρημα ενωπιον Σαμουηλ, ως ειπον Δος ημιν βασιλεα του δικαζειν ημας καθως παντα τα εθνη· και προσηυξατο Σαμουηλ προς κυριον. 7 και ειπεν κυριος προς Σαμουηλ Ακουε της φωνης του λαου κατα παντα οσα αν λαλησωσιν προς σε· διοτι ου σε [εξουθενωκασιν] αλλ᾽ η εμε εξουθενωσαν του μη βασιλευειν επ᾽ αυτων. 8 κατα παντα τα εργα αυτων α εποιησαν μοι αφ᾽ ης ημερας ανηγαγον αυτους εξ Αιγυπτου και εως της ημερας ταυτης, και εγκατελειπον

boc₂e₂ dpqtz | **Μασσηφα** boc₂e₂ cx dqt fsw h^{b?} | **ηγιασμενοις**] υγιασμενοις b´ | 17 **ην**¹ boc₂e₂ cx z e ah | **εν** boc₂e₂ | **και**¹ boc₂e₂ | **ωκοδομησεν**] ωκοδομησαν e₂ |

8:2 o¹ boc₂e₂ z a | **ο δευτερος** boc₂e₂ | **Αβιρα** oc₂e₂ ib₂] **Αβηρα** b | **Βηρσαβεαι** boc₂e₂ a₂] **Βηρσαβεε** b´ By Acx dpqtz efmsw Nagh^xnb₂ | 3 **τη** boc₂e₂ N | **πλεονεξιας** b(mg)oc₂e₂ z(mg) h] **συντελειας** b´b(txt) Bya₂ Acx dpqtz(txt) efsw Naginvb₂ | **εξεκλινον** boc₂e₂ By qtz h*i] **εξεκλιναν** b´ a₂ Acx dp efsw Nagh^bnvb₂ | 4 **παντες** boc₂e₂ Acx pqtz* h | **ανδρες**] > b´ cx z* <44> | 5 **λεγουσιν** boc₂e₂ fsw h | **καθως** boc₂e₂ s Cyr1/3 | **παντα** boc₂e₂ | 6 **και–εθνη**] post εαυτω v. 12 o | **ενωπιον** bc₂e₂ A d | **ειπον** bc₂e₂ f a | **του** bc₂e₂ N | **καθως παντα τα εθνη** bc₂e₂ | 7 **κατα παντα οσα** boc₂e₂ h | **προς σε** boc₂e₂ y fsw Naghnvb₂ Cyr | **διοτι** boc₂e₂ Thdt | **εξουθενωκασιν** oc₂] εξουδενωκασιν b e agnvb₂ Thd : εξουθενηκασιν e₂ Bya₂ Acx dpqtz fsw Nhi | **εξουθενωσαν** boc₂e₂] εξουθενησαν b´ Thdt | 8 **εργα** boc₂e₂ fsw Jos | **αυτων** boc₂e₂ <246> Thdt | **α**] οσα b´ N | **ανηγαγον**] εξηγαγον με και εδουλευσαν θεοις ετεροις ους αυτοι ποιουσιν, καιγε ελατρευσαν αυτοις· ουτως αυτοι ποιουσιν και σοι. 9 και νυν ακουε της φωνης αυτων· πλην οτι διαμαρτυρομενος διαμαρτυρη αυτοις και απαγγελεις αυτοις το δικαιωμα του βασιλεως, ος βασιλευσει επ᾽ αυτοις. 10 και ειπεν Σαμουηλ παντας τους λογους κυριου προς παντα τον λαον, τους αιτησαντας παρ᾽ αυτου βασιλεα 11 και ειπεν αυτοις Τουτο εσται το δικαιωμα του βασιλεως του βασιλευοντος εφ᾽ υμας· τους υιους υμων λημψεται και θησει αυτους αρματηλατας αυτου και εν ιππευσιν αυτου και προτρεχοντας των αρματων αυτου, 12 και θησει αυτους εαυτω χιλιαρχους και εκατονταρχους και αροτριαν την αροτριασιν αυτου και θεριζειν θερισμον αυτου και τρυγαν τρυγητον αυτου και ποιειν σκευη αυτου πολεμικα και σκευη αρματων αυτου· 13 και τας θυγατερας υμων λημψεται εις μυρεψους και μαγειρισσας και πεσσουσας· 14 και τους αγρους υμων και τους αμπελωνας υμων και τους ελαιωνας υμων τους αγαθους λημψεται και δωσει τοις δουλοις αυτου· 15 και τα σπερματα υμων αποδεκατωσει και τους αμπελωνας υμων και δωσει τοις ευνουχοις αυτου και τοις δουλοις αυτου· 16 και τους δουλους υμων και τας δουλας υμων και τα βουκολια υμων τα αγαθα και τους ονους υμων λημψεται και αποδεκατωσει εις τα εργα αυτου 17 και τα ποιμνια υμων αποδεκατωσει· και υμεις εσεσθε αυτω εις δουλους. 18 και

b Jos(vid) Thdt | και¹ boc₂e₂ A dpqtz Thdt | εγκατελειπον boe₂ ya₂ Acx ahvb₂] εγκατελιπον c₂ B dpqtz efsw Ngin | ους boc₂e₂ z gh* | αυτοι ποιουσιν καιγε ελατρευσαν αυτοις boc₂e₂ z g | σοι] + ※c₂ | 9 βασιλευσει] βασιλευση b´ f | αυτοις³ boc₂e₂ zᵃ⁷ ab₂ | 10 παντας τους λογους boc₂e₂ efsw Naghnvb₂ | παντα boc₂e₂ | αιτησαντας boc₂e₂ | 11 αυτοις boc₂e₂ dpz | εσται] εστιν b a₂ dp g | του βασιλευοντος boc₂e₂ | υμας] ημας e₂ a₂ d* | θησει bc₂e₂ y dzᵃ⁷ s a] θησεται o Ba₂ Acx pqtz* efw Nghinvb₂ | αυτους] > o | αρματηλατας boc₂e₂(αρ※μ-) Jos(vid) | 12 θησει boc₂ x] θηση e₂ c | εαυτω] + και ην πονηρον το ρημα ενωπιον Σαμουηλ ως ειπον δος ημιν βασιλεα του δικαζειν ημας καθως παντα τα εθνη o | και αροτριαν την αροτριασιν αυτου boc₂e₂ z | θεριζειν] + τον o | αυτου³] > o | πολεμικα boc₂e₂ | 15 τα σπερματα] το σπερμα o Acx pqt fsw | και τους αμπελωνας υμων boc₂e₂ | 16 τους δουλους] τοις δουλοις o | 17 αυτω] αυτου o v | εις δουλους boc₂e₂ e Nagin*vb₂ |

βοησετε εν τη ημερα εκεινη εκ προσωπου του βασιλεως υμων, ου ηρετισασθε εαυτοις, και ουκ επακουσεται υμων κυριος εν ταις ημεραις εκειναις, οτι υμεις ητησασθε εαυτοις βασιλεα. 19 και ουκ ηβουλετο ο λαος ακουσαι της φωνης του Σαμουηλ και ειπον αυτω Ουχι, αλλ' η βασιλευς εσται εφ' ημας, 20 και εσομεθα και ημεις καθως παντα τα εθνη, και δικασει ημας ο βασιλευς ημων και εξελευσεται εμπροσθεν ημων και πολεμησει τον πολεμον ημων. 21 και ηκουσεν Σαμουηλ παντας τους λογους του λαου και ελαλησεν αυτους εις τα ωτα κυριου. 22 και ειπεν κυριος προς Σαμουηλ Ακουσον της φωνης αυτων και βασιλευσον αυτοις βασιλεα. και ειπεν Σαμουηλ προς τους ανδρας Ισραηλ Αποτρεχετε εκαστος εις την πολιν αυτου.

9:1 Και ην ανηρ εκ των υιων Βενιαμιν, και ονομα αυτω Κις υιος Αβιηλ υιου Σαρα υιου Μαχιρ υιου Αφεκ ανδρος [Ιεμιναιου], ανηρ δυνατος ισχυι. 2 και τουτω υιος, και ονομα αυτω Σαουλ, ευμεγεθης ανηρ, ουκ ην ανηρ αγαθος, ουθεις εν υιοις Ισραηλ, υπερ αυτον, υπερωμιαν και επανω υψηλος υπερ πασαν την γην. 3 και απωλοντο αι ονοι Κις του πατρος Σαουλ, και ειπεν Κις προς Σαουλ τον υιον αυτου Λαβε μετα σεαυτου εν των παιδαριων και αναστητε και πορευθητε και ζητησατε τας ονους. και ανεστη Σα-

18 βοησετε boc₂e₂ cx | του boc₂e₂ cx efsw Nh | ηρετισασθε boc₂e₂ z(mg) | υμων²] υμιν o v | κυριος bc₂e₂] ϗϛ o | υμεις-βασιλεα sub ÷ c₂ | ητησασθε boc₂e₂] + εν o | εαυτοις²] αυτοις o g | 19 της φωνης boc₂e₂ | ειπον boc₂e₂ cx d f ai | βασιλευς εσται] βασιλευσεται b n* | 20 καθως boc₂e₂ y Cyr | δικασει] δικαση o* c | 22 ακουσον boc₂e₂ a₂ cx fsw | τους boc₂e₂ cx dpz iᵃ | αποτρεχετε boe₂ efsw ghnvb₂] αποτρεχε c₂ |

9:1 εκ boc₂e₂ | των boc₂e₂ | Αβιηλ] Σαβιηλ e₂ | Σαρα boc₂e₂ | Μαχιρ boc₂e₂ | Ιεμιναιου c₂e₂ By Ac dpqtz aghnb₂] Ιεμηναιου o a₂ x Niv : Ιεμεναιου b f | ισχυι boc₂e₂ dpqtz fsw inᵇ <123> | 2 ανηρ¹] + αγαθος b Ba₂ A dpqtz efsw Naghnvb₂ | ανηρ² boc₂e₂ Thdt | ουθεις oc₂e₂ i | εν υιοις ιηλ boc₂e₂ Thdt | υπερωμιαν] απο ωμου b(mg) zᵃ⁷ | πασαν] παντα b(mg) cx i | την γην] τον λαον b(mg) i | 3 απωλοντο] απωλλοντο b' | αι] οι c₂ Acx dp | του¹ boc₂e₂ a₂ Acx dpqtz i | Σαουλ¹] αυτου b'o c | και ανεστη Σαουλ και παρελαβεν εν των παιδαριων ουλ και παρελαβεν εν των παιδαριων του πατρος αυτου μετ' αυτου και επορευθη ζητειν τας ονους Κις του πατρος αυτου. 4 και [διηλθον] δι' ορους Εφραιμ και διηλθον δια της γης [Σελχα] και ουχ ευρον· και διηλθον δια της γης Γαδδι της πολεως Σεγαλιμ, και ουχ ευρον· και διηλθον δια της γης Ιαβιν και ουχ ευρον. 5 και αυτοι ηλθον εις την γην Σιφα και ειπεν Σαουλ τω παιδαριω αυτου τω μετ' αυτου Δευρο και αναστρεψωμεν, μη ανεις ο πατηρ μου τας περι τας ονους φροντιδας [φροντιζει] περι ημων. 6 και ειπεν αυτω το παιδαριον αυτου Ιδου δη ανθρωπος του θεου εν τη πολει ταυτη, και ο ανθρωπος μεγας και ενδοξος, και παν ο εαν λαληση, παραγινομενον παρεσται· και νυν πορευθωμεν δη προς αυτον, οπως αναγγειλη ημιν την οδον ημων εφ' ην πορευθωμεν επ' αυτην. 7 και ειπεν Σαουλ τω παιδαριω αυτου τω μετ' αυτου Και ιδου πορευσομεθα, και τι [αποισομεν] τω ανθρωπω του θεου; οτι αρτοι εκλελοιπασιν εκ των αγγειων ημων, και πλειον ουκ εστιν μεθ' ημων του εισενεγκειν τω ανθρωπω του θεου η τουτο το υπαρχον ημιν. 8 και προσεθετο το παιδαριον του αποκριθηναι τω Σαουλ και ειπεν Ιδου ευρηται εν τη χειρι μου τεταρτον σικλου αργυριου, και δωσεις τω ανθρωπω του θεου, και απαγγελει ημιν την οδον ημων. 9 και εμπροσθεν εν

του πρς αυτου μετ' αυτου και επορευθη ζητειν τας ονους Κις του πρς αυτου boc₂e₂ d(> Κις)p gh(> μετ' αυτου)i | 4 διηλθον¹ oe₂ Bya₂ cx dpqtz efsw Nghinvb₂] απηλθον b : ηλθον c₂ | ορους] ορου b´* | διηλθον²] ηλθον c₂ d | Σελχα oc₂ B fsw aˣghinˣb₂] Ελχα be₂ y e Nn* | Γαδδι της πολεως boc₂e₂ i | Σεγαλιμ boc₂ efsw Nnb₂] Εγαλιμ e₂ <244> | ουχ ευρον¹ boc₂e₂ efsw Nghinb₂ | Ιαβιν boc₂e₂ | 5 και αυτοι ηλθον boc₂e₂ | γην boc₂e₂ | Σιφα boc₂e₂ i | Σαουλ boc₂e₂ y | αναστρεψωμεν boc₂e₂ B b₂ | ανεις] αφεις o cx | περι τας boc₂e₂ i | φροντιδας boc₂e₂ i | φροντιζει bc₂ Bya₂ x dpqz e Naghinvb₂] φροντιζη oe₂ Ac t fsw b₂ | 6 αυτου boc₂e₂ i | του] > bc₂ | ταυτη] > b´ | μεγας boc₂e₂ h | και² boc₂e₂ | και³ boc₂e₂ z e i | εαν] αν o v | λαληση] λαλησει b a₂ x d Nghiv | δη boc₂ efsw Nahinvb₂ | προς αυτον boc₂e₂ cx g] + ει c₂ | οπως] πως c₂ | αναγγειλη boc₂e₂ | πορευθωμεν boc₂ y] πορευσομεθα e₂ | επ'] προς e₂ | 7 τι] + α o | αποισομεν c₂ i Thdt] εισοισομεν e₂(mg) A dqtz : αποισωμεν b : ποιησωμεν o : αποιθομεν e₂(txt) | εκλελοιπασιν] + ημιν e₂ | του² boc₂e₂ Acx pqtz efsw i | η τουτο boc₂e₂ z | 8 του¹ boc₂e₂ i | Σαουλ] + ηα c₂ | απαγγελει] αναγγειλη e₂ | 9 εμπροσ-

Ισραηλ ταδε ελεγον εκαστος θεου ανηρ εν τω πορευεσθαι επερωταν τον
θεον Δευτε και πορευθωμεν προς τον βλεποντα· οτι τον προφητην εκαλει
ο λαος εμπροσθεν Ο βλεπων. 10 και ειπεν Σαουλ προς το παιδαριον αυτου
Αγαθον το ρημα σου, δευρο και πορευθωμεν. και επορευθησαν εις την
πολιν ου ην ο ανθρωπος του θεου εκει. 11 αυτων δε αναβαινοντων εις την
αναβασιν της πολεως και ιδου αυτοι ευρισκουσιν κορασια εξεληλυθοτα
υδρευσασθαι υδωρ και λεγουσιν αυταις Ει εστιν ενταυθα ο βλεπων; 12 και
απεκριθη αυτοις τα κορασια και [ειπεν] Εστιν, ιδου προ προσωπου υμων·
ταχυνον, οτι νυν ηκει εις την πολιν δια την ημεραν οτι θυσια σημερον [----]
τω λαω εν Βαμα· 13 ως αν εισελθητε εις την πολιν, ουτως ευρησετε αυτον
εν τη πολει πριν αναβηναι αυτον εις Βαμα του φαγειν, οτι ου μη φαγη ο
λαος εως του παραγενεσθαι αυτον, επειδη αυτος ευλογει την θυσιαν, και
μετα ταυτα εσθιουσιν οι ξενοι· και νυν αναβητε, οτι δια την ημεραν ευρη-
σετε αυτον εν τη πολει. 14 και αναβαινουσιν εις την πολιν. αυτων εισ-
πορευομενων εις μεσην την πολιν και ιδου Σαμουηλ εξηλθεν εις συναν-
τησιν αυτων του αναβηναι εις Βαμα. 15 και κυριος απεκαλυψεν το ωτιον
Σαμουηλ ημεραν μιαν εμπροσθεν του ελθειν προς αυτον τον Σαουλ λεγων
16 Ως ο καιρος ουτος αυριον αποστελω προς σε ανδρα εκ γης Βενιαμιν, και
χρισεις αυτον εις αρχοντα επι τον λαον μου Ισραηλ, και σωσει τον λαον
μου Ισραηλ εκ χειρος αλλοφυλων· οτι επεβλεψα επι την ταπεινωσιν του λα-

θεν] + και b´ | εν¹] > e₂ Ac e Na^a7n*v <44> | ελεγον boc₂e₂ dpqtz Nagin*vb₂ | θυ
ανηρ boc₂e₂ h*i | δευτε και boc₂e₂ Acx dpqtz i | 10 σου boc₂e₂ i | εκει boc₂e₂ |
11 δε boc₂e₂ ya₂ cx pz f i | εις boc₂e₂ z ai | ιδου boc₂e₂ z | ει] μη b | 12 τα
κορασια boc₂e₂ a₂ i | ειπεν c₂e₂] ειπον bo | προ προσωπου boc₂e₂ | ταχυνον
oc₂e₂ Ac] ταχυνατε b dpqtz Jos(vid) | οτι boc₂e₂ | νυν] + οτι b´ : > o | δια την
ημεραν boc₂e₂ | ----] εν¹ be₂ : > oc₂ | 13 εις¹ boc₂e₂ y cx p fw Nahin^bv |
ευρησετε¹] ευρησειται e₂ | εν τη πολει boc₂ Bya₂ Acx pqtz e Naghnb₂] εις την
πολιν b´e₂ fsw | παραγενεσθαι boc₂e₂ | επειδη αυτος boc₂e₂ | οτι²] οντι ο |
ευρησετε²] ευρησητε b´ cx ai | εν τη πολει² boc₂e₂ z | 14 αυτων¹] + δε b a₂ cx
z f a^a7 | μεσην την πολιν boc₂e₂ | συναντησιν boc₂e₂ | 15 ημεραν μιαν boc₂e₂
x(ημερα) i | προς αυτον τον(> By) boc₂e₂ By cx i | 16 προς σε ανδρα] ανδρα
προς σε b´ : ανδρα e₂ | εις] > o a₂ d efs ahiv | σωσει] σωσεις e₂ b₂ | ιηλ² boc₂e₂

ου μου, διοτι ηλθεν η βοη αυτων προς με. 17 και Σαμουηλ ειδεν τον Σαουλ·
και κυριος απεκριθη αυτω λεγων Ιδου ο ανθρωπος ον ειπον σοι, ουτος
καταρξει επι τον λαον μου. 18 και προσηλθεν Σαουλ προς Σαμουηλ εις
μεσον της πολεως και ειπεν Απαγγειλον δη μοι ποιος ο οικος του
βλεποντος. 19 και απεκριθη Σαμουηλ τω Σαουλ και ειπεν αυτω Εγω ειμι
αυτος· αναβηθι εμπροσθεν μου εις Βαμα και φαγε μετ' εμου σημερον, και
εξαποστελω σε πρωι και παντα τα εν τη καρδια σου απαγγελω σοι· 20 και
περι των ονων των απολωλυιων σοι σημερον τριταιων μη θης τι την καρ-
διαν σου περι αυτων, οτι ευρηνται· και τινι τα ωραια του Ισραηλ; ουχι σοι
και τω οικω του πατρος σου; αναβηθι εμπροσθεν μου. 21 και απεκριθη
Σαουλ και ειπεν Ουχι υιος ανδρος Ιεμιναιου εγω ειμι του μικροτερου
σκηπτρου εκ των φυλων του Ισραηλ και η πατρια μου ολιγοστη παρα
πασας πατριας του Βενιαμιν; και ινα τι ελαλησας προς με κατα το ρημα
τουτο; 22 και ελαβεν Σαμουηλ τον Σαουλ και το παιδαριον αυτου και
εισηγαγεν αυτους εις το καταλυμα αυτου και εταξεν αυτοις τοπον εν
πρωτοις των κεκλημενων ωσει εβδομηκοντα ανδρων. 23 και ειπεν Σαμουηλ
τω μαγειρω Δος μοι την μεριδα ην εδωκα σοι και ειπον σοι θειναι αυτην
παρα σοι. 24 και ηρεν ο μαγειρος την κωλεαν και το επ' αυτης και
παρεθηκεν αυτην ενωπιον Σαουλ· και ειπεν Σαμουηλ τω Σαουλ Ιδου μαρ-

i] τον ιηλ c_2 | χειρος] + των b´ | διοτι boc_2e_2 z | 17 λεγων boc_2e_2 | ειπον boc_2e_2
cx efsw Nn^b | καταρξει επι τον λαον boc_2e_2 i | 18 προσηλθεν boc_2e_2 $dpz^{a?}$ |
Σαουλ προς Σαμουηλ] Σαμουηλ προς Σαουλ e_2 | ειπεν] + αυτω Σαουλ e_2
n^b(> Σαουλ) | ποιος] που b´ Thdt | 19 αυτω bc_2e_2 i | βαμα] Σαβα b´ | 20 απο-
λωλυιων] απολωλοτων e_2 cx e i <236> | μη θης τι] μνησθητι εις b | περι
αυτων boc_2e_2 | ουχι boc_2e_2 ib_2 | σοι²] συ b´ c | αναβηθι εμπροσθεν μου boc_2e_2
i | 21 ανδρος boc_2e_2 | του¹] + εκ e_2* | εκ των φυλων του boc_2e_2 Thdt | η
πατρια μου ολιγοστη παρα (υπερ o) πασας (+ τας o Thdt) πατριας του
Βενιαμιν (Βαινιαμιν e_2) boc_2e_2 Thdt | 22 τον] > b´ d | αυτους] > o d | αυτου²
boc_2e_2 z | εταξεν boc_2e_2 z(mg) | τοπον εν πρωτοις] εν πρωτοις τοπον b´ y |
23 ειπον boc_2e_2 | 24 ηρεν boc_2e_2 $z^{a?}$ efsw $ghinvb_2$ | και το επ' αυτης boc_2(sub ※)e_2
Acx dpqtz i | αυτην] > o | Σαουλ] Σαμουηλ b a_2 cx e | μαρτυριον¹ boc_2e_2(txt)

τυριον, παραθες αυτο ενωπιον σου και φαγε, οτι εις μαρτυριον τεθειται σοι παρα του λαου· αποκνιζε. και εφαγεν Σαουλ μετα Σαμουηλ εν τη ημερα εκεινη. 25 και κατεβη εκ της Βαμα εις την πολιν· και εστρωσαν τω Σαουλ επι τω δωματι, 26 και εκοιμηθη. και εγενετο ως ανεβαινεν ο ορθρος, και εκαλεσεν Σαμουηλ τον Σαουλ επι τω δωματι λεγων Αναστα, και εξαποστελω σε· και ανεστη Σαουλ, και εξηλθεν αυτος και Σαμουηλ εως εξω. 27 αυτων καταβαινοντων εις ακρον της πολεως και ειπεν Σαμουηλ τω Σαουλ Ειπον τω νεανισκω και διελθετω εμπροσθεν ημων, συ δε στηθι ως σημερον και ακουσον ρημα θεου. και ειπεν Σαουλ τω παιδαριω αυτου, και διηλθεν εμπροσθεν αυτων.

10:1 και ελαβεν Σαμουηλ τον φακον του ελαιου και κατεχεεν επι την κεφαλην αυτου και εφιλησεν αυτον και ειπεν αυτω οτι Κεχρικεν σε κυριος εις αρχοντα επι τον λαον αυτου, τον Ισραηλ, και συ αρξεις εν τω λαω κυριου, και σωσεις αυτον εκ χειρος των εχθρων αυτου κυκλοθεν. και τουτο σοι το σημειον οτι κεχρικεν σε κυριος εις αρχοντα επι την κληρονομιαν αυτου· 2 ως εαν απελθης σημερον απ᾽ εμου, ευρησεις δυο ανδρας προς τοις ταφοις Ραχηλ εν τοις οριοις Βενιαμιν μεσημβριας αλλομενους μεγαλα, και ερουσιν σοι Ευρηνται αι ονοι, ας επορευθης ζητειν, και ιδου ο πατηρ σου αποτετινακται την φροντιδα των ονων και μεριμνα περι υμων λεγων Τι ποι-

i(mg) Thdt | αυτο] αυτω ο Naghiv | τεθειται] τεθηκα b : παρατεθηκα b´ | του λαου] τους αλλους e₂(mg) Ba₂ cx dpqtz* | αποκνιζε] αποκνιζει e₂ A | 25 εις την πολιν boc₂e₂ efsw Naghinvb₂ | εστρωσαν boc₂e₂ i | 26 και εκοιμηθη sub ※ c₂(vid) | και³] > e₂ d | εκαλεσεν] ελαλησε b | τον] τω b | 27 και αυτων¹ b i | ακρον b´b(txt)oc₂e₂ z(mg) | ειπεν¹] εξειπε b | Σαμουηλ boc₂e₂ | τω Σαουλ] > o | δε boc₂e₂ | ως] ωδε b | ακουσον boc₂e₂ By i | και ειπεν Σαουλ τω παιδαριω αυτου και διηλθεν εμπροσθεν αυτων boc₂e₂ h |

10:1 τον¹] το e₂ | ελαιου] λαου b´ | κατεχεεν boc₂e₂ Jos(vid) | οτι¹ boc₂e₂ fsw hib₂ | κυριος¹-σε² sub ÷ c₂ | τον³ boc₂e₂ | τω boc₂e₂ cx N | των boc₂e₂ a₂ cx | αυτου³] αυτων c₂ a | επι την κληρονομιαν αυτου boc₂e₂ | 2 ως εαν boc₂e₂] εως αν b´ | τοις οριοις boc₂(> τοις)e₂ i | μεσημβριας boc₂e₂ i | επορευθης oc₂e₂

ησω περι του υιου μου; 3 και απελευσει εκειθεν και επεκεινα και ηξεις
εως της δρυος της εκλεκτης και ευρησεις εκει τρεις ανδρας αναβαινοντας
προς τον θεον εις Βαιθηλ, ενα αιροντα τρεις εριφους και ενα αιροντα
ασκον οινου και ενα αιροντα τρια αγγεια αρτων· 4 και ερωτησουσιν σε
τα εις ειρηνην και δωσουσιν σοι απαρχας αρτων, και λημψη εκ της χειρος
αυτων. 5 και μετα ταυτα εισελευση εις τον βουνον του θεου, ου εστιν εκει
το αναστεμα των αλλοφυλων, εκει [Νασιβ] ο αλλοφυλος· και εσται ως αν
εισελθης εκει εις την πολιν, και απαντησεις χορω προφητων καταβαινον-
των εκ της Βαμα, και εμπροσθεν αυτων ναβλαι και τυμπανα και αυλος
και κινυρα, και αυτοι προφητευοντες· 6 και εφαλειται επι σε πνευμα
κυριου, και προφητευσεις μετ᾽ αυτων και στραφηση εις ανδρα αλλον.
7 και εσται οταν ελθη τα σημεια ταυτα επι σε, ποιει παντα, οσα αν ευρη
η χειρ σου, οτι ο θεος μετα σου. 8 και καταβηθι εμπροσθεν μου εις
Γαλγαλα, και ιδου εγω καταβαινω προς σε του ανενεγκειν ολοκαυτωσιν
και θυσαι ειρηνικας θυσιας· επτα ημερας διαλειψεις εως του ελθειν με
προς σε, και γνωρισαι σοι α ποιησεις. 9 και εγενετο ωστε επιστραφηναι
τον Σαουλ τω ωμω αυτου απελθειν απο Σαμουηλ, και μετεστρεψεν [αυτω]

cx d] επορευθητε b Bya₂ A pqtz efsw Naghinvb₂ | αποτετινακται] + απο b´ | την
φροντιδα boc₂e₂ z(mg) | μεριμνα boc₂e₂ z(mg) | περι¹ boc₂e₂ cx z(mg) hi | υμων
boc₂e₂ c z(mg) hi | περι² boc₂e₂ z(mg) | 3 επεκεινα] απεκεινα c₂ | και³ boc₂e₂
cx | της εκλεκτης boc₂e₂ z(mg) | τρεις ανδρας] ανδρας τρις e₂ | τρεις εριφους
boc₂e₂ zᵃ⁷ g | και ενα αιροντα τρια αγγεια αρτων boc₂e₂ z | 4 σε] > e₂ |
αρτων] αυτων b | 5 εκει¹] > e₂ A | αναστεμα oc₂e₂ By zᵃ⁷ efsw aˣghnvb₂] ανα-
στημα b a₂ Acx dpqtz* Ni | Νασιβ c₂e₂ Bya₂ Acx dpqtz Naghb₂] Νασιφ o : Νασσιβ
b | ως] ος b´ | απαντησεις] απαντησης b | χορω] χορων e₂ | ναβλαι boc₂ pqtz
fs aghinb₂] ναβαιαι e₂ : αυλαι b´ | 6 εφαλειται] αφελειται b´ | προφητευσεις]
προφητευσης b c p ag | 7 ελθη boc₂e₂ | ο boc₂e₂ ya₂ ef Nghinvb₂ | μετα σου] επι
σε b´ | 8 καταβηθι boc₂e₂ | μου boc₂e₂ z Jos(vid) | εις Γαλγαλα boc₂c₂ | εγω
boc₂e₂ Acx pqtz efsw Naghinvb₂ | του¹ boc₂e₂ z | θυσιας boc₂e₂ | με] > c₂ |
γνωρισαι boc₂(αι ex corr c₂ᵃ)e₂ | 9 εγενετο boc₂e₂ | τον (τω e₂) Σαουλ boc₂e₂ z |
και² boc₂e₂ a₂ | αυτω (ο θεος) oc₂ Bya₂ Acx pqtz efsw Naghinvb₂] αυτον (ο θεος)

ο θεος καρδιαν ετεραν· και ηλθεν παντα τα σημεια ταυτα εν τη ημερα εκεινη. 10 και ερχεται εκειθεν εις τον Βαμα βουνον, και ιδου χορος προφητων εξ εναντιας αυτου· και εφηλατο επ' αυτον πνευμα του θεου, και προεφητευσεν εν μεσω αυτων. 11 και εγενετο ως ειδον αυτον παντες οι ειδοτες αυτον εχθες και τριτης και ειδον και αυτος ην εν μεσω των προφητων προφητευων, και ειπον ο λαος εκαστος προς τον πλησιον αυτου Τι τουτο το γεγονος τω υιω Κις; η και Σαουλ εν προφηταις; 12 και απεκριθη τις εξ αυτων και ειπεν Και τις ο πατηρ αυτου; δια τουτο εγενετο εις παραβολην Η και Σαουλ εν προφηταις; 13 και συνετελεσεν προφητευων και ερχεται εις τον βουνον. 14 και λεγει αυτω ο οικειος αυτου και τω παιδαριω αυτου Που επορευθητε; και ειπον Ζητειν τας ονους· και ειδομεν οτι ουκ ησαν και εισηλθομεν προς Σαμουηλ. 15 και ειπεν ο οικειος του Σαουλ Απαγγειλον δη μοι τι ειπεν σοι Σαμουηλ. 16 και ειπεν Σαουλ προς τον οικειον αυτου Απηγγειλεν μοι οτι ευρηνται αι ονοι· το δε ρημα της βασιλειας ουκ απηγγειλεν αυτω ο ειπεν Σαμουηλ. 17 Και συνηγαγεν Σαμουηλ παντα τον λαον προς κυριον εις Μασσηφα 18 και ειπεν προς τους υιους Ισραηλ Ταδε λεγει κυριος ο θεος Ισραηλ λεγων Εγω ανηγαγον τους υιους Ισραηλ εξ Αιγυπτου και εξειλομην υμας εκ χειρος Φαραω βασι-

εις b : (ο θεος) αυτω e₂ | ετεραν boc₂e₂ z(mg) Thdt | ταυτα boc₂e₂ z(mg) fsw n^b | 10 Βαμα boc₂e₂ z(mg) | εφηλατο oc₂e₂ g] εφηλλετο b | του boc₂ a₂ | 11 εγενετο boc₂e₂ | ως ειδον αυτον boc₂e₂ z | ειδοτες boc₂ B pqtz Nh] ιδοντες e₂ ya₂ Acx efsw aginvb₂ | εχθες] χθες b B^b cx pz ef | και³] > b' | ην boc₂e₂ | των προφητων] αυτων b' | προφητευων boc₂e₂ Acx pqtz gh | ειπον boc₂e₂ d ghivb₂] ειπεν b' Bya₂ cx pqtz efsw Nan | η] ει b x d^apqtz e^as* Ngin* | 12 εξ boc₂e₂ | ο boc₂e₂ x dz e^afsw | εγενετο boc₂e₂ | η] ει b ya₂ x pqtz es Na^a⁷gh*in*v | 13 ερχεται] + εκειθεν z fsw n^b | βουνον] + βαμα b | 14 λεγει αυτω boc₂e₂ | οικειος] πατραδελφος b | και²] > b | τω παιδαριω boc₂e₂ | ειπον oc₂e₂ c dpqtz ef a] ειπεν b a₂ x sw g(vid)n^b | ησαν bo(σ ex v o^a)c₂e₂ | 15 του bc₂e₂] τω b'o | 16 απηγγειλεν] απαγγελλων απηγγειλεν b | απηγγειλεν²] ανηγγειλεν b | ο (οτι c) ειπεν Σαμουηλ boc₂(sub ※)e₂ Acx pqtz fsw hn^b | 17 συνηγαγεν boc₂e₂ z^a⁷ fsw gn^b | παντα τον λαον boc₂e₂ z^a⁷ fsw gn^b(vid) | προς] > b' | 18 λεγει boc₂e₂ a₂ d h | ο

λεως Αιγυπτου και εκ χειρων πασων βασιλειων των εκθλιβουσων υμας·
19 και υμεις σημερον εξουθενωσατε τον θεον υμων, ος αυτος εστιν υμων
σωτηρ εκ παντων των κακων υμων και των θλιψεων υμων, και ειπατε Ουχι,
αλλ' η βασιλεα καταστησεις εφ' ημας· και νυν καταστητε ενωπιον κυριου
κατα φυλας υμων και κατα χιλιαδας υμων. 20 και προσηγαγεν Σαμουηλ
πασας τας φυλας του Ισραηλ, και κατακληρουται φυλη Βενιαμιν· 21 και
προσηγαγεν την φυλην Βενιαμιν κατα πατριας, και κατακληρουται πατρια
Αματταρι· και προσηγαγεν την πατριαν Αματταρι κατα ανδρα ενα, και
κατακληρουται Σαουλ υιος Κις. και εζητει αυτον, και ουχ ευρισκετο.
22 και επηρωτησεν ετι Σαμουηλ εν κυριω και ειπεν Ει ερχεται ετι ενταυθα
ο ανηρ; και ειπεν κυριος Ιδου αυτος κεκρυπται ενθαδε εν τοις σκευεσιν.
23 και εδραμεν Σαμουηλ και ελαβεν αυτον εκειθεν και κατεστη Σαουλ εν
μεσω του λαου, και υψωθη υπερ παντα τον λαον υπερ ωμιαν και επανω.
24 και ειπεν Σαμουηλ προς παντα τον λαον Ει εορακατε ον εκλελεκται
εαυτω κυριος, οτι ουκ εστιν ομοιος αυτω εν πασιν υμιν; και εγνω πας ο
λαος και ειπον Ζητω ο βασιλευς. 25 και ελαλησεν Σαμουηλ προς τον λαον
το δικαιωμα της βασιλειας και εγραψεν εις βιβλιον και εθηκεν ενωπιον

θεος] > b h | λεγων] > b' d h | εξειλομην bc₂e₂ pqtz efs gn] εξειλαμην ο Bya₂
Ac Nahivb₂ | χειρων oc₂e₂] χειρος b | βασιλειων] βασιλεων c₂ h* | εκθλιβου-
σων boc₂e₂ A | 19 εξουθενωσατε oc₂e₂] εξουδενωσατε b f | υμων¹ bo*c₂e₂] ημων
b'o* p | των² boc₂e₂ x | ημας boc₂e₂ t v | φυλας boc₂e₂ z(mg) M(mg) | 20 πασας
boc₂e₂ z(mg) e MNaginvb₂ | τας φυλας του boc₂e₂ zᵐᵍ(> του) e MNaginvb₂ |
κατακληρουται] κατακληρουνται ο | φυλη boc₂e₂ zᵃ⁷ | 21 προσηγαγεν¹ boc₂e₂
z(mg) | την φυλην] τη φυλη e₂ | κατα πατριας b(πατριαν)oc₂e₂ z(mg) |
πατρια boc₂e₂ zᵃ⁷ Jos(vid) | Αματταρι¹ boc₂e₂ | προσηγαγεν² boc₂e₂ z(mg) |
πατριαν boc₂e₂ z(mg) | Αματταρι² boc₂e₂ z(mg) | κατα (κατ' Jos) ανδρα ενα
(> Jos) boc₂e₂ z(mg) Jos | 22 Σαμουηλ boc₂e₂ | και ειπεν bc₂e₂] και ειπειν ο |
ει] pr ※ ad init lin c₂ | αυτος] > b' | ενθαδε boc₂e₂ z(mg) | 23 Σαμουηλ boc₂e₂
x hb₂ | ελαβεν boc₂e₂ | κατεστη boc₂e₂ efsw MNahᵇ⁷invb₂ | Σαουλ boc₂e₂ |
24 τον λαον] > ο | εαυτω κυριος] κυριος εαυτω e₂ | ομοιος αυτω] αυτω
ομοιος ο B fsw | εγνω boc₂e₂ | ειπον oc₂e₂ c dzᵃ⁷ ef a] ειπεν b | 25 ελαλησεν
boc₂e₂ h | προς] + παντα b | της βασιλειας boc₂e₂ x dpqtz MNagiᵃ | εις βιβλιον

κυριου. και εξαπεστειλεν Σαμουηλ παντα τον λαον και [ηλθον] εκαστος εις τον τοπον αυτου. 26 και Σαουλ απηλθεν εις τον οικον αυτου εις τον βουνον· και επορευθησαν υιοι δυναμεων, ων ηψατο κυριος καρδιας αυτων, μετα Σαουλ. 27 και [οι] υιοι λοιμοι ειπον Τις σωσει ημας ουτος; και [ητιμωσαν] αυτον και ουκ ηνεγκαν αυτω δωρα. και εγενηθη ως κωφευων.

11:1 Και εγενετο μετα μηνα ημερων και ανεβη Ναας ο Αμμανιτης και παρενεβαλεν επι Ιαβις Γαλααδ. και ειπον παντες οι ανδρες Ιαβις προς Ναας τον Αμμανιτην Διαθου ημιν διαθηκην, και [δουλευσομεν] σοι. 2 και ειπεν προς αυτους Ναας ο Αμμανιτης Εν τουτω διαθησομαι υμιν διαθηκην, εν τω εξορυξαι υμων παντα οφθαλμον δεξιον, και θησομαι αυτο εις ονειδος επι τον Ισραηλ παντα. 3 και λεγουσιν αυτω οι ανδρες Ιαβις Ανες ημας επτα ημερας, και αποστελουμεν αγγελους εις παν οριον Ισραηλ· και εαν μη η ο σωζων ημας, εξελευσομεθα προς υμας. 4 και απεστειλαν αγγελους οι ανδρες Ιαβις της Γαλααδιτιδος, και ηλθον οι αγγελοι Ιαβις εις τον βουνον προς Σαουλ, και ελαλησαν τους λογους τουτους εις τα ωτα του λαου, και [ηραν] πας ο λαος την φωνην αυτων και εκλαυσαν. 5 και ιδου

boc₂e₂ | ηλθον c₂e₂] απηλθον b a : ηλθεν o | 26 τον βουνον boc₂e₂ zᵃ⁷ M(mg) | επορευθησαν] + οι b a₂ c es MNagib₂ | δυναμεων] δυναμεως e₂ y | 27 οι oe₂ a₂ Acx efsw agnv] > bc₂ | ειπον boc₂e₂ c d ef a | ητιμωσαν c₂e₂ Mgh] ητοιμασαν o x d* v* : ητοιμωσαν b : ητιμασαν b′ Bya₂ Ac dˣpqtz efsw Nainvˣb₂ | και εγενηθη ως(> dp) κωφευων bo(κωφευγων)c₂e₂ dpz h |

11:1 εγενετο boc₂e₂ dpz(mg) hv <44> | ημερων boc₂e₂ | παρενεβαλεν boc₂e₂ h | Ιαβις] Ιαβης b*(vid) x | δουλευσομεν be₂ By A dpqtz efmsw MNhin] δουλευσωμεν oc₂ a₂ cx agvb₂ | 2 τουτω boc₂e₂ y | δεξιον οφθαλμον b′ e Nn | αυτο bc₂e₂ z] αυτω o | εις boc₂e₂ z | τον ιηλ παντα boc₂e₂ | 3 αυτω] + παντες o | ημας¹ boc₂e₂ zᵃ⁷ | εις] + το o | και³ boc₂e₂ a₂ cx z | η] ει b′ cx | υμας] ημας o* | 4 και απεστειλαν αγγελους οι ανδρες Ιαβις της Γαλααδιτιδος bo(Οιαβις)c₂e₂ | ηλθον boc₂e₂ | Ιαβις² boc₂e₂ | τον βουνον bo(> τον)c₂e₂ | ελαλησαν boc₂e₂ | ηραν bc₂ Bya₂ Acx dpqtz efmsw MNaghinvb₂] ηρον e₂ : ηρεν o |

Σαουλ ηρχετο πρωι κατοπισθεν των βοων εξ αγρου, και ειπεν Σαουλ Τι εστιν τω λαω οτι κλαιουσιν; και διηγησαντο αυτω τα ρηματα των ανδρων Ιαβις. 6 και εφηλατο πνευμα κυριου επι Σαουλ, ως ηκουσεν τα ρηματα ταυτα, και εθυμωθη επ᾽ αυτους οργη σφοδρα. 7 και ελαβεν δυο βοας και εμελισεν αυτας και απεστειλεν εις παν οριον Ισραηλ εν χειρι των αγγελων λεγων Ος ουκ εσται εκπορευομενος οπισω Σαουλ και οπισω Σαμουηλ, κατα ταδε ποιησουσιν ταις βουσιν αυτου. και επεπεσεν εκστασις κυριου επι τον Ισραηλ, και εβοησαν ως ανηρ εις. 8 και επισκεπτεται αυτους Σαουλ εν Ραμα, παντα ανδρα Ισραηλ εξακοσιας χιλιαδας και ανδρας Ιουδα εβδομηκοντα χιλιαδας. 9 και ειπεν Σαουλ τοις αγγελοις τοις ελθουσιν Ταδε ερειτε τοις ανδρασιν Ιαβις Αυριον υμιν εσται η σωτηρια διαθερμανοντος του ηλιου. και ηλθον οι αγγελοι εις την πολιν και ανηγγειλαν τοις ανδρασιν Ιαβις, και ευφρανθησαν. 10 και ειπον οι ανδρες Ιαβις προς Ναας τον Αμμανιτην Αυριον εξελευσομεθα προς υμας, και ποιησετε [ημιν] παν το αρεστον ενωπιον υμων. 11 και εγενετο μετα την αυριον και διεταξεν Σαουλ τον λαον εις τρεις αρχας, και εισπορευονται εις μεσον της παρεμβολης των υιων Αμμων εν τη πρωινη φυλακη και τυπτουσιν τους υιους Αμμων εως ου διεθερμανθη η ημερα, και εγενοντο οι

5 κατοπισθεν των βοων boc₂e₂ z h | εστιν τω λαω οτι κλαιουσιν boc₂e₂ | διηγησαντο boc₂e₂ | 6 εφηλατο] εφιλλετο b | 7 απεστειλεν] + αυτας b´ | των boc₂e₂ | εσται boc₂e₂ efmsw ahinvb₂ | και οπισω Σαμουηλ] > o | ποιησουσιν] ποιησωσιν e₂ a₂ | ταις boc₂e₂ zᵃ⁷ | επεπεσεν oc₂e₂ zᵃ⁷] επεσεν b | εκστασις] εκσταχσις c₂ | τον] + λαον c₂ | εβοησαν] εβοησεν o | 8 επισκεπτεται] επισκεπται o | αυτους] αυτου o | Σαουλ b´b(txt)oc₂e₂] Αβιεζεκ b(mg) B dpqtz* fmsw ahnˣ | Ραμα oc₂e₂] Βαμα b Bya₂ dpqtz* fmsw hˣnb₂ | 9 Σαουλ boc₂e₂ z | ελθουσιν boc₂e₂ cx | Ιαβις¹] + Γαλααδ c₂ Acx dpqtz | αυριον–Ιαβις²] > b´ | εσται boc₂(sub ※)e₂ | ανηγγειλαν boc₂e₂ | 10 ειπον boc₂e₂ dpqtz ef agh | υμας] ημας o* | ποιησετε b´oc₂ Bya₂ x efmsw MNanb₂] ποιησατε e₂ dpqtz : ποιησεται b Ac gh | ημιν oe₂ Ba₂ Acx qtz efmsw MNghinvb₂] υμιν bc₂ dp a | παν boc₂e₂ | αρεστον b´b(txt)oc₂e₂ | 11 εγενετο boc₂e₂ | διεταξεν boc₂e₂ z(txt) | εισπορευονται] εισπορευεται bᵃ⁷(vid) efmsw nv | των υιων αμμων boc₂e₂ z | φυλακη

υπολελειμμενοι διεσπαρμενοι· ουχ υπελειφθησαν εν αυτοις δυο επι το αυτο. 12 και ειπεν ο λαος προς Σαμουηλ Τις ο ειπων Σαουλ ου βασιλευσει εφ' ημας; παραδος τους ανθρωπους, και [θανατωσομεν] αυτους. 13 και ειπεν Σαουλ Ουκ αποθανειται ουδεις εν τη ημερα ταυτη, οτι σημερον εποιησεν κυριος σωτηριαν εν Ισραηλ. 14 Και ειπεν Σαμουηλ προς τον λαον λεγων [----], πορευθωμεν εις Γαλγαλα, και εγκαινισωμεν εκει την βασιλειαν. 15 και επορευθη πας ο λαος εις Γαλγαλα, και εχρισεν εκει Σαμουηλ τον Σαουλ εις βασιλεα ενωπιον κυριου εν Γαλγαλοις και εθυσαν εκει θυσιας ειρηνικας ενωπιον κυριου· και ευφρανθη Σαμουηλ και παντες ανδρες Ισραηλ εως σφοδρα.

12:1 Και ειπεν Σαμουηλ προς παντα ανδρα Ισραηλ Ιδου ηκουσα της φωνης υμων κατα παντα οσα ειπατε μοι, και εβασιλευσα εφ' υμας βασιλεα. 2 και νυν ιδου ο βασιλευς διαπορευεται ενωπιον υμων, και εγω γεγηρακα και πεπολιωμαι και καθησομαι εκ του νυν, και ιδου οι υιοι μου εν υμιν εισιν· και εγω ιδου ανεστραμμαι ενωπιον υμων εκ νεοτητος μου και εως της ημερας ταυτης. 3 ιδου εγω, αποκριθητε κατ' εμου ενωπιον κυριου και ενωπιον του χριστου αυτου· μοσχον τινος υμων ειληφα η ονον τινος ειληφα

boc₂e₂ | τυπτουσιν bc₂e₂] τυπτωσι o | ου boc₂e₂ | η] > e₂ gv | εγενοντο boc₂e₂ | διεσπαρμενοι boc₂e₂ | επι boc₂e₂ e n | 12 ειπων] + οτι b | βασιλευσει] βασιλευση b | εφ' ημας boc₂e₂ fmsw N(ημων) | ανους boc₂e₂(vid) | θανατωσομεν c₂e₂ By Ac dpqtz efsw MNahinvb₂] θανατωσωμεν bo a₂ x m ag | 13 Σαουλ] Σαμουηλ o B*a₂ Ni | εν²] + τω b' | 14 Σαμουηλ] Σαουλ b' f* | ----] δευτε be₂ : > oc₂ | 15 εθυσαν boc₂e₂ a₂ efmsw Maᵃʔghiv | Σαμουηλ²] Σαουλ e₂ fmsw | παντες boc₂e₂ e Nahinvb₂] πας b' : + οι e₂ e Nahinb₂ | ανδρες boc₂e₂ e Nahinb₂ | εως boc₂e₂ A z(mg)] μετ' b' : + αυτου b' | σφοδρα boc₂e₂ z(mg) |

12:1 παντα ανδρα] > b' B cx e | Ισραηλ] Ιεραηλ o | της boc₂e₂ cx dpqtz e n Chr | κατα boc₂e₂ | υμας] ημας o* m | 2 και πεπολιωμαι boc₂e₂ z(mg) h | καθησομαι] καθισωμαι b' m : καθισομαι b | εκ του νυν boc₂e₂ z(mg) | οι υιοι μου b(> οι b')oc₂e₂ h | υμιν] ημιν o | εισιν boc₂e₂ z | και εγω² boc₂e₂ MNaghib₂ Chr] και b' v | ιδου²] + εγω b' v | ανεστραμμαι boc₂e₂ z(mg) Chr Iren | 3 του

η τινα υμων [καταδεδυναστευκα] η τινα εξεπιασα υμων η εκ χειρος τινος υμων ειληφα εξιλασμα η υποδημα και απεκρυψα τους οφθαλμους μου εν αυτω; ειπατε κατ' εμου, και αποδωσω υμιν. 4 και ειπον προς Σαμουηλ Ου κατεδυναστευσας ημας ουδε εκπεπιακας ημας και ουκ ειληφας εκ χειρος ουδενος ημων ουδεν. 5 και ειπεν Σαμουηλ προς τον λαον Μαρτυς κυριος εν υμιν και μαρτυς ο χριστος αυτου εν τη ημερα ταυτη οτι ουχ ευρηκατε εν τη χειρι μου ουδεν· και ειπεν ο λαος Μαρτυς. 6 και ειπεν Σαμουηλ προς τον λαον λεγων Μαρτυς κυριος ο θεος ο ποιησας τον Μωσην και τον Ααρων, ο αναγαγων τους πατερας υμων εξ Αιγυπτου, αυτος μαρτυς. 7 και νυν καταστητε, και δικασω υμας ενωπιον κυριου και απαγγελω υμιν πασαν την δικαιοσυνην κυριου, ην εποιησεν ημιν και τοις πατρασιν ημων· 8 ως εισηλθεν Ιακωβ και οι υιοι αυτου εις Αιγυπτον, και εταπεινωσεν αυτους Αιγυπτος, και εβοησαν οι πατερες ημων προς κυριον, και απεστειλεν κυριος τον [Μωσην] και τον Ααρων και εξηγαγεν τους πατερας ημων εξ Αιγυπτου και κατωκισεν αυτους εν τω τοπω τουτω. 9 και επελαθοντο κυριου του θεου αυτων, και απεδοτο αυτους εις χειρας Σισαρα αρχιστρατηγου Ιαβιν βασιλεως Ασωρ και εις χειρας αλλοφυλων και εις χειρας βασιλεως Μωαβ, και επολεμησαν εν αυτοις. 10 και εβοησαν προς κυριον

boc$_2$e$_2$ | χριστου] χρηστου e$_2$ | μοσχον] η μοσχον b | υμων[1] boc$_2$e$_2$ h Chr Thdt Iren | καταδεδυναστευκα c$_2$e$_2$ Mgi Thdt] κατεδυναστευσα bo Chr | υμων[3] boc$_2$e$_2$ Chr Thdt | υμων[4] boc$_2$e$_2$ z Chr Thdt | η[5] boc$_2$e$_2$ ya$_2$ A MNaghivb$_2$ Chr Thdt Iren | και απεκρυψα τους οφθαλμους μου εν αυτω oc$_2$e$_2$ z(> μου) Chr Thdt | ειπατε boc$_2$e$_2$ z Chr Thdt Iren | υμιν] αυτο b' | 4 ειπον boc$_2$e$_2$ d ef a | ημας ουδε εκπεπιακας boc$_2$e$_2$ | ουδενος] > b | ημων oc$_2$e$_2$] υμων b | 5 o' boc$_2$e$_2$ z i Cyr | χριστος] χρηστος e$_2$ cx | ταυτη boc$_2$e$_2$ ahivb$_2$ Iren(vid) | τη[2] boc$_2$e$_2$ c e Nin*v | ειπεν ο λαος boc$_2$e$_2$ z | 6 o o θς boe$_2$ | Μωσην boc$_2$ A qtz] Μωση e$_2$ | υμων bc$_2$e$_2$ z efmw g(vid)h] ημων o Bya$_2$ Acx pqt s MNainvb$_2$ | αυτος μαρτυς boc$_2$e$_2$ z h | 7 την boc$_2$e$_2$ | ην boc$_2$e$_2$ cx z | ημιν boc$_2$e$_2$ y x | ημων oc$_2$e$_2$ ya$_2$ x N] υμων b B Ac dpqtz efmsw Maghinvb$_2$ | 8 απεστειλεν] εξαπεστειλεν c$_2$ | Μωσην c$_2$ A] Μωσιν b : Μωση e$_2$: Μωυσην b'o Bya$_2$ cx dpqtz efmsw MNaghinvb$_2$ | ημων[2]] υμων b em MNghnb$_2$ | 9 Σισαρα] + του b' | Ιαβιν boc$_2$e$_2$ d b$_2$ | επολεμησαν] επολεμησεν b Ba$_2$ dpqtz em Nan |

και ειπον Ημαρτομεν, οτι [εγκατελειπομεν] τον κυριον και εδουλευσαμεν τοις Βααλιμ και τοις αλσεσιν· και νυν εξελου ημας εκ χειρος των εχθρων ημων, και [δουλευσομεν] σοι. 11 και εξαπεστειλεν κυριος τον [Ιεροβααλ] και τον Βαρακ και τον Ιεφθαε και τον Σαμουηλ και εξειλατο υμας κυριος κυκλοθεν εκ χειρος των εχθρων υμων, και κατωκειτε πεποιθοτες. 12 και [ειδατε] οτι Ναας βασιλευς υιων Αμμων ηλθεν εφ' υμας, και ειπατε μοι Ουχι, οτι αλλ' η βασιλευς Βασιλευσατω εφ' ημας· και κυριος ο θεος ημων βασιλευς ημων. 13 και νυν ιδου ο βασιλευς, ον ηρετισασθε και ον ητησασθε, και ιδου δεδωκεν κυριος εφ' υμας βασιλεα. 14 οπως εαν φοβησθε τον κυριον και [δουλευσητε] αυτω και ακουητε της φωνης αυτου και μη εριζητε τω στοματι κυριου και ητε και υμεις και ο βασιλευς ο βασιλευων εφ' υμας πορευομενοι οπισω κυριου θεου [ημων] [----] εξελειται υμας· 15 εαν δε μη ακουσητε της φωνης κυριου και ερισητε τω στοματι αυτου, και εσται χειρ κυριου επι υμας και επι τον βασιλεα υμων εξολοθρευσαι υμας. 16 και νυν ετι καταστητε και ιδετε το ρημα το μεγα τουτο, ο ποιησει

10 ειπον boc₂e₂ e | εγκατελιπομεν bc, B efms*w in] εγκατελειπομεν oe₂ ya₂ sᵃ⁷ MNaghvb₂ : + σε b | Βααλιμ] Βααλιν o* | χειρος] > b | των boc₂e₂ c | δουλευσομεν bc₂ By A efsw MNai] δουλευσωμεν oe₂ a₂ cx m ghnvb₂ | 11 εξαπεστειλεν boc₂e₂ Chr | Ιεροβααλ c₂e₂ c dpqtz efmsw MNaghinvb₂] Ιεροβοαλ b : Ιεροβολα o | Σαμουηλ] Σαμψων b c | εξειλατο] εξειλετο b pqtz fmsw Mghᵇ⁷ Chr | υμας] ημας o cx* dpqtz a | κτ₂² bc₂e₂ | κυκλοθεν bc₂e₂ Chr] κυκλωθεν o | των boc₂e₂ a₂ c N Chr | υμων] ημων o*e₂ cx dpqtz a | κατωκειτε] κατωκισατε b′ : κατωκηκατε b | 12 ειδατε oc₂] οιδατε e₂ : ειδετε b B efmsw Mh : ιδετε b′ ya₂ Acx dpqtz Naginvb₂ | οτι¹] > b | υιων] > b′ d | υμας] ημας o* cx* | μοι boc₂e₂ | ουχι] ουχ o | αλλ' η boc₂e₂ | βασιλευς¹] > b | Βασιλευσατω boc₂e₂ h | ημας cx aᵃ⁷i] υμας e₂ a* | ημων¹] > b′ B*ya₂ p v | 13 ηρετισασθε boc₂e₂ | και² boc₂e₂ eᵉfmsw Nhhᵇ(vid)vb₂ | 14 οπως boc₂e₂ z Nain*v | εαν] αν b′o | φοβησθε bc₂e₂ v] φοβεισθε b′o | δουλευσητε be₂ Bya₂ A dpqtz efmsw MNaghinvb₂] δουλευητε oc₂ | ακουητε boc₂] ακουσητε e₂ Bya₂ A dpqtz efmw MNaghinvb₂ | εριζητε bc₂e₂] εριζετε o | υμας¹ boᵉc₂e₂ cx ai] ημας o* | οπισω boc₂e₂ z(mg) | θυ boc₂e₂ z(mg) | ημων b′o*e₂ z(mg)] υμων boˣc₂ | ----] και bo : > c₂e₂ | εξελειται υμας boc₂e₂ | 15 ακουσητε] ακουητε o | κυριου¹] > o | αυτου boc₂e₂ f ah | υμας¹] ημας e₂* | εξολοθρευσαι υμας bo(ημας)c₂e₂ z gh | 16 ετι boc₂e₂ z | ποιησει] ποιηση e₂ : + ο

κυριος εν οφθαλμοις υμων. 17 ουχι θερισμος πυρων σημερον; και επικαλεσομαι κυριον, και δωσει φωνας και υετον, και γνωτε και ιδετε οτι μεγαλη η κακια υμων ην εποιησατε ενωπιον κυριου, αιτησαντες εαυτοις βασιλεα. 18 και επεκαλεσατο Σαμουηλ τον κυριον, και εδωκεν κυριος φωνας και υετον εν τη ημερα εκεινη· και εφοβηθη πας ο λαος τον κυριον σφοδρα και τον Σαμουηλ. 19 και ειπεν πας ο λαος προς Σαμουηλ Προσευξαι υπερ των δουλων σου προς κυριον τον θεον σου, ινα μη αποθανωμεν, οτι προστεθεικαμεν επι πασας τας αμαρτιας και κακιας ημων αιτησαντες εαυτοις βασιλεα. 20 και ειπεν Σαμουηλ προς τον λαον Μη φοβεισθε· υμεις πεποιηκατε πασαν την κακιαν ταυτην, πλην μη εκκλινητε απο οπισθεν του κυριου και δουλευσατε τω κυριω εν ολη τη καρδια υμων 21 και μη εκκλινητε οπισω των μηθεν οντων, οι ου περανουσιν [ουθεν] και ουκ εξελουνται, οτι ουδεν εισιν. 22 διοτι ουκ απωσεται κυριος τον λαον αυτου δια το ονομα αυτου το μεγα, οτι προσελαβετο κυριος υμας ποιησαι εις λαον αυτω. 23 εμοι δε μη γενοιτο του αμαρτειν τω κυριω του [διαλιπειν] προσευχομενον υπερ υμων τω κυριω, και δουλευσωμεν τω κυριω και δηλωσω υμιν την οδον την αγαθην και την ευθειαν· 24 πλην φοβεισθε τον κυριον και δουλευσατε αυτω εν αληθεια και εν ολη καρδια υμων, οτι ειδετε οσα εμεγαλυνεν κυριος μεθ᾽ υμων, 25 και εαν κακοποιουντες κακο-

c₂ | ϗ boc₂e₂ | υμων] ημων e₂ p* | 17 και¹ boc₂e₂ z n | η κακια υμων boc₂e₂ | 18 εφοβηθη boc₂e₂ d Chr | 19 προσευξαι] ευξαι b | τον boc₂e₂ cx fmsw Ngnb₂ | ινα boc₂e₂ | επι boc₂e₂ c | και κακιας boc₂e₂ | 20 πασαν] > o A | την boc₂e₂ | εκκλινητε] εκκλινατε e₂ : εγκλινητε b´ a | του boc₂e₂ N | τω κυριω] > e₂ A d | τη boe₂ e | 21 εκκλινητε boc₂ i] εκκλινειτε e₂ | οι boc₂e₂ By dpqt | ουθεν oe₂ Bya₂ Acˣx dpqtz efmsw Nahinb₂] ουδεν b c*(vid) Mgv : ουθενι c₂ | ουδεν boc₂e₂ | 22 διοτι boc₂e₂ e MNaghinvb₂ | οτι] + επιεικως bˣ pqtz efmsw ahnb₂ | κυριος² boc₂e₂ | ποιησαι boc₂e₂ | αυτω oc₂e₂] εαυτω b | 23 δε boc₂e₂ Chr | μη γενοιτο boc₂e₂ a₂(> μη) Chr | διαλιπειν c₂e₂ z(mg) Chr 2/4] διαλειπειν bo Chr 1/4 | προσευχομενον boc₂e₂ z(mg) Chr 2/4 | υπερ boc₂e₂ Chr | υμων] ημων o | τω ϗ¹ oc₂e₂ Chr 1/4 | και δουλευσωμεν oc₂e₂] > b y* Acx | τω κυριω³] τον κυριον b´ | δηλωσω boc₂e₂ | οδον] γην e₂ | 24 ειδετε] ιδετε b´ y cx dpqtz Nagib₂ | οσα boc₂e₂ z | ϗ boc₂e₂ a₂ v | 25 κακοποιουντες boc₂e₂ z(mg) |

ποιησητε, και υμεις και ο βασιλευς υμων απολεισθε.

13:1 υιος τριακοντα ετων Σαουλ εν τω βασιλευειν αυτον, και δυο ετη εβασιλευσεν επι Ισραηλ. 2 Και εξελεξατο εαυτω Σαουλ τρεις χιλιαδας ανδρων εκ των υιων Ισραηλ, και ησαν μετα Σαουλ δισχιλιοι εν Μαχμας και εν τω ορει Βαιθηλ, και χιλιοι ησαν μετα Ιωναθαν εν τω βουνω επι Γαβαα του Βενιαμιν, και το καταλοιπον του λαου εξαπεστειλεν εκαστον εις το σκηνωμα αυτου. 3 και επαταξεν Ιωναθαν το [υποστεμα] των αλλοφυλων το εν τω βουνω· και ηκουσαν οι αλλοφυλοι. και Σαουλ εσαλπισεν σαλπιγγι εις πασαν την γην λεγων Ηθετηκασιν οι δουλοι. 4 και πας Ισραηλ ηκουσεν λεγοντων οτι Εκοψεν Σαουλ το υποστεμα των αλλοφυλων, και εξουδενωσεν Ισραηλ τους αλλοφυλους. και ανεβη ο λαος οπισω Σαουλ εις Γαλγαλα. 5 και οι αλλοφυλοι συναγονται εις πολεμον προς τον Ισραηλ, και αναβαινουσιν επι τον Ισραηλ τρεις χιλιαδες αρματων και εξ χιλιαδες ιππεων και λαος [ωσει] αμμος η παρα το χειλος της θαλασσης τω

απολεισθε boc₂e₂ |

13:1 υιος boc₂e₂ cx z fms g | τριακοντα b(mg)oe₂ g | ετων b(mg)oe₂ g] ενιαυτου b'b(txt)c₂ cx z fm | Σαουλ εν τω βασιλευειν αυτον και δυο ετη εβασιλευσεν boc₂e₂ cx z fm g | επι oc₂e₂ z fm g Thdt] εν b cx | ιηλ boc₂e₂ cx z fm g | 2 εξελεξατο boc₂e₂ | εαυτω] αυτω e₂ dpqtz a <242> | υιων boc₂e₂ N | και³] > b A | τω(> cx) βουνω boc₂e₂ cx] + οπου ο οικος Σαουλ b | επι boc₂e₂] + τω ο | Γαβαα boc₂e₂ cx dpqtz | καταλοιπον] καταλειπον ο a₂ | 3 το¹ boc₂e₂ Thdt | υποστεμα bc₂] υποστεμμα oe₂ | των αλλοφυλων boc₂e₂ Thdt | το² boc₂ Thdt] > b'e₂ A fmsw hv | ηκουσαν boc₂e₂ | εσαλπισεν boc₂e₂ | σαλπιγγι boc₂e₂ y fmsw MNagivb₂ | ηθετηκασιν] ηθετηκασαν b | 4 ηκουσεν oc₂e₂ B n*] ηκουσαν b ya₂ cx dpqtz efmsw MNaginᵇvb₂ | εκοψεν boc₂e₂ | το υποστεμα bo(υποστεμμα)c₂e₂ | των αλλοφυλων boc₂e₂ m(> των) | εξουδενωσεν boc₂e₂ z(mg) e*fmsw M(txt)N a*ginᵇb₂ | τους αλλοφυλους boc₂e₂ z(mg) | ανεβη boc₂e₂ fmsw v | εις Γαλγαλα boc₂e₂ | 5 προς boc₂e₂] επι b' Bya₂ Acx dpqtz efmsw MNainvb₂ | τον¹ boc₂e₂ | τον² boc₂e₂ | τρεις boc₂e₂ | ωσει be₂ a₂ cx agnv <123>] ως η oc₂ By dpqtz efmsw

πληθει· και αναβαινουσιν και παρεμβαλλουσιν εν Μαχμας εξ εναντιας κατα νωτου Βαιθωρων. 6 και ανηρ Ισραηλ ειδεν οτι εκθλιβονται, και ανεχωρησεν ο λαος, και εκρυβη εν τοις σπηλαιοις και εν ταις μανδραις και εν ταις πετραις και εν τοις βοθροις και εν τοις λακκοις, 7 και οι διαβαινοντες διεβησαν τον Ιορδανην εις γην Γαδ και Γαλααδ. και Σαουλ ετι ην εν Γαλγαλοις, και πας ο λαος εξεστησαν απο οπισθεν αυτου. 8 και διελειπεν επτα ημερας τω μαρτυριω, [ως] ειπεν Σαμουηλ, και ου παρεγενετο Σαμουηλ εις Γαλγαλα. και ειπεν Σαουλ ουκ ηλθεν Σαμουηλ εις Γαλγαλα. και διεσπαρη ο λαος αυτου απ' αυτου. 9 και ειπεν Σαουλ Προσαγαγετε, οπως ποιησω ολοκαυτωσιν και ειρηνικας· και ανηνεγκεν την ολοκαυτωσιν. 10 και εγενετο ως συνετελεσεν αναφερων την ολοκαυτωσιν, και ιδου Σαμουηλ παρεγενετο· και εξηλθεν Σαουλ εις απαντησιν του Σαμουηλ ευλογησαι αυτον. 11 και ειπεν Σαμουηλ Τι εποιησας; και ειπεν Σαουλ Διοτι ειδον οτι διεσπαρη ο λαος απ' εμου, και συ ου παρεγενου εν τω μαρτυριω των ημερων ως διεταξας, και οι αλλοφυλοι συνηχθησαν εις Μαχμας, 12 και ειπον Νυν καταβησονται οι αλλοφυλοι επ' εμε εις Γαλγαλα και του προσωπου κυριου ουκ εδεηθην· αλλα ενεκρατευσαμην και ανηνεγκα την ολοκαυτωσιν. 13 και ειπεν Σαμουηλ προς Σαουλ Μεματαιωται σοι, οτι ουκ εφυλαξας την εντολην μου, ην ενετειλατο σοι κυριος. ως νυν ητοιμασεν αν κυριος την βασιλειαν σου επι Ισραηλ εως αιωνος· 14 και νυν η βασιλεια σου ου στησεται, και ζητησει κυριος εαυτω

MNib$_2$ | το χειλος boc$_2$e$_2$ cx dpqtz | της θαλασσης boc$_2$e$_2$ cx dpqtz | παρεμβαλλουσιν] παρεμβαλουσιν b' cx* d a*v | νωτου boc$_2$ B d e a] νοτου e$_2$ ya$_2$ pqtz msw MNginvb$_2$ | Βαιθωρων boc$_2$e$_2$ | 6 εκθλιβονται και ανεχωρησεν boc$_2$e$_2$ z(mg) | και εκρυβη boc$_2$e$_2$ z(mg) | εν^2] > c$_2$ A h | 7 εις] + την e$_2$ cx av <123> | γην] > e$_2$ cx av | Γαλγαλοις] Γαργαλοις o | εξεστησαν απο οπισθεν boc$_2$e$_2$ | 8 διελειπεν boe$_2$ a$_2$ cx* ptz ms MNaginvb$_2$] διελιπεν c$_2$ B x* q efw | ως be$_2$ Bya$_2$ Acx dpqtz efmsw MNaginvb$_2$] ω oc$_2$ | και ειπεν Σαουλ ουκ ηλθεν Σαμουηλ εις Γαλγαλα bc$_2$e$_2$ | 10 ιδου boc$_2$e$_2$ z | παρεγενετο boc$_2$e$_2$ Nv | του bc$_2$e$_2$] τω o | Σαμουηλ^2 boc$_2$e$_2$ | 11 εποιησας boc$_2$e$_2$] + ημιν b | διοτι boc$_2$e$_2$ | οτι boc$_2$e$_2$ cx i | ο λαος διεσπαρη e$_2$ | εν] > e$_2$ A ah | ως διεταξας boc$_2$e$_2$ | 12 ειπον boc$_2$e$_2$ cx dp f | επ' εμε oc$_2$e$_2$ | αλλα boc$_2$e$_2$ | ανηνεγκα] ηνεγκα o* | 13 αν boc$_2$e$_2$ | κυριος^2] > b Acx h | εως αιωνος boc$_2$e$_2$ cx dpqtz | 14 ΚϚ^2 boc$_2$e$_2$ N |

ανθρωπον κατα την καρδιαν αυτου, και εντελειται αυτω κυριος εις αρχοντα επι τον λαον αυτου, οτι ουκ εφυλαξας οσα ενετειλατο σοι κυριος. 15 και ανεστη Σαμουηλ και απηλθεν εκ Γαλγαλων εις την οδον αυτου. και το καταλιμμα του λαου ανεβη οπισω Σαουλ εις απαντησιν οπισω του λαου του πολεμιστου. αυιων δε παραγενομενων εις Γαβαα βουνον Βενιαμιν εκ Γαλγαλων και επεσκεψατο Σαουλ τον λαον τον ευρεθεντα μετ' αυτου ως εξακοσιους ανδρας. 16 και Σαουλ και Ιωναθαν ο υιος αυτου και ο λαος οι ευρεθεντες μετ' αυτων εν Γαβαα της Βενιαμιν εκαθισαν και εκλαιον, και οι αλλοφυλοι παρεμβεβληκεισαν εν Μαχμας. 17 και εξηλθεν διαφθειρων εξ αγρου αλλοφυλων εν τρισιν αρχαις· η αρχη η μια επιβλεπουσα οδον Γοφερα επι πηγην Σωγαλ, 18 και η αρχη η δευτερα επιβλεπουσα οδον Βαιθωρων, και η αρχη η τριτη επιβλεπουσα επι την Γαβαα την εκκυπτουσαν επι [Γαιαν] την Σαβαιν. 19 και τεκτων σιδηρου ουχ ευρισκετο εν παση τη γη Ισραηλ, οτι ειπον οι αλλοφυλοι Μη ποτε ποιησωσιν οι Εβραιοι ρομφαιαν και δορυ. 20 και κατεβαινεν πας Ισραηλ εις γην αλλοφυλων χαλκευειν εκαστος το θεριστηριον αυτου και το σκευος αυτου και εκαστος την αξινην αυτου και το δρεπανον αυτου. 21 και ην ο τρυγητος ετοιμος του θεριζειν· εις δε τα σκευη ησαν τρεις σικλοι εις τον οδοντα, και τη αξινη και τω δρεπανω και του κατορθωσαι το βουκεντρον υποστασις ην η αυτη. 22 και εγενετο εν ταις ημεραις του πολεμου Μαχμας και ουχ ευρεθη ρομ-

15 απηλθεν] επορευθη b' | εις¹–Βενιαμιν sub ÷ c₂ | την boc₂e₂ | ανεβη] ανεστη o | δε boc₂e₂ i | βουνον boc₂e₂ z | εκ Γαλγαλων boc₂e₂ | 16 Ιωναθαν] Ιωναθ o | o¹ oc₂e₂ cx efmsw MNinvb₂ | αυτων] αυτου o* Nav | Γαβαα boc₂e₂ cx dpqtz f Maivb₂ | της oc₂e₂] τοις b | εκαθισαν boc₂e₂ | παρεμβεβληκεισαν] παρεμβεβληκασιν b^{a?} : παρεμβεβηκασιν b'b* | 17 εξ] εκ της παρεμβολης των e₂ | εν boc₂e₂ z f | επι] + την bc₂* | πηγην oc₂*e₂ z] γην bc₂* dpqt efmw MNa^b in^b b₂ | 18 δευτερα boc₂e₂ z fmsw n^b | Βαιθωρων] Καιθωρων o | τριτη boc₂e₂ z fmsw M(mg)n^b | επι την boc₂e₂ | Γαβαα boc₂e₂ Thdt | εκκυπτουσαν boc₂e₂ msw MNaib₂ | Γαιαν bo cx z] Γααν c₂e₂ | Σαβαιν boc₂e₂ fmsw Thdt] + την ερημον c₂(την pr ※) cx dpqtz | 19 τη boc₂e₂ a₂ z efmsw Nn | ποτε bo*c₂e₂ z | 20 κατεβαι- νεν boc₂e₂ a₂ cx z | 21 εις¹ boc₂e₂ | τα boc₂e₂ | ησαν boc₂e₂ | και του κατορθω- σαι το βουκεντρον boc₂e₂ z | η] > o a₂ A m* h | 22 εγενετο boc₂e₂ |

φαια και δορυ εν χειρι παντος του λαου του μετα Σαουλ και Ιωναθαν, και ευρεθη τω Σαουλ και τω Ιωναθαν υιω αυτου. 23 και εξηλθεν εξ υποστασεως των αλλοφυλων εν τω περαν Μαχμας.

14:1 Και γινεται ημερα και λεγει Ιωναθαν υιος Σαουλ τω παιδαριω τω αιροντι τα σκευη αυτου Δευρο και διαβωμεν εις την υποστασιν των αλλοφυλων των εν τω περαν εκεινω· και τω πατρι αυτου ουκ ειπεν. 2 και Σαουλ εκαθητο επανω του βουνου υπο την ροαν την εν Μαγεδδω, και ο λαος ο μετ᾽ αυτου ως εξακοσιοι ανδρες· 3 και Αχια υιος Αχιτωβ αδελφου Ιωχαβε υιου Φινεες υιου Ηλι ιερεως του κυριου εν Σηλω αιρων εφουδ. και ο λαος ουκ ηδει οτι πεπορευται Ιωναθαν. 4 και ην ανα μεσον της αναβασεως δι᾽ ης εζητει Ιωναθαν διαβηναι εις την υποστασιν των αλλοφυλων, ακρωτηριον πετρας εντευθεν και ακρωτηριον πετρας εντευθεν, ονομα τω ενι [Βαζεθ] και ονομα τω αλλω Σεννααρ· 5 το ακρωτηριον το εν απο βορρα εχομενον της Μαχμας, και το ακρωτηριον το αλλο απο νοτου εχομενον της Γαβαα. 6 και ειπεν Ιωναθαν προς το παιδαριον το αιρον τα σκευη αυτου Δευρο διαβωμεν εις την υποστασιν των απεριτμητων τουτων, ει πως ποιησει τι κυριος ημιν· οτι ουκ εστιν τω κυριω συνεχομενον σωζειν εν πολλοις η εν

του λαου] > e₂ A f h | μετα] > e₂ A e h | τω²] > b Acx h | τω Ιωναθαν] Ιωναθαν τω b a₂(Ιωναθαμ) Nn |

14:1 λεγει boc₂e₂ | τω παιδαριω] > e₂ A | εις] > b´ A | την υποστασιν boc₂e₂ z(mg) | των boc₂e₂ a₂ efmsw] τω b´ | ειπεν boc₂e₂ | 2 επανω boc₂e₂ y cx | Μαγεδδω boc₂e₂ | ο λαος ο boc₂e₂ z | ως] ωσει o | 3 Αχιτωβ] Αχετωβ o | Ιωχαβε boc₂e₂ | ιερεως boc₂e₂ z s* | κυ boc₂e₂ | Σηλω bc₂e₂ dpqtz ems] Σιλω o | Ιωναθαν] Ναθαν b´ | 4 ην boc₂e₂ z | αναβασεως δι᾽ ης boc₂e₂ | ακρωτηριον¹ boc₂e₂ B z(mg) | εντευθεν¹ boc₂e₂ z(mg) | και ακρωτηριον πετρας] > b´o | εντευθεν² bc₂e₂ z(mg)] > b´o | Βαζεθ oe₂] Ζεθ b : Βλησθ c₂ | Σεννααρ boc₂e₂ Ba₂ | 5 το ακρωτηριον το¹ boc₂e₂ | εν oc₂e₂ z(mg)] μια b Bya₂ cx dpqtz(txt) efmsw MNahinvb₂ | εχομενον¹ boc₂e₂ z(mg)] ερχομενον b´ | της Μαχμας] της Μαχμα b´ | το ακρωτηριον το αλλο boc₂e₂ z(mg) | νοτου] νωτου b´ cx N | εχομενον της Γαβαα boc₂e₂ | 6 το αιρον] τω αιροντι b cx t v | διαβωμεν] λαβομεν e₂ | την υποστασιν boc₂e₂ M(mg) Thdt | πως ποιησει boc₂e₂ x dpqtz Thdt |

ολιγοις. 7 και ειπεν αυτω ο αιρων τα σκευη αυτου Ποιει ο εαν η καρδια σου θεληση· ιδου εγω μετα σου ειμι, ως η καρδια σου η καρδια μου, εκκλινον σεαυτον. 8 και ειπεν Ιωναθαν Ιδου ημεις διαβαινομεν προς τους ανδρας και κατακυλισθησομεθα προς αυτους· 9 εαν ταδε ειπωσιν προς ημας Αποστητε εκει εως αν απαγγειλωμεν υμιν, και στησομεθα καθ’ εαυτους και ου μη αναβωμεν επ’ αυτους· 10 και εαν ταδε ειπωσιν προς ημας Αναβητε προς ημας, και αναβησομεθα, οτι παρεδωκεν αυτους κυριος εις τας χειρας ημων· τουτο ημιν το σημειον. 11 και εισηλθον αμφοτεροι εις την υποστασιν των αλλοφυλων· και ειπον οι αλλοφυλοι Ιδου εκπορευονται οι Εβραιοι εκ των τρωγλων αυτων, ου εκρυβησαν εκει. 12 και απεκριθησαν οι ανδρες της υποστασεως των αλλοφυλων προς Ιωναθαν και προς τον αιροντα τα σκευη αυτου και λεγουσιν Αναβητε προς ημας, και γνωριουμεν υμιν ρημα. και ειπεν Ιωναθαν προς τον αιροντα τα σκευη αυτου Αναβηθι οπισω μου, οτι παρεδωκεν αυτους κυριος εις τας χειρας Ισραηλ. 13 και ανεβη Ιωναθαν επι τας χειρας αυτου και επι τους ποδας αυτου και ο αιρων τα σκευη αυτου οπισω αυτου· και επεβλεψαν οι αλλοφυλοι κατα προσωπον Ιωναθαν, και επαταξεν εν αυτοις, και ο αιρων τα σκευη αυτου επεδιδου οπισω αυτου. 14 και εγενετο πληγη η πρωτη, ην επαταξεν Ιωναθαν και ο αιρων τα σκευη αυτου, ως εικοσι ανδρας εν βολισι και εν πετροβολοις και εν κοχλαξιν του πεδιου. 15 και εγενετο εκστασις εν τη παρεμβολη και εν τω πεδιω, και πας ο λαος [ο] εν τη υποστασει και οι δια-

τι boc₂e₂ | κζ ημιν boc₂e₂ cx dpqtz Thdt | εν²] > b A i | 7 ποιει] + παν b Bya₂ Acx dpqtz efmsw MNahinb₂ | θεληση bc₂e₂ M(mg)] θελησει b΄o | η³ boc₂e₂ z efmsw ai | εκκλινον σεαυτον b(εγκλινον)oc₂e₂ | 9 καθ’ b*oc₂e₂] επι του τοπου b*? m(mg) | εαυτους b΄b*oc₂e₂ dpqtz MNhb₂] ημων b*? m(mg) | επ’] προς o | 10 αναβητε προς ημας] > o a₂ | αυτους] αυτον e₂ | τας boc₂e₂ By z efmˣsw | 11 την υποστασιν boc₂e₂ | ειπον boc₂e₂ | οι Εβραιοι boc₂e₂ | ου] ουκ c₂ a₂ | 12 της υποστασεως των αλλοφυλων boc₂e₂ | γνωριουμεν] γνωρισωμεν c₂ | αυτους] αυτον e₂ | τας boc₂e₂ A | 13 αυτου³] > e₂ f | οπισω boc₂e₂ emsw | οι αλλοφυλοι boc₂e₂ h | Ιωναθαν] Ιωναθι e₂ | εν boc₂ efmsw MNanb₂ | αυτοις] αυτους b΄ | 14 εγενετο boc₂e₂ | ως] ωσει e₂ qt n | ανδρας] ανδρες b΄o By z efmsw anb₂ | 15 εγενετο¹ boc₂e₂ | πεδιω boc₂e₂ | ο²] bc₂ Ax dpqtz e ah] > oe₂ c | τη

φθειροντες εξεστησαν, και αυτοι και ουκ ηθελον πονειν· και εθαμβηθη η γη, και εγενετο εκστασις παρα κυριου. 16 και ειδον οι σκοποι του Σαουλ εν Γαβαα Βενιαμιν και ιδου η παρεμβολη των αλλοφυλων τεταραγμενη ενθεν και ενθεν. 17 και ειπεν Σαουλ τω λαω τω μετ' αυτου Επισκεψασθε δη και ιδετε τις πεπορευται εξ ημων· και επεσκεψαντο, και ιδου ουχ ευρισκετο Ιωναθαν και ο αιρων τα σκευη αυτου. 18 και ειπεν Σαουλ τω Αχια Προσαγαγε το εφουδ· οτι αυτος ηρεν το εφουδ εν τη ημερα εκεινη ενωπιον Ισραηλ. 19 και εγενετο ως ελαλει Σαουλ προς τον ιερεα, και ο ηχος της παρεμβολης των αλλοφυλων πορευομενος επορευετο και επληθυνετο· και ειπεν Σαουλ προς τον ιερεα Συναγαγε τας χειρας σου. 20 και ανεβη Σαουλ και πας ο λαος ο μετ' αυτου και ερχονται εως του πολεμου, και ιδου εγενετο ρομφαια ανδρος επι τον πλησιον αυτου, συγχυσις μεγαλη σφοδρα. 21 και οι δουλοι οι οντες εχθες και τριτης μετα των αλλοφυλων οι αναβαντες εις την παρεμβολην επεστραφησαν και αυτοι ειναι μετα Ισραηλ των μετα Σαουλ και Ιωναθαν. 22 και πας Ισραηλ οι κρυπτομενοι εν τω ορει Εφραιμ ηκουσαν οτι πεφευγασιν οι αλλοφυλοι, και συναπτουσιν και αυτοι οπισω αυτων εις πολεμον. 23 και εσωσεν κυριος τον Ισραηλ εν τη ημερα εκεινη εκ χειρος αλλοφυλων. και ο πολεμος διηλθεν Βαιθωρων, και Ισραηλ ην μετα Σαουλ ωσει δεκα χιλιαδες ανδρων· και ην ο πολεμος διεσπαρμενος εις ολην την πολιν εν τω ορει Εφραιμ. 24 και Σαουλ ηγνο-

υποστασει boc₂e₂ | και⁶ boc₂e₂ dpqt efmsw | πονειν boc₂e₂ A MNahinvb₂ | εθαμβηθη boc₂e₂ y dpqtz | εγενετο² boc₂e₂ efmsw | 16 Γαβαα boc₂e₂ Acx dpqtz | των αλλοφυλων boc₂e₂ z h | τεταραγμενη] > b | και³] > b′* | 17 δη] > e₂ v | ημων] υμων b′ By A dpqtz g | επεσκεψαντο] επεσκεψατο e₂ y dpqtz a | 19 εγενετο boc₂e₂ | της παρεμβολης boc₂e₂ | επορευετο boc₂e₂ | επληθυνετο boc₂e₂ | 20 ανδρος] ανδρες c₂ | 21 δουλοι] Εβραιοι e₂(mg) zᵃ⁷ M(mg) | εχθες oc₂e₂ B*ya₂ msw MNahinvb₂] χθες b Bᵇ z(txt) ef | τριτης boc₂e₂ z(txt) | επεστραφησαν] απεστραφησαν e₂ a₂ | Ισραηλ] pr ※ ad init lin c₂ | και⁴] pr ※ ad init lin c₂ | 22 Εφραιμ] + και c₂ By A emw | 23 ιηλ¹ boc₂e₂ | εν τη ημερα εκεινη boc₂e₂ | εκ χειρος αλλοφυλων boc₂e₂ z h | Βαιθωρων boc₂e₂ | και³] + πας c₂ Bya₂ Acx dpqtz efmsw MNahinvb₂ | ιηλ² boe₂] Ισραηλ c₂ | ωσει boc₂e₂ a₂ | ην²] ηδη o |

ησεν αγνοιαν μεγαλην εν τη ημερα εκεινη και αραται τω λαω λεγων Επικαταρατος [ο] ανθρωπος ος φαγεται [αρτον] εως εσπερας, και εκδικησω εις τον εχθρον μου· και ουκ εγευσατο πας ο λαος αρτου. 25 και πασα η γη ηριστα. και δρυμος ην μελισσωνος κατα προσωπον του λαου, 26 και εισηλθεν ο λαος εις τον μελισσωνα, και ιδου διεπορευετο λαλων, και ουκ ην ο επιστρεφων την χειρα αυτου εις το στομα αυτου, οτι εφοβηθη ο λαος τον ορκον κυριου. 27 και Ιωναθαν ουκ [ακηκοει] εν τω ορκιζειν τον πατερα αυτου τους υιους Ισραηλ· και εξετεινεν το ακρον του σκηπτρου αυτου του εν τη χειρι αυτου και ενεβαψεν αυτο εις το κηριον του μελιτος και επεστρεψεν την χειρα αυτου εις το στομα αυτου, και ανεβλεψαν οι οφθαλμοι αυτου. 28 και απεκριθη εις εκ του λαου και ειπεν Ορκισας ωρκισεν ο πατηρ σου τον λαον λεγων Επικαταρατος ο ανθρωπος ος φαγεται αρτον σημερον και εξελυθη ο λαος. 29 και εγνω Ιωναθαν και ειπεν Απηλλαχεν ο πατηρ μου την γην· ιδε διοτι εγευσαμην βραχυ του μελιτος τουτου, ειδον οι οφθαλμοι μου· 30 αλλ' οτι ει και εφαγεν ο λαος σημερον, εσθιων των σκυλων των εχθρων αυτου ων ευρεν, νυν αν μειζων εγεγονει η πληγη εν τοις αλλοφυλοις. 31 και επαταξεν αν ο λαος εν τη ημερα ταυτη των αλλοφυλων πλειους η εν Μαχμας, και εκοπιασεν ο λαος σφοδρα. 32 και ωρμησεν ο λαος επι τα σκυλα, και ελαβεν ο λαος ποιμνια και βουκολια και τεκνα βοων και εσφαζον επι την γην, και ησθιεν ο λαος συν τω αιματι.

24 ο¹ bc₂ Bya₂ A dpqz efmsw Nahinvb₂] > oe₂ cx t M | αρτον be₂ Bya₂ Ax pqtz efsw MNahiˣnvb₂] αρτους c₂ : > o | εις boc₂e₂ | 25 λαου boc₂e₂ z | 26 διεπορευετο boc₂e₂ Chr | αυτου¹] > b x a | 27 ακηκοει bo Ba₂ Acx dpqtz emsw MNaghinb₂] ηκηκοει c₂ f : ηκουει e₂ | τους υιους ιηλ boc₂e₂ | αυτου¹] > b´ cx hv Chr | ενεβαψεν bc₂e₂] εβαψεν o Bya₂ Acx dpqtz efmsw Nahinvb₂ | αυτο] > b´ cx v Chr | και ανεβλεψαν οι οφθαλμοι αυτου] > e₂ | 28 ο²] > o y cx efmw h | 29 ιδε] ειδε ο a₂ v | ειδον οι οφθαλμοι μου boc₂e₂ z(mg) | 30 ει] > o* | και boc₂e₂ z | εσθιων boc₂e₂ | αυτου boc₂e₂ z emsw Nahªinb₂ | εγεγονει boc₂e₂] γεγονει b´ | 31 αν boc₂ z | ο λαος boc₂e₂ | ταυτη boc₂e₂ z | πλειους η boc₂e₂ dpqtz h | εκοπιασεν] εκοπασεν b cª⁷ dpqt | 32 ωρμησεν boc₂e₂ dpqtzª⁷ | επι¹ boc₂e₂ | εσφαζον boc₂e₂ Nhiv |

33 και απηγγειλαν τω Σαουλ λεγοντες Ημαρτηκεν ο λαος τω κυριω του φαγειν συν τω αιματι. και ειπεν Σαουλ Εν Γεθθαιμ ημαρτετε. κυλισατε δη μοι ενταυθα λιθον μεγαν.

34 και ειπεν Σαουλ Διασπαρητε εν τω λαω και ειπατε αυτοις Προσαγαγετε ενταυθα εκαστος τον μοσχον αυτου και εκαστος το προβατον αυτου, και σφαζετε επι του λιθου τουτου και φαγετε, και ου μη αμαρτητε τω κυριω του εσθιειν συν τω αιματι· και προσηγαγεν πας ο λαος εκαστος το εν τη χειρι αυτου και εσφαζεν εκει την νυκτα. 35 και ωκοδομησεν Σαουλ θυσιαστηριον τω κυριω· τουτο ηρξατο Σαουλ οικοδομησαι θυσιαστηριον τω κυριω. 36 Και ειπεν Σαουλ Καταβωμεν οπισω των αλλοφυλων την νυκτα και διαρπασωμεν αυτους εως διαφωτιση το πρωι, και μη [υπολειπωμεν] αυτοις ανδρα. και ειπον Παν το αρεστον ενωπιον σου ποιει. και ειπεν ο ιερευς Προσελθωμεν ενταυθα προς τον θεον. 37 και επηρωτησεν Σαουλ τον θεον Ει καταβω οπισω των αλλοφυλων; και Ει παραδωσεις αυτους εις χειρας Ισραηλ; και ουκ απεκριθη αυτω εν τη ημερα εκεινη κυριος. 38 και ειπεν Σαουλ Προσαγαγετε ενταυθα πασας τας φυλας του λαου και γνωτε και ιδετε εν τινι γεγονεν η αμαρτια αυτη σημερον· 39 οτι ζη κυριος ο σωσας τον Ισραηλ, οτι εαν αποκριθη κατα Ιωναθαν του υιου μου, θανατω αποθανειται. και ουκ ην ο αποκρινομενος εκ παντος του λαου. 40 και ειπεν Σαουλ παντι ανδρι Ισραηλ Υμεις εσεσθε

33 απηγγειλαν boc₂e₂ | του φαγειν boc₂e₂ | συν] εν b | Γεθθαιμ boc₂ By a*hib₂] Γεθθεμ e₂ lqt v : Γεθεμ b′ z | ημαρτετε boc₂e₂ | δη boc₂ | λιθον boc₂e₂ Acx dlpqtz | μεγαν] μεγα b′o x h* | 34 προσαγαγετε boc₂e₂ | σφαζετε boc₂e₂ | του λιθου boc₂ <244> | και boc₂(sub ※)e₂ Acx dlpqtz <74> | φαγετε bc₂(sub ※)e₂ qtz <74>] φαγεται o Ac dlp | εκαστος] > b | εσφαζεν³ boc₂e₂ a₂ t Nn*(vid)b₂ | την νυκτα boc₂(sub ※)e₂ h | 35 τω κυριω θυσιαστηριον b | τουτο ηρξατο Σαουλ οικοδομησαι τω κυριω] > o a₂ c*x fms v | 36 οπισω] + του θυσιαστηριου εις b′ | των αλλοφυλων] τους αλλοφυλους b′ | αυτους boc₂e₂ ya₂ | διαφωτιση oc₂e₂] διαφωτισει b | το πρωι boc₂e₂ | υπολειπωμεν bc₂ Bᵃᵇya₂ Ac qtz s Nahinvb₂] υπολιπωμεν oe₂ B* x dlp efmw | αυτοις] εαυτοις b′ | ειπον boc₂e₂ c dz ef a] ειπαν b′ Bya₂ x pqt msw MNghinb₂ | αρεστον boc₂e₂ zᵃ⁷ | 37 και² boc₂e₂ z f v Chr | ΚϚ boc₂e₂ z Chr | 38 φυλας boc₂e₂ zᵃ⁷ h | λαου boc₂e₂ zᵃ⁷ | 40 Σαουλ¹ boc₂e₂ | ανδρι boc₂ Bᵃᵇa₂ A dqt efmsw hinb₂ |

εις δουλειαν, και εγω και Ιωναθαν ο υιος μου εσομεθα εις δουλειαν. και ειπεν ο λαος προς Σαουλ Το αρεστον ενωπιον σου ποιει και ειπεν Σαουλ προς τον λαον Υμεις εσεσθε εις εν μερος, και εγω και Ιωναθαν εσομεθα εις εν μερος. 41 και ειπεν Σαουλ Κυριε ο θεος Ισραηλ, τι οτι ουκ απεκριθης τω δουλω σου σημερον; ει εν εμοι η εν Ιωναθαν τω υιω μου η αδικια, κυριε ο θεος Ισραηλ, δος δηλους· και ει ταδε ειποις Εν τω λαω η αδικια, δος οσιοτητα. και κατακληρουται Σαουλ και Ιωναθαν, και εξηλθεν ο λαος. 42 και ειπεν Σαουλ Βαλετε κληρον ανα μεσον εμου και ανα μεσον Ιωναθαν του υιου μου· και ον εαν κατακληρωσηται κυριος, αποθανετω. και ειπεν ο λαος προς Σαουλ Ουκ εσται κατα το ρημα τουτο. και κατεκρατησεν Σαουλ του λαου, και βαλλουσιν κληρους ανα μεσον αυτου και ανα μεσον Ιωναθαν, και κατακληρουται Ιωναθαν. 43 και ειπεν Σαουλ προς Ιωναθαν Απαγγειλον δη μοι τι πεποιηκας. και απηγγειλεν αυτω Ιωναθαν λεγων Γευσαμενος εγευσαμην εν ακρω του σκηπτρου του εν τη χειρι μου μικρον μελιτος· και ιδου εγω αποθνησκω. 44 και ειπεν αυτω Σαουλ Ταδε ποιησαι μοι ο θεος και ταδε προσθειη, οτι θανατω αποθανη σημερον, Ιωναθαν. 45 και ειπεν ο λαος προς Σαουλ Ει σημερον θανατωθησεται ο ποιησας την σωτηριαν την μεγαλην ταυτην εν τω Ισραηλ; ιλεως, ζη κυριος, ει πεσειται

και³] > o | αρεστον boc₂e₂ ya₂ z* | και ειπεν Σαουλ b(b′ bis scr)oc₂e₂ z h | προς τον λαον υμεις εσεσθε εις εν μερος και εγω και Ιωναθαν εσομεθα εις εν μερος bo(> και⁷o*)c₂(και⁶-μερος² in mg c₂ᵃ)e₂ z h(> εσομεθα) | 41 και¹-οσιοτητα sub ÷ c₂ | Κυριε¹] ϗ o cx | ει¹ boc₂e₂ lz esw n | ει² boc₂e₂ | ειποις boc₂] ειπης e₂ ya₂ Acx dpqtz efmsw MNahinvb₂ | η αδικια² bc₂e₂] > o | και Ιωναθαν boc₂e₂ vᵇ Chr | ο λαος boc₂e₂ vᵇ | 42 βαλετε] βαλε b e | κληρον boc₂e₂ ew hb₂ <123> Chr | εμου και ανα μεσον] > c₂ m* | του¹ bis scr e₂* | και³ boc₂e₂ cx z v | ον–τουτου sub ÷ c₂ | εαν boc₂e₂ y | κατακληρωσηται] κατακληρωσεται e₂ a₂ cx h : κληρωσηται o* | εσται boc₂e₂ dlpqtz efm(sub ※)sw | κατα boc₂e₂ | βαλλουσιν] βαλουσι e₂ p | κληρους bc₂e₂ dlpqtz h] κληρον o Chr | 43 δη boc₂e₂ efmsw Nhnb₂ | λεγων boc₂e₂ Chr | του σκηπτρου boc₂e₂ cx | του² boc₂e₂ y | μικρον boc₂e₂ Chr | μελιτος boc₂e₂ efmsw v Chr | και³ boc₂e₂ z efmsw Nvb₂ Chr | 44 αυτω] ο λαος προς b′ | Σαουλ] Σαμουηλ b′ | Ιωναθαν boc₂e₂ z | 45 τω boc₂ | ιλεως boc₂e₂ A dlpqtz | πεσειται] + απο c₂ Acx dlpqtz | τριχος]

της τριχος της κεφαλης αυτου επι την γην· οτι ελεον θεου εποιησεν εν τη ημερα ταυτη. και προσηυξατο ο λαος περι Ιωναθαν εν τη ημερα εκεινη, και ουκ απεθανεν. 46 και ανεβη Σαουλ κατοπισθεν των αλλοφυλων, και οι αλλοφυλοι απηλθον εις τον τοπον αυτων. 47 Και Σαουλ κατακληρουται το εργον του βασιλευειν επι Ισραηλ. και επολεμει κυκλω παντας τους εχθρους αυτου εις την Μωαβ και εις τους υιους Αμμων [και εις τους υιους] [Εδωμ] και εις τον Βαιθροωβι και εις τον βασιλεα Σουβα και εις τους αλλοφυλους· ου αν επεβλεψεν εσωζετο. 48 και εποιησεν δυναμιν και επαταξεν τον Αμαληκ και εξειλατο τον Ισραηλ εκ χειρος των καταπατουντων αυτον. 49 και ησαν οι υιοι Σαουλ Ιωναθαν και Ιεσσιου και [Μελχισεδδε] και Εισβααλ· και τα ονοματα των δυο θυγατερων αυτου, ονομα της πρεσβυτερας Μεροβ, και ονομα της νεωτερας Μελχολ· 50 και ονομα της γυναικος Σαουλ Αχινααμ θυγατηρ Αχιμαας. και ονομα του αρχιστρατηγου αυτου Αβεννηρ υιος Νηρ οικειου Σαουλ· 51 και Κις πατηρ Σαουλ και Νηρ πατηρ [Αβεννηρ] υιος Ιαβιν υιου [Αβιηλ]. 52 και ην πολεμος κραταιος σφοδρα επι τους αλλοφυλους πασας τας ημερας Σαουλ, και ιδων Σαουλ παντα ανδρα δυνατον και παντα ανδρα υιον δυναμεως συνηθροισεν αυτους προς εαυτον.

+ αυτου b´ | ελεον boc₂e₂ | εν³ boc₂e₂ B p f Naghinvb₂ | 46 κατοπισθεν boc₂e₂ | τον] > c₂ N | 47 κατακληρουται το εργον του βασιλευειν boc₂e₂ y z(mg) | την boc₂e₂ z | και εις τους υιους be₂ Bya₂ Acx lpqtz efmsw Naghinvb₂] > oc₂ <44.71> | Εδωμ c₂ Bya₂ Acx dlpqtz efmsw Naghinvb₂] Αιδωμ e₂ : > oc₂ | Βαιθροωβι boc₂e₂ | εις⁵] > b´ <44> | τον boc₂e₂ cx av | αν boc₂ Ba₂ Acx dlpqz Nn] εαν b´e₂ y t efmsw aghivb₂ | επεβλεψεν boc₂e₂ z(mg) efmsw | 48 εξειλατο] εξειλετο b dlpqtz efmw hᵇ⁷ | 49 οι] > o B d z m Magb₂ | Ιεσσιου bc₂e₂ h] Ιεσσηου o | Μελχισεδδε c₂e₂] Μελχισεδδι b : Μελχισεδεκ o z | και⁴ boc₂e₂ yᵇ cx z efmsw g | εισβααλ boc₂e₂ | τα boc₂e₂ Naghinovb₂ | της πρεσβυτερας boc₂e₂ | μεροβ] μερομ o | της νεωτερας b(δευτερας)oc₂e₂ | μελχολ] μεχολ b´ | 50 της γυναικος Σαουλ Αχινααμ bo(Αχιναab)c₂e₂ | του boc₂e₂ | αρχιστρατηγου boc₂e₂ | Αβεννηρ] Αβενηρ b´ Acx ef g | 51 Νηρ] Νις e₂ | Αβεννηρ c₂e₂ By dqtz msw MNaˣinv b₂] Αβεννηρ o ef g : Βεννηρ b : Βενηρ b´ | Ιαβιν bc₂e₂] Αβιν b´ : Ααβιν o | Αβιηλ c₂e₂ Acx dlpqtz fmsw Naghijnvb₂] Αβιιλ o : Ιαβιηλ b | 52 ην] + o b Bya₂ Acx pqtz efmsw MNahinvb₂ | σφοδρα boc₂e₂ | παντα¹] απαντα b | συνη-

15:1 Και ειπεν Σαμουηλ προς Σαουλ Εμε απεσταλκεν ο θεος του χρισαι σε εις βασιλεα επι Ισραηλ τον λαον αυτου, και νυν ακουε της φωνης του ρηματος κυριου· 2 ταδε ειπεν κυριος παντοκρατωρ Νυν εγω εκδικω α εποιησεν Αμαληκ τω Ισραηλ, ως απηντησεν αυτω εν τη οδω αναβαινοντι εξ Αιγυπτου· 3 και νυν πορευου και παταξεις τον Αμαληκ και παντα τα αυτου και ου περιποιηση εξ αυτου ουθεν και εξολεθρευσεις αυτον και παντα τα αυτου και αναθεματιεις αυτον και παντα τα αυτου και ου μη φειση αυτου και αποκτενεις απο ανδρος και εως γυναικος και απο νηπιου και εως θηλαζοντος και απο μοσχου εως προβατου και απο καμηλου εως ονου. 4 και παρηγγειλεν Σαουλ τω λαω και επεσκεψατο αυτους εν Γαλγαλοις τετρακοσιας χιλιαδας ταγματων [και τον Ιουδαν τριακοντα χιλιαδας ταγματων]. 5 και ηλθεν Σαουλ εως των πολεων Αμαληκ και ενηδρευσεν εν τω χειμαρρω. 6 και ειπεν Σαουλ προς τον Κιναιον Απελθε και εκκλινον εκ μεσου του Αμαληκ, και ου προστεθηση μετ' αυτου, επειδη εποιησας ελεον μετα των υιων Ισραηλ εν τω αναβαινειν αυτους εξ Αιγυπτου· και εξεκλινεν ο Κιναιος εκ μεσου του Αμαληκ. 7 και επαταξεν Σαουλ τον Αμαληκ και επαταξεν αυτον απο Ευιλατ εως [Σουρ] της επι προσωπου Αιγυπτου. 8 και συνελαβεν τον Αγαγ βασιλεα του Αμαληκ ζωντα και παντα τον λαον αυτου εξωλοθρευσεν εν στοματι ρομφαιας. 9 και περιεποιησατο Σαουλ και πας ο λαος τον Αγαγ και τα αγαθα των ποιμνιων και των βουκολιων και των εδεσματων και των αμπελωνων και παντων των

θροισεν boc₂e₂ |

15:1 απεσταλκεν ο θς του boc₂e₂ | Ισραηλ] > ο | τον λαον αυτου boc₂e₂ | ακουε] ακουσον ο Acx dlpqtz | του ρηματος boc₂e₂ | 2 παντοκρατωρ boc₂e₂ | εγω εκδικω boc₂e₂ | αναβαινοντι boc₂e₂ | 3 ουθεν boc₂e₂ z g | και⁵-αυτου⁵ sub ÷ c₂ | και παντα τα αυτου bc₂e₂ | και αναθεματιεις αυτου] > ο y dlp N | μη boc₂e₂ z | αυτου⁵] αυτον e₂ | και¹¹] > ο | και¹³ bc₂e₂ | 4 επεσκεψατο boc₂e₂ | και τον Ιουδαν τριακοντα χιλιαδας ταγματων c₂e₂ B Nag(χιλιαδες)hijvb₂] > bo ya₂ s n | 6 Κιναιον] Κινναιον b z* n | Αμαληκ¹ boc₂e₂ a₂ pz(mg) <71> | και ου προστεθηση boc₂e₂ z(mg) | επειδη boc₂e₂ z(mg) | ελεον boc₂e₂ | Κιναιος] Κινναιος b | του² boc₂e₂ a₂ x | 7 και επαταξεν αυτον boc₂e₂ | Σουρ oc₂ A dlpqtz efmsw aghijnvb₂] Σουδ b : Σουρδ e₂ | της boc₂e₂ z ahijnvb₂ | 8 του² boc₂e₂ | αυτου boc₂e₂ cx | εξωλοθρευσεν boc₂e₂ | 9 και των βουκολιων και των εδεσ-

αγαθων και ουκ εβουλοντο αυτα εξολεθρευσαι· παν δε εργον ητιμωμενον και απεγνωσμενον αυτο εξωλεθρευσαν. 10 Και εγενετο λογος κυριου προς Σαμουηλ λεγων 11 Μεταμεμελημαι οτι εβασιλευσα τον Σαουλ εις βασιλεα, διοτι απεστραφη απο οπισθεν μου και ουκ εστησεν τους λογους μου. και ηθυμησεν Σαμουηλ και εβοησεν προς κυριον ολην την νυκτα. 12 και ωρθρισεν Σαμουηλ και επορευθη εις απαντησιν τω Ισραηλ πρωι. και απηγγελη τω Σαμουηλ λεγοντων Ηκει Σαουλ εις τον Καρμηλον και ιδου ανεστακεν εαυτω χειρα και απεστρεψεν το αρμα αυτου. και κατεβη εις Γαλγαλα. και ηλθεν Σαμουηλ προς Σαουλ, και ιδου αυτος ανεφερεν ολοκαυτωμα τω κυριω, τας απαρχας των σκυλων, ων ηνεγκεν εξ Αμαληκ. 13 και παρεγενετο Σαμουηλ προς Σαουλ, και ειπεν αυτω Σαουλ Ευλογημενος συ τω κυριω· εστησα παντα οσα ελαλησεν κυριος. 14 και ειπεν Σαμουηλ Και τις η φωνη αυτη του ποιμνιου τουτου εν τοις ωσιν μου και η φωνη των βοων ων εγω ακουω; 15 και ειπεν Σαουλ Εξ Αμαληκ ηνεγκα αυτα, α περιεποιησατο ο λαος, τα κρατιστα των ποιμνιων και των βουκολιων, οπως τυθη κυριω τω θεω σου, τα δε λοιπα εξωλεθρευσα. 16 και ειπεν Σαμουηλ προς Σαουλ Ανες και απαγγελω σοι οσα ελαλησεν κυριος προς με την νυκτα· και ειπεν αυτω Λαλησον. 17 και ειπεν Σαμουηλ προς Σαουλ Ουχι μικρος συ ενωπιον σεαυτου εις ηγουμενον εκ σκηπτρου Βενιαμιν της

ματων] και των εδεσματων και των βουκολιων ο | δε boc₂e₂ | απεγνωσμενον boc₂e₂ z(mg) | αυτο bc₂e₂] αυτω ο | 10 εγενετο boc₂e₂ efmsw | λογος boc₂e₂ efmsw | 11 μεταμεμελημαι] παρακεκλημαι b(mg)e₂(mg) B Ax | εβασιλευσα boc₂e₂ Byₐ cx | διοτι απεστραφη boc₂e₂ | εστησεν τους λογους μου boc₂e₂ | 12 τω¹ boc₂e₂ A | απηγγελη] ανηγγειλαν b | λεγοντων boc₂e₂ cx | τον boc₂e₂ | εαυτω boc₂e₂ a₂ z Ngijnvb₂ | απεστρεψεν boc₂ cx z jb₂] επεστρεψεν e₂ Byₐ A dlpqt efmsw MNahinv | αυτου boc₂e₂ z | και ηλθεν Σαμουηλ boc₂e₂ efmsw hᵇjnb₂ | και⁶–Αμαληκ sub ÷ c₂ | ολοκαυτωμα b´oc₂e₂] ολοκαυτωματα b | τας απαρχας boc₂e₂ z(mg) | 13 Ευλογημενος boc₂e₂ | παντα] απαντα b | 14 αυτη boc₂e₂ z | η² boc₂e₂ dlpqtz efsw | 15 των ποιμνιων boc₂e₂ g | βουκολιων boc₂e₂ | τω boc₂e₂ y Acx dlpqz f n | δε boc₂e₂ f Naghjnvb₂ | εξωλεθρευσα] εξωλοθρευσαι c₂ | 16 οσα boc₂e₂ | 17 μικρος] μικρον c₂ a₂ | σεαυτου εις ηγουμενον boc₂e₂ z(mg) Thdt | εκ oc₂e₂ z(mg) Thdt] εν b | σκηπτρου] σκηπτρω b´ | Βενιαμιν της

ελαχιστοτερας φυλης του Ισραηλ; και εχρισεν σε κυριος εις βασιλεα επι παντα Ισραηλ. 18 και απεστειλεν σε εν οδω κυριος και ειπεν σοι Πορευθητι και εξολεθρευσον τον Αμαληκ τους ημαρτηκοτας εις εμε, και πολεμησεις αυτους εως αν συντελεσης αυτους. 19 και ινα τι ουκ ηκουσας της φωνης κυριου κατα παντα οσα ελαλησεν σοι, αλλ' ωρμησας επι τα σκυλα και εποιησας το πονηρον ενωπιον κυριου; 20 και ειπεν Σαουλ προς Σαμουηλ Δια το ακουσαι με της φωνης του λαου· και επορευθην εν τη οδω εν η απεστειλεν με κυριος, και ηγαγον τον Αγαγ βασιλεα Αμαληκ ζωντα και τον Αμαληκ εξωλεθρευσα· 21 και ελαβεν ο λαος των σκυλων ποιμνια και βουκολια, τας απαρχας του αναθεματος, του θυσαι ενωπιον κυριου του θεου ημων εν Γαλγαλοις. 22 και ειπεν Σαμουηλ προς Σαουλ Ιδου ου θελει κυριος ολοκαυτωσεις και θυσιας ως το ακουσαι της φωνης αυτου; ιδου γαρ ακοη αγαθη υπερ θυσιαν και ακροασις υπερ στεαρ κριων· 23 οτι οιωνισμα αμαρτια εστιν, παραπικρασμος αδικια και θεραφιν οδυνην και πονους επαγουσιν· ανθ' ων εξουδενωσας το ρημα κυριου, εξουδενωσει σε κυριος του μη βασιλευειν επι Ισραηλ. 24 και ειπεν Σαουλ προς Σαμουηλ Ημαρτηκα ενωπιον κυριου οτι παρεβην το ρημα κυριου και το ρημα σου, οτι εφοβηθην τον λαον και ηκουσα της φωνης αυτων· 25 και νυν αρον δη το

ελαχιστοτερας boc₂e₂ z(mg) N(τις) Thdt | του boc₂e₂ z(mg) Thdt | επι] εις b | παντα boc₂e₂ efmsw N Thdt | 18 κυριος boc₂e₂ | τους ημαρτηκοτας boc₂e₂ | αυτους¹] αυτοις o | αν boc₂ z | συντελεσης] συντελεσεις b΄ Acx dpq efm aghiˣ | 19 κατα παντα οσα ελαλησεν σοι boc₂e₂ efmsw Ngn | 20 Σαουλ] Σαμουηλ e₂ a₂* | Σαμουηλ] Σαουλ e₂ | λαου] κυ c₂(mg) | επορευθην] επορευθη b a₂ A*c a* | εν² boc₂e₂ dlpqtz | ζωντα boc₂e₂ z | εξωλεθρευσα] εξωλοθρευσαν e₂ | 21 τας απαρχας boc₂e₂ z(mg) | αναθεματος boc₂e₂ z(mg) | του³ boc₂e₂ f Ngnv | 22 προς Σαουλ bc₂e₂ efmsw Ngh | ιδου ου θελει κς ολοκαυτωσεις boc₂e₂ z(mg) Thdt Did-gr(> ολοκαυτωσεις) | θυσιας boc₂e₂ Bya₂ dlpqtz | της boc₂e₂ h Thdt | αυτου boc₂e₂ Thdt Did-gr | γαρ boc₂e₂ Thdt | υπερ θυσιαν boc₂e₂ Chr Thdt Iren Did-gr | ακροασις boc₂e₂ cx Thdt | 23 αμαρτια boc₂e₂ z(mg) Thdt Did-gr | παραπικρασμος αδικια και boc₂e₂ z(mg) Thdt | οδυνην και πονους boc₂e₂ z(mg) Thdt | ανθ' ων boc₂e₂ z(mg) Thdt | βασιλευειν boc₂e₂ Thdt | 24 ενωπιον κυ boc₂e₂ h | το ρημα boc₂e₂ |

αμαρτημα μου και αναστρεψον μετ' εμου, και προσκυνησω κυριω τω θεω σου. 26 και ειπεν Σαμουηλ προς Σαουλ Ουκ αναστρεφω μετα σου, οτι εξουδενωσας το ρημα κυριου, και εξουδενωσει σε κυριος του μη ειναι βασιλεα επι Ισραηλ. 27 και απεστρεψεν Σαμουηλ το προσωπον αυτου του απελθειν. και [επελαβετο] Σαουλ του πτερυγιου της διπλοιδος αυτου και επεσχεν και διερρηξεν αυτο· 28 και ειπεν προς αυτον Σαμουηλ Διερρηξεν κυριος την βασιλειαν σου απο Ισραηλ εκ χειρος σου σημερον και δωσει αυτην τω πλησιον σου τω αγαθω υπερ σε· 29 και σχισθησεται Ισραηλ εις δυο, και ουκ επιστρεψει ουδε μετανοησει ο αγιος του Ισραηλ, οτι ουχ ως ανθρωπος εστιν του μετανοησαι. 30 και ειπεν Σαουλ Ημαρτηκα, αλλα δοξασον με ενωπιον των πρεσβυτερων του λαου μου και ενωπιον του Ισραηλ και αναστρεψον μετ' εμου, και προσκυνησω κυριω τω θεω σου. 31 και ανεστρεψεν Σαμουηλ οπισω Σαουλ, και προσεκυνησεν τω κυριω. 32 και ειπεν Σαμουηλ Προσαγαγετε μοι τον Αγαγ βασιλεα Αμαληκ. και προσηλθεν προς αυτον Αγαγ εξ Αναθωθ τρεμων, και ειπεν ο Αγαγ Ει ουτως πικρος ο θανατος; 33 και ειπεν Σαμουηλ προς Αγαγ Καθως ητεκνωσεν γυναικας η ρομφαια σου, ουτως ατεκνωθησεται εκ γυναικων η μητηρ σου υιου [Σασερ]. και εσφαξεν Σαμουηλ τον Αγαγ ενωπιον κυριου εν Γαλγαλοις. 34 και απηλθεν Σαμουηλ εις Αρμαθαιμ, και Σαουλ απηλθεν εις τον οικον αυτου εις τον βουνον. 35 και ου προσεθετο Σαμουηλ ιδειν τον Σαουλ εως ημερας θανατου αυτου, οτι επενθει Σαμουηλ επι Σαουλ· και κυριος μετεμεληθη οτι εβασιλευσεν τον Σαουλ επι τον Ισραηλ.

25 σου] μου c₂ | 26 αναστρεφω] αναστρεψω e₂ Acx dlpqtz Nghn | εξουδενωσει] εξουθενωσει o | ειναι] > o d | βασιλεα] βασιλευειν o | 27 απεστρεψεν] υπεστρεψε e₂*(vid) | επελαβετο bc₂e₂· z] απελαβετο oe₂* | και επεσχεν boc₂e₂ z g | 29 σχισθησεται boc₂e₂ z(mg) | επιστρεψει boc₂e₂ y z efmsw j Thdt | ο αγιος του ιηλ boc₂e₂ z(mg) h Thdt | εστιν] επι b´ | του²] > b* | 30 του¹ boc₂e₂ cx | λαου μου boc₂e₂ Acx dlpqtz | του² boc₂e₂ f in | Ισραηλ boc₂e₂ Acx dlpqtz | 32 προσαγαγετε] προσαγαγε b´e₂ efmsw n | εξ Αναθωθ boc₂e₂ z(mg) | ο boc₂e₂ | Αγαγ] Γαγ o | 33 καθως boc₂e₂ z | υιου bc₂e₂ z(mg) | Σασερ c₂e₂ h*] Ασηρ b : > o | 34 απηλθεν² boc₂e₂ | τον βουνον boc₂e₂ z(mg) | 35 τον³ oc₂e₂ d Naghijvb₂ |

16:1 Και ειπεν κυριος προς Σαμουηλ Εως ποτε πενθεις συ επι Σαουλ, καγω απωσμαι αυτον του μη βασιλευειν επι Ισραηλ; και ειπεν κυριος προς Σαμουηλ Πλησον το κερας σου ελαιου, και δευρο [αποστειλω] σε εως Βηθλεεμ προς Ιεσσαι, οτι εορακα εν τοις υιοις Ιεσσαι εμοι εις βασιλεα. 2 και ειπεν Σαμουηλ Πως πορευθω; και ακουσεται Σαουλ και αποκτενει με. και ειπεν κυριος Λαβε εις την χειρα σου δαμαλιν βοων και ερεις Θυσαι τω κυριω ηκω· 3 και καλεσεις τον Ιεσσαι και τους υιους αυτου εις την θυσιαν, και γνωριω σοι α ποιησεις, και χρισεις μοι ον αν ειπω προς σε. 4 και εποιησεν Σαμουηλ παντα οσα ελαλησεν κυριος, και ηλθεν εις Βηθλεεμ. και εξεστησαν οι πρεσβυτεροι της πολεως τη απαντησει αυτου και ειπον Ειρηνη η εισοδος σου, ο βλεπων; 5 και ειπεν Ειρηνη· θυσαι τω [κυριω] ηκω, αγιασθητε και ανακληθητε μετ᾽ εμου σημερον εις την θυσιαν. και ηγιασεν τον Ιεσσαι και τους υιους αυτου και εκαλεσεν αυτους εις την θυσιαν. 6 και εγενετο εν τω ελθειν αυτους και ειδεν τον Ελιαβ και ειπεν Αλλ᾽ η ενωπιον κυριου ο χριστος αυτου. 7 και ειπεν κυριος προς Σαμουηλ Μη προσχης εις την οψιν αυτου μηδε εις την εξιν του μεγεθους αυτου, οτι εξουδενωκα αυτον· οτι ουχ ως αν ιδη ανθρωπος, ουτως οψεται ο θεος, οτι ανθρωπος οψεται εις προσωπον, ο δε θεος οψεται εις καρδιαν. 8 και εκα-

16:1 πενθεις] πενθης b´o hv | συ boc₂e₂ | καγω boc₂e₂ Bya₂ efmsw jn | απωσμαι boc₂e₂ z(mg) Chr | του boc₂e₂ dz Njn | βασιλευειν] + αυτον o | και ειπεν κς προς Σαμουηλ boc₂e₂ h | αποστειλω bo Bya₂ A efmsw ghib₂] αποστελω c₂e₂ x dlpqtz Najnv | προς Ιεσσαι boc₂e₂ | Ιεσσαι² boc₂e₂ a₂ | 2 την χειρα boc₂e₂ dlpqtz Thdt | δαμαλιν βοων boc₂e₂ dlpqtz Thdt | ηκω] > e₂ | 3 καλεσεις] καλεσης o a₂* giv | χρισεις] χρεισης e₂ | μοι boc₂e₂ z(mg) | 4 οσα boc₂e₂ cx dlpqtz Nahn | ειπον boc₂e₂ cx efmsw aj·ª⁷ | 5 κυριω be, Bya₂ Acx dlpqtz efmsw Naghijn vb₂] θω oc₂ | ηκω] + και o | και²] > o | ανακληθητε b´c₂e₂] ανακλιθητε b : > o | σημερον] > e₂ | εις την θυσιαν boc₂e₂ | 6 εν τω] > e₂ c | ελθειν boc₂e₂ | αυτους boc₂e₂ Ax dlpqtz | αλλ᾽ η boc₂e₂ dlpqtz an | ο boc₂e₂ z efmsw hi | χριστος] χρηστος e₂ cx a | 7 προσχης bc₂e₂] προσεχης o | εις boc₂e₂ h Clem Chr | αυτου¹] αυτων e₂ | εξιν] αξιν c₂ | του boc₂e₂ z Clem Chr | αν ιδη boc₂e₂ z(mg)] + o o | ουτως boc₂ z(mg) Thdt] ουτος e₂ | o¹] > e₂ z(mg) an Chr 1/2 Clem | οτι³] + o b cx | θεος²] θς δε b Acx Thdt-ed | οψεται] > b cx z(mg) g Clem Chr

λεσεν Ιεσσαι τον Αμιναδαβ, και παρηλθεν κατα προσωπον Σαμουηλ· και ειπεν Ουδε τουτον εξελεξατο ο κυριος. 9 και παρηγαγεν Ιεσσαι τον Σαμαα· και ειπεν ουδε [εν τουτω] εξελεξατο ο κυριος. 10 και παρηγαγεν Ιεσσαι τους επτα υιους αυτου ενωπιον Σαμουηλ· και ειπεν Σαμουηλ προς Ιεσσαι Ουκ εξελεξατο κυριος εν τουτοις. 11 και ειπεν Σαμουηλ προς Ιεσσαι [Ει] εκλελοιπεν τα παιδαρια; και ειπεν Ιεσσαι Ετι εστιν ο [μικρος] και ιδου ποιμαινει εν τω ποιμνιω. και ειπεν Σαμουηλ προς Ιεσσαι Αποστει- λον και λαβε αυτον, οτι ου μη ανακλιθωμεν εως του ελθειν αυτον ενταυθα. 12 και απεστειλεν Ιεσσαι και [εισηγαγεν] αυτον ενωπιον Σαμουηλ· και αυτος ην πυρρακης μετα καλλους οφθαλμων και αγαθος τη ορασει κυριου· και ειπεν κυριος προς Σαμουηλ Αναστηθι και χρισον αυτον, οτι ουτος εστιν. 13 και ελαβεν Σαμουηλ το κερας του ελαιου και εχρισεν αυτον ενωπιον των αδελφων αυτου, και εφηλατο πνευμα κυριου επι Δαυιδ απο της ημερας εκεινης και επεκεινα. και ανεστη Σαμουηλ και απηλθεν εις Αρμαθαιμ. 14 Και πνευμα κυριου απεστη απο Σαουλ, και συνειχεν αυτον πνευμα πονηρον παρα κυριου, και επνιγεν αυτον. 15 και ειπον οι παιδες Σαουλ προς αυτον Ιδου πνευμα πονηρον παρα κυριου πνιγει σε·

Thdt | 8 τουτον] τουτο e₂ | ο boc₂e₂ Bya₂ cx gh | 9 om totum comma o cx z(txt) e* | Σαμαα bc₂e₂ z(mg) eᵃfmw Nghijnb₂ | εν τουτω bc₂ Bya₂ A lpqtz(mg) Naghijnvb₂] τουτο e₂ : > o cx z(txt) e <44> | 10 και²–τουτοις] > bʹc av | 11 ει c₂e₂ Thdt] μη b : > o | εκλελοιπεν oc₂e₂ efmsw Thdt] εκλελοιπε b | παιδαρια] + σου b | Ιεσσαι² boc₂e₂ z efmsw | εστιν ο [μικρος] c₂e₂] εστιν σμικρος o : εστιν ο μικροτερος b | και³ boc₂e₂ z | προς²] + τον o | ανακλιθωμεν boc₂e₂ | ενταυθα boc₂e₂ Acx dlpqtz h | 12 Ιεσσαι boc₂e₂ z | εισηγαγεν be₂ Bya₂ Acx dlpqtz efmsw Nghijnvb₂] εισηγαγον c₂ : ηγαγεν o | ενωπιον Σαμουηλ boc₂e₂ ew Ngˣ | ην boc₂e₂ i | τη boc₂e₂ z | κυ boc₂e₂ z | αναστηθι boc₂e₂ | αυτον² boc₂e₂ | 13 ενωπιον boc₂e₂ | εφηλατο oc₂e₂ cx i] εφηλλετο b | επεκεινα boc₂e₂ g | 14 συνειχεν bʹb(txt)oc₂e₂ a₂] επνιγεν b(mg) By Acx dlpqtz efmsw Naghijnvb₂ | και επνιγεν αυτον boc₂e₂ | 15 ειπον boc₂e₂ dlpqtᵘz ef ahᵇ⁷ | πονηρον] > o vᵃ⁷(vid) | παρα κυ bc₂e₂ cx efmsw n |

16 ειπατωσαν δη κυριε οι δουλοι σου ενωπιον σου και ζητησατωσαν τω κυριω ημων ανδρα ειδοτα ψαλλειν τω κυριω εν κινυρα, και εσται εν τω ειναι το πνευμα το πονηρον επι σοι παρα θεου και ψαλει εν τη κινυρα αυτου, και αγαθον σοι εσται, και αναπαυσει σε. 17 και ειπεν Σαουλ προς τους παιδας αυτου Ιδετε δη μοι ανδρα αγαθως ψαλλοντα και [εισαγαγετε] αυτον προς με. 18 και απεκριθη εις των παιδων αυτου και ειπεν Ιδου εορακα υιον τω Ιεσσαι εν Βηθλεεμ επισταμενον ψαλλειν, και ο ανηρ συνετος, και ο ανθρωπος πολεμιστης, και σοφος εν λογω και αγαθος τω ειδει, και κυριος μετ' αυτου. 19 και απεστειλεν Σαουλ αγγελους προς Ιεσσαι λεγων Εξαποστειλον προς με Δαυιδ τον υιον σου τον εν τω ποιμνιω. 20 και ελαβεν Ιεσσαι ονον και επεθηκεν αυτω γομορ αρτων και ασκον οινου και εριφον αιγων και εξαπεστειλεν εν χειρι Δαυιδ του υιου αυτου προς Σαουλ. 21 και εισηλθεν Δαυιδ προς Σαουλ και εστη ενωπιον αυτου· και ηγαπησεν αυτον Σαουλ σφοδρα, και εγενετο αυτω Δαυιδ αιρων τα σκευη αυτου. 22 και απεστειλεν Σαουλ προς Ιεσσαι λεγων Παριστασθω δη Δαυιδ ενωπιον μου, οτι ευρεν χαριν εν οφθαλμοις μου. 23 και εγενετο εν τω ειναι παρα θεου πονηρον πνευμα επι Σαουλ και ελαμβανεν Δαυιδ την κινυραν και εψαλλεν εν τη χειρι αυτου, και ανεψυχεν Σαουλ, και αγαθον ην αυτω, και αφιστατο απ' αυτου το πνευμα το πονηρον.

17:1 Και συναγουσιν οι αλλοφυλοι τας παρεμβολας αυτων εις πολεμον

16 κυριε boc₂e₂ | ανδρα] > b' | τω κω boc₂e₂ z g | κινυρα] κιθαρα b | παρα θεου boc₂e₂ z(θυ) | ψαλει] ψαλλειε₂ Nagv | 17 ιδετε] ειδετε ο a₂ vb₂ | αγαθως boc₂e₂ | εισαγαγετε bc₂ Bya₂ Acx dlpqtz efmsw Naghijnvb₂] εισαγαγε oe₂ | 18 εν¹ boc₂e₂ Jos(vid)] + τη b | Βηθλεεμ boc₂e₂ Naijnvb₂ Jos(vid) | επισταμενον boc₂e₂ | ψαλλειν boc₂e₂ ya₂ Ax dlqtz Nan Jos | ανῦς boc₂e₂ Naghinvb₂ | πολεμιστης] + δυνατος ισχυι b | εν² boc₂e₂ efmsw Nghnb₂ | 19 εξαποστειλον boc₂e₂ Nagijnvb₂ | 20 ονον και επεθηκεν αυτω boc₂e₂ g(ανον vid)h | γομορ] γομον b'ο x z(txt) | 21 εστη boc₂e₂ | Σαουλ² boc₂e₂ | εγενετο boc₂e₂ g(vid) | δαδ boc₂e₂ g(vid) | τα boc₂e₂ By z Ngivb₂ | 22 ευρεν] ευρον e₂ | 23 εγενετο boc₂e₂ n | παρα θυ boc₂e₂ es | πνα boc₂e₂ | εψαλλεν] εψαλεν b pᵃ⁷ g | τη boc₂e₂ B cx N | ανεψυχεν] ανεψυξεν ο a₂ : ενεψυχε b' x |

17:1 Σοκχωθ bc₂e₂ B efsw agijb₂] Σοκωχ ο | παρεμβαλλουσιν] παρεμβαλουσιν

και συναγονται εις Σοκχωθ της Ιουδαιας και παρεμβαλλουσιν ανα μεσον Σοκχωθ και ανα μεσον Αζηκα εν Σαφερμιν. 2 και Σαουλ και οι ανδρες Ισραηλ συνηχθησαν και παρενεβαλον εν τη κοιλαδι της δρυος ουτοι και ουτοι· και παρατασσονται εις πολεμον εξ εναντιας των αλλοφυλων. 3 και οι αλλοφυλοι παρατασσονται και ιστανται επι του ορους εντευθεν, και Ισραηλ ισταται εκ του ορους εντευθεν, και ο αυλων ανα μεσον αυτων. 4 και εξηλθεν ανηρ δυνατος εκ παντος του λαου της παραταξεως των αλλοφυλων, Γολιαθ ην ονομα αυτω εκ Γεθ, υψος αυτου τεσσαρων πηχεων και σπιθαμης· 5 και περικεφαλαια χαλκη επι της κεφαλης αυτου, και θωρακα αλυσιδωτον αυτος ενδεδυκως, και ην ο σταθμος του θωρακος αυτου πεντε χιλιαδες σικλων χαλκου και σιδηρου· 6 και αι κνημιδες αυτου χαλκαι αι επι των σκελων αυτου, και ασπις χαλκη ανα μεσον των ωμων αυτου· 7 και το ξυλον του δορατος αυτου ως αντιον υφαινοντων, και η λογχη η επ᾽ αυτω εξακοσιων σικλων σιδηρου· και ο αιρων τα οπλα αυτου προεπορευετο αυτου εμπροσθεν. 8 και εστη και εβοησαν εις την παραταξιν Ισραηλ και ειπεν αυτοις Ινα τι εκπορευεσθε παραταξασθαι εις πολεμον εξ εναντιας ημων; ουκ εγω ειμι αλλοφυλος και υμεις Εβραιοι του Σαουλ; εκλεξασθε εαυτοις ανδρα και καταβητω προς με, 9 και εαν δυνηται πολεμησαι μετ᾽ εμου και παταξη με, εσομεθα υμιν εις δουλους, εαν δε

b′ c* p m v | μεσον] > b w g <44> | Σαφερμιν boc₂e₂] Αφερμιν b′ | 2 συνηχ-θησαν boc₂e₂ | παρενεβαλον boc₂e₂ | της δρυος (τερεβινθου z(mg)b₂) boc₂e₂ dlpqtz g | ουτοι και ουτοι και bo(> ουτοι και)c₂e₂ dlpqtz g <74> | παρατασ-σονται] παρετασσοντε e₂ (ε ex corr e₂ᵃ) | των boc₂e₂ dlpqtz | 3 οι boc₂e₂ cx dlpqt e av | παρατασσονται και boc₂e₂ | εντευθεν¹ boc₂e₂ vb₂ | εκ boc₂e₂ | εντευθεν² boc₂e₂ | 4 παντος του λαου boc₂e₂ v | ην bc₂e₂ | αυτου] αυτω b i* | 5 χαλκη boc₂e₂ z g Jos(vid) | αυτος] αυτον b′* | ην boc₂e₂ z | 6 αι¹ boc₂e₂ | κνημιδες] κνημαις b′ : κνιμες b | αυτου¹ boc₂e₂ | αι² boc₂e₂ | επι boc₂e₂ dlpqtz | 7 το ξυλον boc₂e₂ | ως boc₂e₂ | αντιον boc₂e₂ z(txt) g | λογχη] ολκη o | η επ᾽ αυτω boc₂e₂ z | οπλα] σκευη b t | προεπορευετο] + εμπροσθεν b′ | αυτου] > o | εμπροσθεν boc₂e₂ z | 8 εβοησαν boc₂e₂ | ινα boc₂e₂ z efmsw | εις² boc₂e₂ dlpqtz | υμεις] ημεις b′* z | του boc₂e₂ A dlpqtz v | 9 δυνηται boc₂e₂ | μετ᾽ εμου boc₂e₂ |

εγω καταδυναστευσω αυτου και παταξω αυτον, εσεσθε ημιν εις δουλους και δουλευσετε ημιν. 10 και ειπεν ο αλλοφυλος Ιδου εγω ωνειδισα την παραταξιν Ισραηλ εν τη ημερα ταυτη· δοτε ουν μοι ανδρα, και [μονομαχησομεν] αμφοτεροι. 11 και ηκουσεν Σαουλ και πας Ισραηλ τα ρηματα του αλλοφυλου ταυτα και εξεστησαν και εφοβηθησαν σφοδρα. 12 και Δαυιδ υιος ανδρος Εφραθαιου· ουτος εκ Βηθλεεμ Ιουδα και ονομα αυτω Ιεσσαι και αυτω οκτω υιοι, και ο ανηρ πρεσβυτερος εν ημεραις Σαουλ εληλυθως εν ετεσιν. 13 και επορευθησαν οι τρεις υιοι Ιεσσαι οι μειζονες οπισω Σαουλ εις τον πολεμον, και ταυτα τα ονοματα των τριων υιων αυτου των πορευθεντων εις τον πολεμον· Ελιαβ ο πρωτοτοκος αυτου, και ο δευτερος Αμιναδαβ, και ο τριτος Σαμαα. 14 και Δαυιδ αυτος ο νεωτατος· και οι τρεις οι μειζονες επορευθησαν οπισω Σαουλ. 15 και Δαυιδ απηλθεν και ανεστρεψεν απο Σαουλ ποιμαινειν τα προβατα του πατρος αυτου εν Βηθλεεμ. 16 και [προσηγεν] ο αλλοφυλος ορθριζων και οψιζων, και εστηλωθη εναντιον Ισραηλ τεσσερακοντα ημερας. 17 και ειπεν Ιεσσαι Δαυιδ τω υιω αυτου Λαβε δη τοις αδελφοις σου το οιφι του αλφιτου τουτου και τους δεκα αρτους τουτους, και δραμε εις την παρεμβολην προς τους αδελφους σου. 18 και τας δεκα τρυφαλιδας του γαλακτος ταυτας εισοισεις τω χιλιαρχω, και τους αδελφους σου επισκεψη εις ειρηνην, και το [ερσουβα]

εσομεθα] εσωμεθα b v | καταδυναστευσω boc₂e₂ | αυτου boc₂e₂ | ημιν] υμιν o g | 10 ουν boc₂ | μονομαχησομεν bc₂* By c dlqˣtz emsw Njb₂] μονομαχησωμεν oc₂*e₂ a₂ Ax pq*(vid) f aginv | 11 και³] > c₂ d | 12 ανδρος boc₂e₂ a₂ g | ουτος] και ουτος o efmsw | και³ bis scr c₂ | εν ημεραις Σαουλ boc₂e₂ a₂ ghi <246> | ετεσιν boc₂e₂ a₂ dlpqtz ghij | 13 τρεις] + οι e₂ x g | οι²] > c₂ | ταυτα τα ονοματα boc₂e₂ a₂ efmsw hi | τριων boc₂e₂ a₂ hi | των πορευθεντων] > b' | Σαμαα boc₂e₂ efmsw hi | 14 αυτος] > b' efmsw | νεωτατος boc₂e₂ z gh] νεωτερος b' a₂ A dlpqt Maijn | 15 ποιμαινειν boc₂e₂ a₂ z f ghij | 16 προσηγεν bc₂ a₂ cx dlpqtz gh] προσηγαγεν e₂ i : προηγεν o A j | οψιζων] οψι※ζων c₂ | εναντιον boc₂e₂ a₂ zᵃ⁷ gh | Ισραηλ boc₂e₂ a₂ dlpqtz ghij | 17 το boc₂e₂ z gi] τω b' h | αλφιτου boc₂e₂ a₂ dlpqtz ghij | τους¹ boc₂e₂ a₂ cx z ghi <246> | δραμε boc₂e₂ a₂ cx ghi | προς τους αδελφους boc₂e₂ a₂ ghi | 18 ταυτας boc₂e₂ ghi | το boc₂e₂ a₂ ghi Chr Thdt | ερσουβα be₂ Chr Thdt] σερουβα c₂ : εσουβα o a₂ hi | αυτων

αυτων λημψη, και εισοισεις μοι την αγγελιαν αυτων. 19 και Σαουλ και αυτοι και πας ανηρ Ισραηλ εν τη κοιλαδι της δρυος πολεμουντες μετα των αλλοφυλων. 20 και ωρθρισεν Δαυιδ το πρωι, και αφηκεν τα προβατα επι [φυλακι], και ελαβεν και απηλθεν καθα ενετειλατο αυτω Ιεσσαι· και ηλθεν εις την παρεμβολην και εις την δυναμιν την εκπορευομενην εις τον πολεμον, και ηλαλαξαν εν τω πολεμω. 21 και παρεταξαντο οι υιοι Ισραηλ και οι αλλοφυλοι παραταξιν εξ εναντιας παραταξεως. 22 και απεθετο Δαυιδ τα σκευη αυτου αφ᾽ εαυτου επι χειρα του σκευοφυλακος και εδραμεν εις την παρεμβολην και εις την παραταξαν του πολεμου και ηρωτησεν τους αδελφους αυτου τα εις ειρηνην. 23 αυτου λαλουντος μετ᾽ αυτων και ιδου ο ανηρ ο [αμεσσαιος] ανεβαινεν, ονομα αυτω Γολιαθ ο Φυλιστιαιος εκ Γεθ εκ της παραταξεως των αλλοφυλων, και ελαλησεν κατα τα ρηματα ταυτα· και ηκουσεν Δαυιδ 24 και πας ανηρ Ισραηλ, και εν τω ιδειν αυτους τον ανδρα εφοβηθησαν σφοδρα και εφυγον εκ προσωπου αυτου. 25 και ειπεν ανηρ εξ Ισραηλ Ει εορακατε τον ανδρα τον αναβαινοντα τουτον οτι εις ονειδισαι τον Ισραηλ ανεβη; και εσται ο ανηρ ος αν παταξη αυτον, πλουτιει αυτον ο βασιλευς πλουτω μεγαλω, και την θυγατερα αυτου δωσει αυτω, και τον οικον του πατρος αυτου ποιησει ελευθερον εν τω Ισραηλ.

λημψη boc₂e₂ a₂ ghi Chr Thdt | και⁴ boc₂e₂ a₂ ghi | εισοισεις² boc₂e₂ a₂ i | μοι boˣc₂e₂ a₂ ghˣi] με ο* h* | την αγγελιαν αυτων boc₂e₂ a₂ ghi | 19 και αυτοι boc₂e₂ a₂ gh(αυτος)i | πολεμουντες] πολεμουνται c₂ | 20 το] τω ο a₂ cx s gh | επι boc₂e₂ a₂ ghi | φυλακι oc₂ A dlpqtz efmsw Nghij] φυλακη b a₂ cx : φυλακην e₂ | παρεμβολην boc₂e₂ a₂ z^{a7} ghi | εις² boc₂e₂ a₂ z f ghi | τον πολεμον boc₂e₂ a₂ c(την)x z^{a7} ghi | ηλαλαξαν] ηλλαξαν e₂ a₂ | 21 οι υιοι boc₂e₂ a₂ ghi | παραταξιν¹ oc₂e₂ g h | 22 απεθετο bc₂e₂ a₂ ghi] επεθετο ο | σκευοφυλακος boc₂e₂ a₂ ghi | εις την παρεμβολην και boc₂e₂ a₂ ghi | του πολεμου boc₂e₂ a₂ ghi | τα² boc₂e₂ a₂ z ghi | 23 και¹ boc₂e₂ a₂ cx efmsw ghi | ο¹ οˣc₂e₂ a₂ x lpqtz ij | αμεσσαιος c₂e₂ A dlpqt efmsw ahijn] αμασσαιος ο : μεσσαιος b | Γολιαθ ο boc₂e₂ a₂ ghi | Φυλιστιαιος boc₂e₂ ghi] Φιλισταιος b´ | της παραταξεως boc₂e₂ a₂ ghi | δαδ] Σαουλ e₂ | 24 ανηρ] b´ a₂ | και² boc₂e₂ z ghi | και εφυγον εκ προσωπου αυτου boc₂e₂ a₂ ghi | 25 εξ boc₂e₂ a₂ ghi | εις oc₂e₂ gi] + το c₂ i | ο¹ boc₂e₂ a₂ x ghi | αν] εαν e₂ | πλουτιει boc₂e₂ a₂ ghi | πλουτω μεγαλω boc₂e₂ a₂ z ghi |

26 και ειπεν Δαυιδ προς τους ανδρας τους παρεστωτας αυτω λεγων Τι ποιηθησεται τω ανδρι ος αν παταξη τον αλλοφυλον εκεινον και αφελη ονειδος απο Ισραηλ; οτι τις εστιν ο αλλοφυλος ο απεριτμητος ουτος ος ωνειδισεν παραταξιν θεου ζωντος; 27 και ειπεν αυτω ο λαος κατα το ρημα τουτο λεγων Ουτως ποιηθησεται τω ανδρι ος εαν παταξη αυτον. 28 και ηκουσεν Ελιαβ ο αδελφος αυτου ο μειζων εν τω λαλειν αυτον προς τους ανδρας και ωργισθη θυμω Ελιαβ εν τω Δαυιδ και ειπεν Ινα τι τουτο κατεβης; και επι τινα αφηκες τα μικρα προβατια εκεινα εν τη ερημω; εγω οιδα την υπερηφανιαν σου και την κακιαν της καρδιας σου, οτι ενεκεν του ιδειν τον πολεμον κατεβης. 29 και ειπεν Δαυιδ Τι εποιησα νυν; ουχι ρημα εστιν; 30 και απεστρεψεν απ᾽ αυτου εις μερος ετερον και ειπεν ουτως, και απεκριθησαν αυτω κατα το ρημα το προτερον. 31 και ηκουσθησαν οι λογοι Δαυιδ ους ελαλησεν και ανηγγελησαν ενωπιον Σαουλ· και παρελαβον αυτον και εισηγαγον προς Σαουλ. 32 Και ειπεν Δαυιδ προς Σαουλ Μη συμπεσετω η καρδια του κυριου μου επ᾽ αυτον· οτι ο δουλος σου πορευσεται και πολεμησει μετα του αλλοφυλου τουτου. 33 και ειπεν Σαουλ προς Δαυιδ Ου μη δυνηση πορευθηναι προς τον αλλοφυλον τουτον του πολεμησαι προς αυτον, οτι συ παιδαριον ει, αυτος δε ανηρ εστιν πολεμιστης εκ νεοτητος αυτου. 34 και ειπεν Δαυιδ προς Σαουλ Ποιμαινων ην ο δουλος σου εν τω

---

26 παρεστωτας boe_2 a_2 ghi] παρεστηκοτας c_2 | αυτω boc_2e_2 a_2 cx ghi <246> | ποιηθησεται] ποιησεται e_2 a_2 cx | αφελη] αφελει b'o a_2 Acx dp m | ονειδος boc_2e_2 a_2 ghi | εστιν boc_2e_2 a_2 z ghi | ο αλλοφυλος] > b' | ος² boc_2e_2 a_2 hi Chr | 27 εαν bc_2e_2 a_2 g] αν o Acx dlpqtz efmsw hij | παταξη boc_2e_2 dlpqtz efmsw hij | 28 αφηκες oc_2e_2 i] αφηκας b a_2 Acx dlpqtz efmsw ghj | προβατια εκεινα oc_2 a_2 i] εκεινα προβατια e_2 : προβατα εκεινα b Acx dlpqtz efmsw ghj | 30 απ᾽ boc_2e_2 a_2 z efmsw ghi | μερος boc_2e_2 a_2 z(mg) ghi Chr(vid) | ετερον boc_2e_2 a_2 z(mg) efmsw g*hi Chr(vid) | ουτως boc_2e_2 a_2 z(mg) gh | απεκριθησαν boc_2e_2 a_2 gh | το προτερον boc_2e_2 a_2 z gh | 31 ους ελαλησεν boc_2e_2(2nd ε ex α e_2') a_2 ghi | και παρελαβον αυτον] > b | εισηγαγον] + αυτον e_2 lqtz j | 32 οτι boc_2e_2 gi Chr | 33 δυνηση boe_2 cx dlpqtz agb_2] δυνηθη c_2 | πορευθηναι] > b' <44.246> | τουτον boc_2e_2 y z f Nag | προς αυτον boc_2e_2 A dlpqtz | παιδαριον ει (ην g) δε boc_2e_2 g Chr | εστιν bc_2e_2 |

ποιμνιω τω πατρι αυτου, και οταν ηρχετο λεων η αρκος και ελαμβανεν προβατον εκ της αγελης, 35 και εξηρχομην κατοπισθεν αυτου και επατασσον αυτον και εξεσπων εκ του στοματος αυτου, και ει επανιστατο επ’ εμε, εκρατουν του φαρυγγος αυτου και επατασσον αυτον και εθανατουν αυτον· 36 και τον λεοντα και την αρκον ετυπτεν ο δουλος σου, και εσται ο αλλοφυλος ουτος ο απεριτμητος ως εν τουτων· ουχι πορευσομαι και παταξω αυτον και αφελω σημερον ονειδος απο Ισραηλ; [διοτι] τις εστιν ο απεριτμητος ουτος, οτι ωνειδισεν παραταξιν θεου ζωντος; 37 και ειπεν Δαυιδ Κυριος ος εξειλατο με εκ στοματος του λεοντος και εκ χειρος της αρκου, αυτος εξελειται με εκ χειρος του αλλοφυλου του απεριτμητου τουτου. και ειπεν Σαουλ προς Δαυιδ Πορευου, και εσται κυριος μετα σου. 38 και ενεδυσεν Σαουλ τον Δαυιδ τον μανδυαν αυτου και περικεφαλαιαν χαλκην επεθηκεν περι την κεφαλην αυτου και ενεδυσεν αυτον θωρακα, 39 και εζωσατο Δαυιδ την μαχαιραν αυτου επανω του θωρακος αυτου. και εχωλαινεν Δαυιδ εν τω βαδιζειν εν αυτοις απαξ και δις, οτι απειρος ην· και ειπεν Δαυιδ προς Σαουλ Ου μη δυνωμαι πορευθηναι εν τουτοις, οτι ου πεπειραμαι αυτων. και περιειλατο αυτα απ’ αυτου. 40 και ελαβεν Δαυιδ

34 τω πατρι boc₂e₂ z g] του πατρος b´ Chr | αυτου boc₂e₂ z g | η boc₂e₂ g Eus Chr 1/2 | 35 και¹] εγω ο | εξηρχομην κατοπισθεν boc₂e₂ g Chr 1/2 | αυτου¹] αυτων ο | και²–αυτου²] > b´ | επατασσον¹ boc₂e₂ z g Chr 1/2 | εξεσπων boc₂e₂ cx z g Chr 1/2 | εκρατουν boc₂e₂ g Chr | επατασσον αυτον² boc₂e₂ g | εθανατουν boc₂e₂ g | 36 ουτος¹ boc₂e₂ z g Chr Thdt | απο boc₂e₂ g Thdt | διοτι oc₂ Bya₂ Acx lpqtz efmsw Naghjnb₂] και οτι b : οτι e₂ i Thdt | εστιν boc₂e₂ z g Thdt | οτι oc₂e₂ g Chr Thdt] ος b Bya₂ Acx lpqtz efmsw Nahijnb₂ | 37 ος] ο θεος b | εξειλατο] εξειλετο b lpqtz fmsw hᵇ⁷ Thdt | στοματος boc₂e₂ z gh Thdt | του¹] > ο dp* ag Thdt | του απεριτμητου] > b´ d i | προς] + τον b´ z | εσται] + ο b Chr | 38 τον¹] > e₂ | τον² boc₂e₂ y dlpqtz g | αυτου¹ boc₂e₂ y A z g | επεθηκεν boc₂e₂ z g | ενεδυσεν αυτον θωρακα boc₂e₂ g | 39 εζωσατο boc₂e₂ g | μαχαιραν boc₂e₂ a₂ g | θωρακος boc₂e₂ z(mg) g | εχωλαινεν bc₂e₂] εχωλευεν ο | Δαυιδ εν τω βαδιζειν εν αυτοις boc₂e₂ z(mg) g] + και b´ | πεπειραμαι] πεπειρομαι c₂ | αυτων boc₂e₂ z* | περιειλατο oc₂e₂ zˣ⁷ g] περιειλετο b | αυτα] αυτο b´ |

την ραβδον αυτου εν τη χειρι αυτου και εξελεξατο εαυτω πεντε λιθους λειους εκ του χειμαρρου και εθετο αυτους εν τω καδιω τω ποιμενικω τω οντι αυτω εις συλλογην και η σφενδονη αυτου εν τη χειρι αυτου και προσ-ηλθεν προς τον ανδρα τον αλλοφυλον. 41 και επορευθη ο αλλοφυλος πορευομενος και εγγιζων προς Δαυιδ και ο ανηρ ο αιρων τον θυρεον αυτου εμπροσθεν αυτου. 42 και επεβλεψεν ο αλλοφυλος και ειδεν Γολιαθ τον Δαυιδ και εξουδενωσεν αυτον, οτι ην παιδαριον και αυτος πυρρακης μετα καλλους οφθαλμων. 43 και ειπεν ο αλλοφυλος προς Δαυιδ Μη κυων ειμι εγω, οτι εξηλθες εν ραβδω και λιθοις επ᾽ εμε; και κατηρασατο ο αλλοφυλος τον Δαυιδ εν τοις θεοις αυτου. 44 και ειπεν ο αλλοφυλος προς Δαυιδ Δευρο προς με, και δωσω τας σαρκας σου τοις πετεινοις του ουρανου και τοις θηριοις της γης. 45 και ειπεν Δαυιδ προς τον αλλοφυλον Συ ερχη προς με εν ρομφαια και εν δορατι και εν ασπιδι, εγω δε ερχομαι προς σε εν ονοματι κυριου σαβαωθ θεου παραταξεως Ισραηλ, ην ωνειδισας σημερον· 46 και συνκλεισει σε κυριος σημερον εις τας χειρας μου, και αποκτενω σε και αφελω την κεφαλην σου απο σου και δωσω τα κωλα σου και τα κωλα της παρεμβολης των αλλοφυλων εν τη ημερα ταυτη τοις πετεινοις του ουρανου και τοις θηριοις της γης, και γνωσεται πασα η γη οτι εστιν θεος εν Ισραηλ· 47 και γνωσεται πασα η εκκλησια αυτη οτι ουκ εν δορατι ουδε εν μαχαιρα σωζει κυριος, οτι του κυριου ο πολεμος, και παραδωσει υμας εις τας χειρας ημων. 48 και ανεστη ο αλλοφυλος και επορευθη και ηγγισεν εις συναντησιν τω Δαυιδ· και Δαυιδ εταχυνεν και εξηλθεν και αυτος εις

40 Δαυιδ boc₂e₂ cx z g | ραβδον boc₂e₂ a₂ gi | εαυτω] εαυτους b´ | η boc₂e₂ cx z g | 41 και¹–αυτου² sub ※ c₂(vid) | αυτου¹ boc₂e₂ z | 42 εξουδενωσεν boc₂e₂ dlpqtz* g Thdt | 43 μη boc₂e₂ zᵃ⁷ | ειμι εγω oc₂e₂] εγω ειμι b Bya₂ Acx dlpqtz efmsw Naghijnvb₂ | εξηλθες boc₂e₂ | επ᾽ εμε boc₂e₂ | 45 εν²] > b´o dlpqtz | εγω δε boc₂e₂ Naghijvb₂ | ερχομαι b´oc₂e₂ Chr Thdt] ερχωμε b | 46 συνκλεισει boc₂e₂ Thdt | τας χειρας boc₂e₂ y v Thdt | της¹ boc₂e₂ z Thdt | των boc₂e₂ z Thdt | ταυτη boc₂e₂ Acx lpqtz Thdt | θεος εν] εξ e₂ | 47 ουδε εν μαχαιρα boc₂e₂ Thdt | τας boc₂e₂ | ημων] υμων c₂* gh* | 48 και ηγγισεν boc₂(sub ※)e₂ Acx dlpqtz emᵐᵍ(sub ※)w | συναντησιν] συναντιν b´ | τω boc₂e₂ dlpqtz g <44.74> |

63 Βασιλειων Α 17:48-17:55

την παραταξιν εις συναντησιν του αλλοφυλου. 49 και εξετεινεν Δαυιδ την χειρα αυτου εις το καδιον και ελαβεν εκειθεν λιθον ενα και εσφενδονησεν και επαταξεν τον αλλοφυλον εις το μετωπον αυτου, και διεδυ ο λιθος δια της περικεφαλαιας αυτου εις το μετωπον αυτου, και επεσεν επι προσωπον αυτου επι την γην.

50 και εκραταιωθη Δαυιδ υπερ τον αλλοφυλον τη σφενδονη και τω λιθω εν τη ημερα εκεινη και επαταξεν τον αλλοφυλον και εθανατωσεν αυτον· και ρομφαια ουκ ην εν τη χειρι Δαυιδ. 51 και εδραμεν Δαυιδ και επεστη επ᾿ αυτον και ελαβεν την ρομφαιαν αυτου και εξεσπασεν αυτην εκ του κολεου αυτης και εθανατωσεν αυτον και αφειλεν εν αυτη την κεφαλην αυτου. και ειδον οι αλλοφυλοι οτι τεθνηκεν ο δυνατος αυτων, και εφυγον.

52 και ανεστησαν ανδρες Ισραηλ και Ιουδα και ηλαλαξαν και κατεδιωκον οπισω των αλλοφυλων εως της εισοδου Γεθ και εως της πυλης Ασκαλωνος, και επεσον τραυματιαι των αλλοφυλων εν τη οδω των πυλων και εως Γεθ και εως Ακκαρων. 53 και ανεστρεψαν ανδρες Ισραηλ εκκλινοντες οπισω των αλλοφυλων και προενομευσαν τας παρεμβολας αυτων. 54 και ελαβεν Δαυιδ την κεφαλην του αλλοφυλου και ανηνεγκεν αυτην εις Ιερουσαλημ και τα σκευη αυτου εθετο εν τω σκηνωματι αυτου. 55 και εγενετο ως ειδεν Σαουλ τον Δαυιδ εκπορευομενον εις απαντησιν του αλλοφυλου ειπεν προς Αβεννηρ τον αρχοντα της δυναμεως

και⁴–αλλοφυλου sub ※ c₂ j(mg) | δαδ² boc₂e₂ gh | εξηλθεν και αυτος boc₂e₂ gh | συναντησιν boc₂e₂ gh | 49 εις² boc₂e₂ Jos(vid) | δια] > c₂* y c g | αυτου³ boc₂e₂ | 50 sub ※c₂ | εκραταιωθη boc₂e₂ cx z ew gh | υπερ boc₂e₂ Acx z(mg) ew ghj(mg) | εν τη ημερα εκεινη boc₂e₂ z(mg) g | τη³ boc₂e₂ cx gh | 51 επεστη] επεσεν e₂ | και εξεσπασεν (εχεπασεν A) αυτην εκ (απο e) του κολεου (κολαιου A : κολπου q) αυτης boc₂e₂ A dlpqtz e j | εν αυτη boc₂e₂ Ac(> εν)x dlpqtz | οι] > e₂ | 52 ανεστησαν boc₂e₂ cx | και Ιουδα] > b | κατεδιωκον boc₂e₂ | των αλλοφυλων¹ boc₂e₂ | εως¹] > o | της¹ bc₂e₂ f | εισοδου Γεθ και] > o | επεσον] επεσεν e₂ v | 53 ανεστρεψαν] ανεστρεψεν e₂ a₂ g | προενομευσαν boc₂e₂ z(mg) | 54 Δαυιδ] > c₂* f | εθετο boc₂e₂ cx | 55 vs. 55-58 sub ※c₂ m | εγενετο boc₂e₂ ghi | αλλοφυλου boc₂e₂ A dlpqtz e ghj | Αβεννηρ¹ boc₂e₂ dpqtz msw ij | αυτου boc₂e₂ z ghi | νεανιας boc₂e₂ efmsw ghi | Αβεννηρ² boc₂e₂

αυτου Υιος τινος ο νεανιας, Αβεννηρ; και απεκριθη Αβεννηρ και ειπεν Ζη η ψυχη σου, κυριε μου βασιλευ, ουκ οιδα. 56 και ειπεν ο βασιλευς Επερωτησον συ υιος τινος ο νεανιας ουτος. 57 και ως επεστρεψεν Δαυιδ παταξας τον αλλοφυλον παρελαβεν αυτον Αβεννηρ και εισηγαγεν αυτον ενωπιον Σαουλ, και η κεφαλη του αλλοφυλου εν τη χειρι αυτου. 58 και ειπεν προς αυτον Σαουλ Υιος τινος ει, νεανια; και ειπεν Δαυιδ Υιος του δουλου σου Ιεσσαι του Βηθλεεμιτου.

18:1 και εγενετο ως εισηλθεν Δαυιδ προς Σαουλ και συνετελεσεν λαλων αυτω, ειδεν αυτον Ιωναθαν και συνεδεθη η ψυχη αυτου τη ψυχη Δαυιδ· και ηγαπησεν αυτον Ιωναθαν κατα την ψυχην αυτου. 2 και ελαβεν αυτον Σαουλ εν τη ημερα εκεινη, και ουκ αφηκεν αυτον επιστρεψαι εις τον οικον του πατρος αυτου. 3 και διεθετο Ιωναθαν και Δαυιδ ο βασιλευς διαθηκην, οτι ηγαπησεν αυτον ψυχην αγαπωντος αυτον. 4 και εξεδυσατο Ιωναθαν τον επενδυτην τον επ' αυτον και εδωκεν τω Δαυιδ, και τον μανδυαν αυτου και εως της ρομφαιας αυτου και του τοξου και της ζωνης αυτου. 5 και κατεστησεν αυτον Σαουλ επι τους ανδρας του πολεμου· και εξεπορευετο Δαυιδ και εισπορευετο συνιων εν πασιν οις αν απεστελλεν αυτον Σαουλ·

d i | απεκριθη boc₂e₂ gh | και ειπεν boc₂e₂ gh | κυριε boc₂e₂ z(mg) ghi | μου boc₂e₂ z(mg) ghi | ουκ boc₂e₂ z(mg) ghi | 56 υιος] > o q g | νεανιας boc₂e₂ e ghi | 57 παταξας boc₂e₂ z ghi | παρελαβεν] παρεβαλεν e₂* | Αβεννηρ boc₂e₂ dlpqtz msw ij | 58 νεανια boc₂e₂ ghi | του boc₂e₂ dlpqtz ghij | σου] + του b′ i | Βηθλεεμιτου b′oc₂ A dlptz efmsw ij] Βιθλεεμιτου e₂ q : Βιθλεεμμιτου b |

18:1 vs. 1-5 sub ※ c₂ m | εισηλθεν boc₂e₂ ghi | δαδ προς Σαουλ και boc₂e₂ z(mg) ghi | αυτω boc₂e₂ z(mg) ghi | ειδεν boc₂e₂ z ghi | αυτον Ιωναθαν boc₂e₂ z gh | η ψυχη boc₂e₂ z gh] τη ψυχη b′ | αυτου boc₂e₂ z gh | τη ψυχη] η ψυχη b′ Chr | 2 αφηκεν boc₂e₂ hi | εις τον οικον boc₂e₂ hi | 3 ο βασιλευς boc₂e₂ z(mg) i | διαθηκην boc₂e₂ cx z(mg) efmsw hi | οτι ηγαπησεν αυτον boc₂ z(mg) hi] > e₂ | αγαπωντος boc₂e₂ z(mg) hi | αυτον² boc₂e₂ z(mg) hi | 4 τον¹] > o | τον² boc₂e₂ A qtz hij | επ' boc₂e₂ dlpqtz hij | αυτον boc₂e₂ hi | τω] τον e₂ c m | 5 και²-

και ηρεσεν ενωπιον παντος του λαου καιγε [και] εν οφθαλμοις των δουλων
Σαουλ. 6 και εγενετο εν τω εισπορευεσθαι αυτους, οτε επεστρεψεν Δαυιδ
παταξας τον αλλοφυλον, και εξηλθον αι χορευουσαι και αδουσαι εις
απαντησιν Σαουλ του βασιλεως εκ πασων των πολεων Ισραηλ εν τυμπα-
νοις και εν [ναβλαις] και εν κυμβαλοις και εν κινυραις και εν χαρμονη,
7 και εξηρχον αι γυναικες αι χορευουσαι και ελεγον Επαταξεν Σαουλ εν
χιλιασιν αυτου και Δαυιδ εν μυριασιν αυτου. 8 και ωργισθη Σαουλ και
εφανη πονηρον το ρημα σφοδρα ενωπιον Σαουλ περι του λογου τουτου, και
ειπεν Σαουλ Εδωκαν τω Δαυιδ τας μυριαδας και εμοι εδωκαν τας χιλι-
αδας, και τι αυτω πλην η βασιλεια; 9 και ην Σαουλ υποβλεπομενος τον
Δαυιδ απο της ημερας εκεινης και επεκεινα. 10 και εγενηθη απο της
επαυριον, και επεσεν πνευμα παρα θεου πονηρον επι Σαουλ, και προ-
εφητευσεν εν μεσω του οικου αυτου· και Δαυιδ εψαλλεν εν τη χειρι αυτου
ως καθ’ εκαστην ημεραν, και το δορυ εν τη χειρι Σαουλ. 11 και ηρεν
Σαουλ το δορυ και ειπεν Παταξω εν Δαυιδ και εν τω τοιχω· και εξεκλινεν
Δαυιδ απο προσωπου αυτου δις. 12 και εφοβηθη Σαουλ απο προσωπου
Δαυιδ οτι ην κυριος μετ’ αυτου, και απο Σαουλ απεστη· 13 και μετεστησεν
αυτον Σαουλ αφ’ εαυτου και κατεστησεν αυτον χιλιαρχον εαυτω, και εξε-

Σαουλ[2] boc₂e₂ z(txt) hi(> αν) | ενωπιον boc₂e₂ hi | λαου] Σαουλ e₂ | και[5] be₂]
> oc₂ | των boe₂ z hi | 6 εγενετο boc₂e₂ hi | οτε boc₂e₂ hi | επεστρεψεν boc₂e₂
hi] απεστρεψεν b' | παταξας boc₂e₂ hi | και[3] boc₂e₂ z g] + αι o | αδουσαι
boc₂e₂ z g] + εις συναντησιν Δαυιδ c₂(Δαυιδ και) Bya₂ Acx dlpqtz efmsw Naghij
nvb₂ | εις–βασιλεως boc₂e₂ g | Ισραελ] + αδειν και χορευειν c₂ | ναβλαις oc₂]
αβλαις e₂ : αυλοις b | και εν κυμβαλοις] > c₂ d | και εν κινυραις b(κινν-
b')oc₂e₂ z(κινν-) h | και εν χαρμονη boc₂e₂ z | 7 εξηρχον] εξηρχοντο b ya₂ cx
w Najv | χορευουσαι boc₂e₂ z(mg) efmsw Ngn | 8 και ωργισθη Σαουλ boc₂e₂ z |
πονηρον boc₂e₂ | σφοδρα boc₂e₂ Nahijnvb₂ | ενωπιον boc₂e₂ | Σαουλ[3] boc₂e₂ h |
τω(> cx) Δαυιδ boc₂e₂ Acx dlpqtz | και τι αυτω πλην η βασιλεια boc₂e₂ Acx
dlpqtz ghj | 9 απο] υπο o | 10 totum comma sub ※ c₂ m | παρα boc₂ y^b efmw g |
τη[1] boc₂e₂ y^b p efmsw gh | τη[2]] > o | 11 totum comma sub ※ c₂ | και ηρεν Σαουλ
το δορυ] > b | 12 οτι–απεστη sub ※ c₂ m j(mg) | 13 μετεστησεν oc₂e₂ z^a[7]

πορευετο Δαυιδ και εισεπορευετο εμπροσθεν του λαου. 14 και ην Δαυιδ συνιων εν πασαις ταις οδοις αυτου, και κυριος παντοκρατωρ μετ' αυτου. 15 και ειδεν Σαουλ ως αυτος συνιει σφοδρα, και ευλαβειτο απο προσωπου αυτου. 16 και πας Ισραηλ και Ιουδας ηγαπων τον Δαυιδ, οτι αυτος εξεπορευετο και εισεπορευετο προ προσωπου του λαου. 17 και ειπεν Σαουλ προς Δαυιδ Ιδου η θυγατηρ μου η μειζων Μεροβ, και δωσω σοι αυτην εις γυναικα, πλην [γινου] μοι εις υιον δυναμεως και πολεμει τους πολεμους κυριου· και Σαουλ ειπεν Μη εστω η χειρ μου επ' αυτω, αλλ' εστω εν αυτω η χειρ των αλλοφυλων. 18 και ειπεν Δαυιδ προς Σαουλ Τις ειμι εγω, και τις η συγγενεια του πατρος μου εν Ισραηλ, οτι εσομαι γαμβρος του βασιλεως; 19 και εγενετο εν τω καιρω του δοθηναι την [Μεροβ] θυγατερα Σαουλ τω Δαυιδ εις γυναικα, και αυτη εφοβηθη τον Δαυιδ, και εδοθη τω Εχριηλ του [Μαολλαιου] εις γυναικα. 20 Και ηγαπησεν Μελχολ η θυγατηρ Σαουλ τον Δαυιδ· και απηγγελη τω Σαουλ, και ηρεσεν εν οφθαλμοις αυτου το ρημα. 21 και ειπεν Σαουλ Δωσω αυτην αυτω, και εσται αυτω εις σκανδαλον. και εσται επ' αυτον χειρ αλλοφυλων. και ειπεν Σαουλ προς Δαυιδ Εν ταις δυ-

Jos(vid)] απεστησεν b Bya₂ Acx dlpqtz* efmsw Naghijnvb₂ | Σαουλ boc₂e₂ A lpqtz | αφ' boc₂e₂ efsw | εαυτου boc₂e₂ e | εαυτω boc₂e₂ | Δαυιδ bc₂e₂ z | και εισεπορευετο] > o a₂ g | 14 εν πασαις ταις οδοις αυτου boc₂e₂ Chr Thdt | παντοκρατωρ boc₂e₂ Chr Thdt | 15 συνιει] συνιεις o c dp e | αυτου] Δαυιδ b | 16 ηγαπων boc₂e₂ Nghjnvb₂ Chr | 17 17-19 sub ※ c₂ | Μεροβ oc₂e₂ A d*lpqtz^(s?) em(mg)w j] Μελχολ b | και² boc₂e₂ | δωσω boc₂e₂ Acx em(mg)w | αυτην boc₂e₂ | γινου c₂e₂ Acx dlpqtz em(mg)w j] γενου bo | αλλ' boc₂e₂ z | εστω boc₂ z Thdt] εσται e₂ A dlpqtz em(mg)w j | εν boe₂ z Thdt] επ' c₂ Acx dlpqt ew j | αυτω² boc₂e₂ z ew Thdt | η⁴ boc₂e₂ z Thdt | των boc₂e₂ z Thdt | 18 εγω boc₂e₂ cx | τις² boc₂e₂ A z | συγγενεια boc₂e₂ | του πρς] > c₂ e | 19 εγενετο boc₂e₂ | καιρω] κληρω c₂ | Μεροβ c₂e₂ A dlpqtz* ew j] Μερουβ o : Μελχολ b | εις γυναικα¹ b(> εις) oc₂e₂ z | και²] + ετι o | αυτη] > o | εφοβηθη τον δαδ και boc₂e₂ z(mg) | Εχριηλ bc₂e₂ z(mg)] Αχριηλ o | του² boc₂e₂ z(mg) | Μαολλαιου c₂] Μαολλεου b : Μαολεου b' : Μαθλλαιου o : Μαθαλαιου e₂ | 20 και απηγγελη τω Σαουλ] > o | ηρεσεν boc₂e₂ | το ρημα boc₂e₂ | 21 αυτω¹] + εις γυναικα e₂ | αυτω²] > e₂ c <244> | εσται² boc₂e₂ z(mg) Thdt | επ' αυτον oc₂e₂ pz(mg) Thdt]

ναμεσιν επιγαμβρευσεις μοι σημερον· 22 και ενετειλατο Σαουλ τοις παισιν αυτου λεγων Λαλησατε υμεις λαθρα τω Δαυιδ λεγοντες Ιδου ο βασιλευς [θελει] εν σοι, και παντες οι παιδες αυτου αγαπωσιν σε, και συ επιγαμβρευσον τω βασιλει. 23 και ελαλησαν οι παιδες Σαουλ τα ρηματα ταυτα εις τα ωτα Δαυιδ, και ειπεν Δαυιδ Ει κουφον εστιν εν οφθαλμοις υμων επιγαμβρευσαι τω βασιλει; εγω δε ανηρ ταπεινος και ουκ εντιμος. 24 και [απηγγειλαν] τω Σαουλ οι παιδες αυτου κατα παντα τα ρηματα α ελαλησεν Δαυιδ. 25 και ειπεν Σαουλ Ειπατε τω Δαυιδ Ου βουλεται ο βασιλευς εδνα οτι αλλ᾽ η εκατον ακροβυστιας αλλοφυλων εκδικησαι εις εχθρους του βασιλεως· και Σαουλ ελογισατο εμβαλειν αυτον τον Δαυιδ εις τας χειρας των αλλοφυλων. 26 και απηγγειλαν οι παιδες Σαουλ τω Δαυιδ τα ρηματα ταυτα, και ευθυνθη ο λογος εν οφθαλμοις Δαυιδ επιγαμβρευσαι τω βασιλει και ουκ επληρωθησαν αι ημεραι. 27 και ανεστη Δαυιδ και επορευθη, αυτος και οι ανδρες αυτου, και επαταξεν εν τοις αλλοφυλοις εκατον ανδρας και ηνεγκεν τας ακροβυστιας αυτων και επληρωσεν αυτας τω βασιλει και επιγαμβρευεται τω βασιλει, και διδωσιν αυτω ο Σαουλ την Μελχολ θυγατερα αυτου εις γυναικα. 28 και ειδεν Σαουλ οτι κυριος μετα

επ᾽ αυτω b | και⁴–σημερον sub ※ c₂ | και ειπεν² boc₂e₂ Acx dlpqtz ew | Σαουλ² boc₂e₂ˣ Acx dlpqtz ew] Δαυιδ e₂*(vid) | προς Δαυιδ εν ταις δυναμεσιν boc₂e₂ dlpqtz | επιγαμβρευσεις bc₂e₂ Acx lqtz ew] επιγαμβρευσης o dp | μοι σημερον boc₂e₂ Acx dlpqtz | 22 θελει oc₂ Bya₂ Acx dlpqtz efmsw Naghijnvb₂] θελη be₂ | 23 ταυτα] + τα e₂ | εις τα ωτα Δαυιδ boc₂e₂ | εστιν boc₂e₂ z Chr | υμων] ημων c₂*e₂ m gh* | τω boc₂e₂ cx z gh Chr | δε boc₂e₂ Chr | ουκ boc₂e₂ a₂ Chr | εντιμος boc₂e₂ Chr | 24 απηγγειλαν be₂ Bya₂ Acx dlpqtz* efmsw Nagˣhijnvb₂] ανηγγειλαν oc₂ zᵃˀ | τω boc₂e₂ | οι παιδες αυτου boc₂e₂ | παντα boc₂e₂ z | 25 ειπατε boc₂e₂ | εδνα οτι boc₂e₂ | ακροβυστιας boc₂e₂ dlpqtz(txt) Chr | εμβαλειν αυτον oc₂e₂ cx dlptz] αυτον (+ του Nahijvb₂) εμβαλειν b Bya₂(ενβαλλειν) Acx dlpqtz efmsw Naghijnvb₂ | τον boc₂ z Naghijnvb₂] το e₂ | Δαυιδ² boc₂e₂ z Naghijnvb₂ | τας boc₂e₂ z | 26 απηγγειλαν boc₂e₂ | και ουκ επληρωθησαν αι ημεραι boc₂(sub ※)e₂ Acx lpqtz | 27 και επληρωσεν αυτας boc₂(sub ※)e₂ Acx lpqtz | και επιγαμβρευεται τω βασιλει] > b´ ya₂ gi | ο bc₂e₂ | Σαουλ boc₂e₂ Acx dˢlpqtz | 28 Σαουλ] + και εγνω c₂(sub ※) Acx dlpqtz | και Μελχολ η θυγατηρ boc₂e₂ h

Δαυιδ και Μελχολ η θυγατηρ αυτου και πας Ισραηλ ηγαπα αυτον, 29 και προσεθετο Σαουλ φοβεισθαι απο προσωπου Δαυιδ ετι, και εγενετο Σαουλ εχθραινων τω Δαυιδ πασας τας ημερας. 30 και εξηλθον οι αρχοντες των αλλοφυλων, και εγενετο αφ' ικανου της εξοδου αυτων, και Δαυιδ συνηκεν παρα παντας τους δουλους Σαουλ, και ετιμηθη το ονομα αυτου σφοδρα.

19:1 Και ελαλησεν Σαουλ προς Ιωναθαν τον υιον αυτου και προς παντας τους παιδας αυτου του θανατωσαι τον Δαυιδ. και Ιωναθαν υιος Σαουλ ηγαπα τον Δαυιδ σφοδρα, 2 και απηγγειλεν Ιωναθαν τω Δαυιδ λεγων Σαουλ ο πατηρ μου ζητει θανατωσαι σε· και νυν φυλαξαι αυριον πρωι και κρυβηθι και καθισον κρυφη, 3 και εγω εξελευσομαι και στησομαι εχομενος του πατρος μου εν αγρω, ου εαν ης συ εκει, και εγω λαλησω περι σου προς τον πατερα μου και οψομαι ο τι αν η, και απαγγελω σοι. 4 και ελαλησεν Ιωναθαν περι Δαυιδ αγαθα προς Σαουλ τον πατερα αυτου και ειπεν προς αυτον Μη δη αμαρτη ο βασιλευς εις τον δουλον αυτου τον Δαυιδ, οτι ουχ ημαρτεν εις σε, και τα εργα αυτου καλα σφοδρα, 5 και εθετο την ψυχην αυτου εν ταις χερσιν αυτου και επαταξεν τον αλλοφυλον, και εποιησεν κυριος δι' αυτου σωτηριαν μεγαλην, και πας Ισραηλ ειδεν και εχαρησαν· και ινα τι [αμαρτανεις] εις αιμα αθωον θανατωσαι τον

Chr | αυτου boc₂e₂ h | ηγαπα boc₂e₂ Bya₂ Acx lz jb₂ | 29 Σαουλ¹ boc₂e₂ h | φοβεισθαι boc₂e₂ z(mg) | προσωπου boc₂e₂ N | και²-ημερας sub ※c₂ j | Σαουλ² boc₂e₂ yᵇ Acx dpz ew hj | εχθραινων τω Δαυιδ boc₂e₂ yᵇ z | 30 sub ※c₂ | αφ' boc₂e₂ yᵇ Acx z(mg) ew h | της εξοδου boc₂e₂ z(mg) hj | και³ boc₂e₂ cx dlpqtz hj Chr <44> | συνηκεν boc₂e₂ hj Chr | αυτου] + ετι o |

19:1 του boc₂e₂ dlpqtz efmsw | ηγαπα boc₂e₂ a₂ z(mg) | 2 απηγγειλεν] ανηγγειλεν b | ο πηρ μου boc₂e₂ i | και νυν boc₂e₂ | φυλαξαι] φυλαξον o*e₂ | 3 στησομαι] στησωμαι o g | εχομενος] ενωπιον e₂ | εαν] αν o | συ bo·(sup ras)c₂e₂ | προς] > o* | αν boc₂e₂ d efmsw gn | 4 και ειπεν προς αυτον] > o | δη boc₂ | αμαρτη boc₂] διαμαρτη e₂ | αυτου² boc₂e₂ cx a | τον³ boc₂e₂ | ημαρτεν boc₂e₂ cx N | εργα boc₂e₂ zⁿ? | καλα boc₂e₂ | 5 την ψυχην] τη ψυχη e₂ | ταις χερσιν boc₂e₂ | δι' αυτου boc₂e₂ z g | ειδεν boc₂ y z f N] ειδον e₂ Ba₂ Acx

Δαυιδ δωρεαν; 6 και ηκουσεν Σαουλ της φωνης Ιωναθαν, και ωμοσεν Σαουλ λεγων Ζη κυριος, ει αποθανειται. 7 και εκαλεσεν Ιωναθαν τον Δαυιδ και απηγγειλεν αυτω παντα τα ρηματα ταυτα, και εισηγαγεν Ιωναθαν τον Δαυιδ προς Σαουλ, και ην ενωπιον αυτου καθως [εχθες] και τριτης ημερας. 8 και προσετεθη γενεσθαι πολεμος ετι [προς] τους αλλοφυλους, και κατισχυσεν Δαυιδ και επολεμησεν τους αλλοφυλους και επαταξεν αυτους πληγην σφοδρα μεγαλην, και εφυγον εκ προσωπου αυτου. 9 Και εγενετο πνευμα πονηρον επι Σαουλ παρα θεου, και αυτος εν τω οικω αυτου εκαθητο, και το δορυ εν τη χειρι αυτου, και ιδου Δαυιδ εψαλλεν εν ταις χερσιν αυτου· 10 και εζητει Σαουλ του παταξαι εν τω δορατι τον Δαυιδ, και επαταξεν, και εξεκλινεν Δαυιδ εκ προσωπου Σαουλ, και επαταξεν το δορυ εις τον τοιχον, και Δαυιδ ανεχωρησεν και διεσωθη. 11 και εγενετο εν τη νυκτι εκεινη και απεστειλεν Σαουλ αγγελους εις τον οικον Δαυιδ φυλαξαι αυτον του θανατωσαι αυτον εις το πρωι. και απηγγειλεν Μελχολ τω Δαυιδ η γυνη αυτου λεγουσα Εαν μη συ σωσης την ψυχην σου την νυκτα ταυτην, αυριον συ θανατωθηση. 12 και καταγει Μελχολ τον Δαυιδ δια της θυριδος, και απηλθεν και εφυγεν και σωζεται. 13 και ελαβεν Μελχολ τα κενοταφια και εθηκεν επι την κλινην και ηπαρ αιγων εθηκεν προς κεφαλης αυτου και εκαλυψεν αυτα ιματιω. 14 και

dlpqt emsw | αμαρτανεις bo Bya₂ Acx dlpqtz efmsw Nainb₂] αμαρτανης c₂e₂ ghv | 6 Σαουλ²] + Ναθαν b′ | 7 καθως boc₂] ως e₂ Acx dlpqtz efmsw ai | εχθες bo Bya₂ A lqtz msw Nagijb₂] χθες e₂ cx dp ef hnv : > c₂ | τριτης ημερας boc₂e₂ | 8 προσετεθη boc₂(part ex corr)e₂ z(mg) | πολεμος boc₂e₂ z(mg) | ετι oc₂e₂ | προς c₂e₂ Bya₂ z(mg) efmsw Naghijnvb₂] επι bo | τους αλλοφυλους boc₂e₂ z(mg) | πλη-γην] πλην o* | σφοδρα μεγαλην boe₂] μεγαλην σφοδρα b′c₂ Bya₂ Acx dlpqtz efmsw Naghijnv(μεγαλη)b₂ | 9 παρα θεου boc₂e₂ h | τω boc₂e₂ | αυτου εκαθητο boc₂e₂ | το] > b | ιδου boc₂e₂ Ac z Eus | 10 του boc₂e₂ z Chr | εν τω δορατι τον b(> τω)oc₂e₂ z | και² bc₂e₂ A dlpqtz g Chr | επαταξεν¹ bc₂e₂ z Chr | εξεκλινεν boc₂e₂ z(mg) Jos Chr | 11 εγενετο boc₂e₂ | τον boc₂e₂ n | εις το boc₂e₂ z(mg) Ngijb₂ | τω Δαυιδ boc₂e₂ | σωσης] σωσεις b′o ya₂ Acx aghv | συ² boc₂e₂ | 12 καταγει] καταγη e₂ c gv | σωζεται] σωσεται b | 13 Μελχολ] Μελχωλ c₂ f | εθηκεν¹ boc₂e₂ Acx dlpqtz | εθηκεν² boc₂e₂ N |

απεστειλεν Σαουλ αγγελους του λαβειν τον Δαυιδ, και ειπεν Μελχολ ενοχ-λεισθαι αυτον. 15 και απεστειλεν Σαουλ αγγελους ιδειν τον Δαυιδ λεγων Αγαγετε αυτον επι της κλινης προς με του θανατωσαι αυτον. 16 και ερχον-ται οι αγγελοι, και ιδου τα κενοταφια επι της κλινης, και ηπαρ των αιγων προς κεφαλης αυτου· και ανηγγειλαν τω Σαουλ. 17 και ειπεν Σαουλ τη Μελχολ Ινα τι ουτως παρελογισω με και εξαπεστειλας τον εχθρον μου και διεσωθη; και ειπεν Μελχολ προς Σαουλ Αυτος ειπεν προς με Εξαποστειλον με· ει δε μη, θανατωσω σε. 18 Και Δαυιδ εφυγεν και διεσωθη και παραγινε-ται προς Σαμουηλ εις Αρμαθαιμ και [απαγγελλει] αυτω παντα, οσα εποι-ησεν αυτω Σαουλ, και επορευθησαν Δαυιδ και Σαμουηλ και εκαθισαν εν [Αυαθ] εν Ραμα. 19 και απηγγελη τω Σαουλ λεγοντων Ιδου Δαυιδ εν [Αυαθ] εν Ραμα. 20 και απεστειλεν Σαουλ αγγελους λαβειν τον Δαυιδ, και ελθοντες ειδον την εκκλησιαν των προφητων προφητευοντων, και Σαμουηλ ειστηκει καθεστηκως επ' αυτων, και εγενετο επι τους αγγελους Σαουλ πνευμα θεου, και προεφητευσαν και αυτοι. 21 και απηγγελη τω Σαουλ, και απεστειλεν αγγελους ετερους, και προεφητευσαν και αυτοι. και προσεθετο Σαουλ αποστειλαι αγγελους τριτους, και προεφητευσαν και αυτοι. 22 και εθυμωθη Σαουλ οργη και επορευθη και αυτος εις Αρμαθαιμ και ερχεται εως φρεατος της αλω της εν Σεφι και ηρωτησεν Σαουλ και ειπεν Που

---

14 του oc_2e_2 z | ειπεν Μελχολ boc_2e_2 z(mg) i | 15 απεστειλεν Σαουλ αγγελους boc_2e_2 i] + του e_2 A dlpqtz j^{mg}(sub ※) | ιδειν boc_2 A dlpqtz j^{mg}(sub ※)] λαβειν e_2 | 16 και³] + το ο Naghijnvb₂ | των] > e_2 i | και ανηγγειλαν (απηγγειλαν fmsw) τω Σαουλ boc_2e_2 z fmsw | 17 και⁴–σε] > b′ | προς¹ boc_2e_2 | προς με boc_2e_2 Acx dlpqtz | 18 και Δαυιδ εφυγεν και διεσωθη] > b′ | απαγγελλει be_2 Bya₂ Nijnb₂] απαγγελει b′c_2 Ac(vid)x g : απαγγελη ο | Δαυιδ και Σαμουηλ και εκαθισαν] > b | Αυαθ c_2 Ba₂ ib₂] Αβαθ bo g : Αυαθα e_2 | 19 λεγοντων boc_2e_2 z(mg) i | Αυαθ oc_2 Ba₂] Αβαθ b : Αυαθα e_2 | 20 ελθοντες boc_2e_2 y^b z efmsw i | προφητων] + των b A i | προφητευοντων boc_2e_2 A lpqtz(mg) i | εγενετο boc_2e_2 | προεφη-τευσαν bc_2e_2 Or-gr] επροεφητευσαν ο | και αυτοι boc_2e_2 A(καιγε)cx dlpqtz i Or-gr | 21 απηγγελη] απηγγειλαν e_2 | τω] > b′ cx | ετερους] > b′ | επροεφη-τευσαν ο y v | προσεθετο] + ο ο h | αποστειλαι] + Σαουλ b′ | τριτους] τρεις c_2 | προεφητευσαν²] επροεφητευσαν ο y | 22 οργη boc_2e_2 a₂ i | της αλω boc_2e_2

Σαμουηλ και Δαυιδ; και ειπον Ιδου εν [Αυαθ] εν Ραμα. 23 και επορευθη εις Αυαθ εις Ραμα, και εγενετο επ' αυτον πνευμα θεου, και επορευετο πορευομενος και προφητευων εως του ελθειν αυτον εις Αυαθ εις Ραμα. 24 και εξεδυσατο τα ιματια αυτου και προεφητευσεν ενωπιον Σαμουηλ και επεσεν γυμνος οληv την ημεραν εκεινην και οληv την νυκτα εκεινην· δια τουτο ελεγον Ει και Σαουλ εν προφηταις;

20:1 Και ανεχωρησε Δαυιδ εξ Αυαθ εκ Ραμα και ερχεται εις προσωπον Ιωναθαν και λεγει Τι πεποιηκα η τι το αδικημα μου η τι ημαρτον ενωπιον του πατρος σου οτι ζητει την ψυχην μου; 2 και ειπεν αυτω Ιωναθαν Μηδαμως σοι, ου μη αποθανης· ιδου γαρ ου μη [ποιηση] ο πατηρ μου ρημα μεγα η μικρον ο ουκ αποκαλυψει το ωτιον μου· και τι οτι αποκρυψει ο πατηρ μου απ' εμου το ρημα τουτο; ουκ εστιν τουτο. 3 και απεκριθη Δαυιδ τω Ιωναθαν και ειπεν Γινωσκων οιδεν ο πατηρ σου οτι ευρον χαριν εν οφθαλμοις σου, και ειπεν ο πατηρ σου Μη γνωτω ταυτα Ιωναθαν, οπως μη

z(mg) | της² boc₂e₂ z(mg¹) | Σεφι boc₂e₂ Ba₂ z(mg¹) i | Σαουλ² boc₂e₂ i | Αυαθ oc₂ Ba₂ gᵇh] Αβαθ b : Αυαθα e₂ | εν³] > b a₂ v Or-gr | Ραμα] Ερραμα b | 23 επορευθη] + Σαουλ e₂ | εις¹ boc₂ z emsw hjb₂] > e₂ cx Naiv | Αυαθ¹ boc₂ Ba₂] Αβαθ b´ : > e₂ cx Naiv | εις² boc₂e₂ e | εγενετο boc₂e₂ z | επ' αυτον πνευμα θεου] πνα θυ επ' αυτον b´ | επορευετο] επορευθη b A | προφητευων] προεφητευεν b | Αυαθ² boc₂ B] Αβαθ b´ : Αυαθα e₂ | εις⁴ boc₂] εν e₂ Bya₂ A dlpqtz efmsw Naghijnb₂ | 24 εξεδυσατο] + καιγε αυτος c₂ cx dlpqt | προεφητευσεν] επροεφητευσεν o y A a : + καιγε και(> A dlpqtz efmsw) αυτος c₂(sub ※) A dlpqtz efmsw | Σαμουηλ boc₂e₂ Or-gr | επεσεν] ειπε o | και οληv την νυκτα] > e₂ | εκεινην boc₂ <44> |

20:1 ανεχωρησε b´b(txt)oc₂e₂ | εξ boc₂e₂ B cx] εκ b´ a₂ dlpqtz efmsw Nghijnvb₂ | Αυαθ boc₂ Ba₂] Αυαθα e₂ : Σαβαθ b´ | εκ boc₂e₂ dlqtz efms | εις προσωπον boc₂e₂ z(mg) | λεγει boc₂e₂ z | η¹ boc₂e₂ | η² boc₂e₂ | ημαρτον boc₂e₂ | σου] μου b* | ζητει oc₂e₂ ya₂ cx] εζητει b ag* | 2 αυτω] > b´ l* | σοι] συ b´e₂ y Acx dlpqtz ghv | γαρ boc₂e₂ z i | ποιηση c₂e₂ By A lpqtz efsw Nivb₂] ποιησει bo a₂ cx d m agh | ρημα μεγα] μεγα ρημα b | o² boc₂e₂ z | αποκρυψει bc₂e₂ z] αποκαλυψει o | 3 ευρον boc₂e₂ | o πηρ σου boc₂e₂ Nn | ταυτα boc₂e₂ z(mg) i | οπως boc₂e₂

αναγγειλη τω Δαυιδ· πλην ζη κυριος και ζη η ψυχη σου οτι πεπληρωται ανα μεσον εμου και ανα μεσον του πατρος σου εως θανατου. 4 και ειπεν Ιωναθαν προς Δαυιδ Τι επιθυμει η ψυχη σου; και ποιησω σοι. 5 και ειπεν Δαυιδ προς Ιωναθαν Ιδου δη νουμηνια αυριον, και εγω καθισας καθησομαι μετα του βασιλεως φαγειν, και εξαποστελεις με, και κρυβησομαι εν τω πεδιω εως δειλης. 6 εαν επισκεπτομενος [επισκεψηται] με ο πατηρ σου, ερεις Παραιτουμενος παρητηται παρ᾽ εμου Δαυιδ δραμειν εως Βηθλεεμ της πολεως αυτου, οτι θυσια των ημερων εκει ολη τη φυλη. 7 και εαν ειπη ο πατηρ σου Αγαθως, ειρηνη τω δουλω σου· εαν δε σκληρα αποκριθη σοι, γνωθι οτι συντετελεσται η κακια παρ᾽ αυτου. 8 και ποιησεις ελεον μετα του δουλου σου, οτι εις διαθηκην κυριου εισηγαγες τον δουλον σου μετα σεαυτου· και ει εστιν αδικια εν τω δουλω σου, θανατωσον με συ· και ινα τι τουτο [εισαγεις] με ουτως εως του πατρος σου; 9 και ειπεν Ιωναθαν Μηδαμως σοι, οτι εαν γινωσκων γνω οτι συντετελεσται η κακια παρα του πατρος μου του ελθειν επι σε· και εαν μη, απαγγελω σοι εις τας πολεις σου. 10 και ειπεν Δαυιδ προς Ιωναθαν Τις απαγγελει μοι, εαν αποκριθη ο πατηρ σου σκληρα; 11 και ειπεν Ιωναθαν προς Δαυιδ Πορευου και εξελθω-μεν εις αγρον. και εκπορευονται αμφοτεροι εις αγρον. 12 και ειπεν Ιωνα-θαν προς Δαυιδ Κυριος ο θεος Ισραηλ οιδεν οτι εαν ανακρινω τον πατερα μου κατα καιρον τρισσως, και ιδου αγαθον η υπερ Δαυιδ, και αποστελω

z(mg) i <246> | αναγγειλη τω δαδ boc₂e₂ z(mg) i | πλην boc₂e₂ Naghijvb₂ | οτι²] + καθως ειπον c₂ Bya₂ Acx dlpqtz efmsw MNaghijnvb₂ | πεπληρωται boc₂e₂ Acx dlpqtz | 4 επιθυμει] επιθυμη o g | 5 νουμηνια boc₂e₂ | 6 επισκεπψηται c₂e₂ By Acx dlpqtz fmsw Nahinb₂] επισκεψεται bo a₂ e gv | παρητηται bc₂e₂] παραι-τειται o | παρ᾽ boc₂e₂ dlpqtz | Δαυιδ] > e₂ | της πολεως boc₂e₂ z | εκει] + εν c₂ | 7 και boc₂e₂ z i | ο πηρ σου boc₂e₂ | αγαθως] αγαθος o c m | δε boc₂e₂ A | σκληρα boc₂e₂ h | παρ᾽] απ᾽ e₂ | 8 ελεον boc₂e₂ | εισηγαγες boc₂e₂ Acx Naghijvb₂ | τουτο bc₂e₂ c z(mg) | εισαγεις oc₂ B A lpqtz(mg) efw hn] εισαγης e₂ z(txt) ms : εισαγαγεις b | ουτως boc₂e₂ z(mg) Naghijnvb₂ | εως του πρς σου boc₂e₂ c z(mg) | 9 σοι¹] συ o ya₂ Acx N*v | γινωσκων] γινωσκω e₂ c | μη] μοι b᾽ | εις τας πολεις σου boc₂e₂ | 10 σκληρα boc₂e₂ hi | 11 Ιωναθαν] Ιωθαν c₂* | προς-και³] > o | 12 Κυριος] > b᾽ | εαν boc₂e₂ z(mg) s Nghijnb₂ | κατα

προς σε εις το πεδιον· 13 και εαν κακον η, ταδε ποιησαι ο θεος τω Ιωναθαν και ταδε προσθειη, εαν μη ανοισω τα κακα επι σε και αποκαλυψω το ωτιον σου και αποστελω σε, και απελευση εις ειρηνην· και εσται κυριος μετα σου καθως ην μετα του πατρος μου. 14 και εαν ετι εμου ζωντος ποιησεις μετ' εμου ελεον κυριου, και εαν θανατω αποθανω, 15 ει εξαρεις ελεον σου απο του οικου μου εως αιωνος· και εν τω εξαιρειν κυριον τους εχθρους Δαυιδ εκαστον απο προσωπου της γης 16 ει εξαρθησεται τω Ιωναθαν μετα του οικου Σαουλ, εκζητησαι κυριος εκ χειρος εχθρων Δαυιδ. 17 και προσεθετο Ιωναθαν ομοσαι τω Δαυιδ δια το αγαπαν αυτον, οτι ηγαπησεν ψυχην αγαπωντος αυτον. 18 και ειπεν αυτω Ιωναθαν Αυριον νουμηνια, και επισκοπη επισκεφθησεται η καθεδρα σου. 19 και τρισσευσεις και επισκεψη και ηξεις εις τον τοπον ου εκρυβης εκει τη ημερα της εργασιας, και καθηση παρα τω λιθω εκεινω. 20 και εγω τρισσευσω εν ταις σχιζαις ακοντιζων και εκπεμπων εις την Αματταραν· 21 και ιδου αποστελω το παιδαριον λεγων Βαδισας ανελου μοι τας σχιζας· και εαν ειπω [τω παι-

καιρον boc₂e₂ z(mg) | ιδου] + αν b : + εαν b′ | η] ην e₂ A i | υπερ boc₂e₂ cx z(mg) | και³] > o | αποστελω boc₂e₂ z(mg) | το πεδιον boc₂e₂ z(mg) Nahijvb₂ | 13 και εαν κακον η boc₂e₂ z(mg) giv(> κακον) | εαν μη boc₂e₂ z(mg) | αποστελω boc₂e₂ efmsw | 14 εμου¹ bc₂e₂ a₂ z(mg) Nagjvb₂] μου o By Acx lpqt efmsw hin | ποιησεις] ποιησης b | ελεον boc₂e₂ zᵐᵉ(vid) | κυ boc₂e₂ Acx lpqtz | 15 ει boc₂e₂ | εξαρεις] εξαρης b a₂ x v | ελεον boc₂e₂ | μου εως αιωνος] σου εως του αιωνος b | 16 ει εξαρθησεται τω bo(ras 4 litt inter ρ et θ)c₂e₂ z(mg) | μετα boc₂e₂ z(mg) i | Σαουλ boc₂e₂ z(mg) i | εκ χειρος boc₂e₂ A z(mg) i | εχθρων boc₂e₂ z(mg) i | 17 δια το αγαπαν boc₂(sub ※)e₂ | αυτον¹ boc₂(sub ※)e₂ Acx dlpqtz | 18 νουμηνια boc₂e₂ Bya₂ Njb₂ | επισκοπη boc₂e₂ z(mg) | επισκεφθησεται boc₂e₂ | η boc₂e₂ a₂ c z efmsw hij | 19 τρισσευσεις] τρισσευεις e₂ | της εργασιας boc₂e₂ l(mg)zᵃ⁷ | τω λιθω (εργαβ g) εκεινω boc₂e₂ cx z(mg) gi | 20 εν boc₂e₂ z | σχιζαις] + θηρα c₂(sub ※) Acx | και² boc₂e₂ dlpqtz i <44> | εκπεμπων] εκπεμριων e₂ | Αματταραν boc₂e₂ i | 21 βαδισας ανελου boc₂e₂ z(mg) | τας σχιζας boc₂e₂ z(mg) | και² boc₂e₂ cx z | τω παιδαριω oc₂ Bya₂ Acx dlpqtz

δαριω] Ιδου η σχιζα απο σου και ωδε, λαβων αυτην, παραγινου, γινωσκε οτι ειρηνη σοι και ουκ εστιν λογος πονηρος, ζη κυριος· 22 εαν δε ταδε ειπω τω νεανια Εκει η σχιζα απο σου και επεκεινα, πορευου, οτι εξαπεσταλκεν σε κυριος. 23 και περι του ρηματος ου λελαληκαμεν εγω και συ, ιδου κυριος μαρτυς ανα μεσον εμου και σου και ανα μεσον του σπερματος [μου] και του σπερματος [σου] εως αιωνος. 24 Και κρυπτεται Δαυιδ εν τω πεδιω, και εγενετο νουμηνια, και εισηλθεν ο βασιλευς επι την τραπεζαν του φαγειν. 25 και εκαθισεν ο βασιλευς επι την καθεδραν αυτου καθως ειωθει, παρα τον τοιχον, και προεφθασεν αυτον Ιωναθαν, και εκαθισεν Αβεννηρ εκ πλαγιων του Σαουλ, και επεσκεπη ο τοπος του Δαυιδ. 26 και ουκ ελαλησεν Σαουλ ουδεν εν τη ημερα εκεινη, οτι ειπον Συμπτωμα τι φαινεται μη καθαρος ειναι, διοτι ου κεκαθαρται. 27 και εγενετο τη επαυριον του μηνος τη ημερα τη δευτερα επεσκεπη ο τοπος Δαυιδ, και ειπεν Σαουλ προς Ιωναθαν τον υιον αυτου Τι οτι ου παραγεγονεν ο υιος Ιεσσαι και εχθες και σημερον επι την τραπεζαν; 28 και απεκριθη Ιωναθαν τω Σαουλ και ειπεν Παρητηται παρ' εμου δραμειν εως Βηθλεεμ της πολεως αυτου, 29 και ειπεν μοι Εξαποστειλον δη με, οτι θυσια της φυλης ημων εν τη πολει, και ενετειλαντο προς με οι αδελφοι μου, και νυν ει ευρον χαριν εν οφθαλμοις σου, απελευσομαι δη και οψομαι τους αδελφους μου· δια τουτο

efmsw Naghijnb₂] το παιδαριον be₂ v | ιδου² boc₂e₂ z | λαβων boc₂e₂ z | γινωσκε boc₂e₂ z | πονηρος boc₂e₂ z i | 22 νεανια boc₂e₂ | εξαπεσταλκεν] απεσταλκεν o | 23 περι του boc₂e₂ | ρηματος bc₂e₂] κριματος o | ου boc₂e₂ | λελαληκαμεν bc₂e₂] ελαληκαμεν o | συ] σοι b g | και σου] > c₂ | και ανα μεσον του σπερματος boc₂e₂ h | μου bo] σου c₂e₂ h | και του σπερματος boe₂ h | σου² bo] μου e₂ h | 24 κρυπτεται] κεκρυπται b c | τω πεδιω boc₂e₂ | εγενετο νουμηνια boc₂e₂ | εισηλθεν boc₂e₂ | 25 καθως boc₂e₂ Jos(vid) | ειωθει boc₂ Jos(vid)] ειωθε e₂ | αυτον boc₂e₂ i | του¹ boc₂e₂ cx | του² boc₂e₂ z | 26 ειπον oc₂e₂] ειπεν b Acx dlpqtz efmsw Naghijnvb₂ | τι boc₂e₂ z Thdt | διοτι boc₂e₂ z Thdt | κεκαθαρται boc₂e₂ Thdt | 27 εγενετο boc₂e₂ | o²] > b A Thdt | 28 δραμειν boc₂e₂ | της πολεως boc₂e₂ | 29 μοι boc₂e₂ | ημων] μου e₂ | πολει] + ημων e₂ | ευρον

ου παραγεγονεν επι την τραπεζαν του βασιλεως. 30 και εθυμωθη [οργη] Σαουλ επι Ιωναθαν σφοδρα και ειπεν αυτω Υιε κορασιων αυτομολουσων γυναικοτραφη, ου γαρ οιδα οτι μετοχος ει συ τω υιω Ιεσσαι εις αισχυνην σου και εις αισχυνην αποκαλυψεως μητρος σου; 31 διοτι πασας τας ημερας, ας ο υιος Ιεσσαι ζη επι της γης, ουχ ετοιμασθηση συ ουδε η βασιλεια σου· νυν ουν αποστειλον και λαβε τον νεανιαν, οτι υιος θανατου εστιν. 32 και απεκριθη Ιωναθαν τω πατρι αυτου και ειπεν Ινα τι αποθνησκει; τι πεποιηκεν; 33 και επηρατο Σαουλ το δορυ επι Ιωναθαν του θανατωσαι αυτον. και εγνω Ιωναθαν οτι συντετελεσται η κακια αυτη παρα του πατρος αυτου του θανατωσαι τον Δαυιδ, 34 και ανεπηδησεν Ιωναθαν απο της τραπεζης εν οργη θυμου και ουκ εφαγεν αρτον εν τη δευτερα ημερα του μηνος, οτι εθραυσθη επι τον Δαυιδ, οτι εβουλευσατο ο πατηρ αυτου συντελεσαι αυτον. 35 Και εγενετο πρωι και εξηλθεν Ιωναθαν εις το πεδιον εις [το] μαρτυριον καθως εταξατο τω Δαυιδ, και παιδαριον μικρον μετ᾽ αυτου. 36 και ειπεν Ιωναθαν τω παιδαριω Δραμε συ και ευρε μοι τας σχιζας ας εγω ακοντιζω· και το παιδαριον εδραμε, και αυτος ηκοντισεν τα βελη και παρηγαγεν αυτον. 37 και ηλθεν το παιδαριον εως του τοπου των βελων ων ηκοντισεν Ιωναθαν· 38 και ανεβοησεν Ιωναθαν οπισω του παι-

---

boc₂e₂ | απελευσομαι boc₂e₂ zᵃ⁷ i | δη και οψομαι] και οψομαι δη e₂ | αδελφους] οφθαλμους e₂ | 30 οργη c₂e₂ Bya₂ Acx dlpqtz efmsw Naghijnvb₂] > bo g | αυτομολουσων oc₂e₂ z(mg) Chr] αυτομολουντων b Bya₂ Acx dlpqtz(txt) efmsw Naghjnvb₂ | γυναικοτραφη boc₂e₂ yᵇ h*i | μετοχος ει συ] συ μετοχος ει b | 31 διοτι boc₂e₂ | ετοιμασθηση συ ουδε boc₂e₂ | αποστειλον boc₂e₂] αποστειλε b´ | και boc₂e₂ | οτι υιος θανατου] > b´ | εστιν boc₂e₂] > b´ | 32 Ιωναθαν] Ιωθαν e₂* | πρι boc₂e₂ Naghijnvb₂ | αποθνησκει] αποθνησκη c₂ | 33 επηρατο oc₂e₂ N*ahjnb₂] επειρατο b Nᵃ⁷i | Ιωναθαν] Ιωναθ o | του³ boc₂e₂ a₂ c z Naghjnvb₂ | 34 εν τη δευτερα ημερα (+ ras 5 litt o) του μηνος boc₂e₂ | δαδ boc₂e₂ | εβουλευσατο boc₂e₂ z | πηρ boc₂e₂ z | αυτου] του o* | συντελεσαι αυτον boc₂e₂ z | 35 εγενετο boc₂e₂ | εις¹] > e₂ | το πεδιον boc₂ Jos] > e₂ | το be₂ B efmw Nagjnvb₂] > oc₂ ya₂ s hi | καθως εταξατο boc₂e₂ | τω boc₂e₂ y z efmsw | 36 Ιωναθαν boc₂e₂ | συ boc₂e₂ <74> | και² boc₂e₂ z | ας boc₂e₂ | ηκοντισεν boc₂e₂ efmsw ahjnvb₂ | τα βελη boc₂e₂ z(mg) | αυτον boc₂ z(mg) i] αυτο e₂ | 37 των βελων ων boc₂e₂ z(mg) i |

δαριου αυτου λεγων Ταχυνας πορευου και μη στης, διοτι εκει η σχιζα απο σου και επεκεινα· και ανελεξεν το παιδαριον Ιωναθαν τας σχιζας και ηνεγκεν προς τον κυριον αυτου. 39 και το παιδαριον ουκ εγνω ουδεν, πλην Ιωναθαν και Δαυιδ ηδεισαν το ρημα. 40 και επεθηκεν Ιωναθαν τα σκευη αυτου επι το παιδαριον εαυτου και ειπεν αυτω Πορευου εις την πολιν. 41 και εισηλθεν το παιδαριον εις την πολιν, και Δαυιδ ανεστη απο του Αργοβ και επεσεν επι προσωπον αυτου επι την γην και προσεκυνησεν αυτω τριτον, και εφιλησεν εκαστος τον πλησιον αυτου, και εκλαυσεν εκαστος επι τον πλησιον αυτου εως συντελειας μεγαλης. 42 και ειπεν Ιωναθαν προς Δαυιδ Πορευου εις ειρηνην, και ως ομωμοκαμεν ημεις αμφοτεροι εν ονοματι κυριου λεγοντες Κυριος εσται μαρτυς ανα μεσον εμου και σου και ανα μεσον του σπερματος μου και του σπερματος σου εως αιωνος.

21:1 και ανεστη Δαυιδ και απηλθεν, και Ιωναθαν εισηλθεν εις την πολιν. 2 Και ερχεται Δαυιδ εις Νομβα προς Αχιμελεχ τον ιερεα. και εξεστη ο Αχιμελεχ τη απαντησει Δαυιδ και ειπεν Τι οτι μονος συ και ουδεις μετα σου; 3 και ειπεν Δαυιδ τω ιερει Αχιμελεχ Ο βασιλευς εντεταλται μοι [ρημα] σημερον, και ειπεν προς με Μηδεις γνωτω μηδεν περι του ρηματος ου εγω εξαπεστειλα σε και περι ου εντεταλμαι σοι· και τοις παιδαριοις

38 αυτου λεγων] αυτου και ειπεν b | πορευου boc₂e₂ z*⁷ | διοτι bc₂e₂ z] οτι o | εκει η σχιζα απο σου και επεκεινα boc₂e₂ z | ανελεξεν] ανεδειξε b | και ηνεγκεν boc₂e₂ Bᵃᵇya₂ Acx dlpqtz | 39 ουδεν πλην boc₂e₂ | ηδεισαν boc₂e₂ Naghjnvb₂ | 40 επεθηκεν boc₂e₂ | εαυτου oc₂e₂ g] αυτου b Bya₂ A lpqtz efmsw Nahijnb₂ | αυτω boc₂e₂ʹhv | 41 εισηλθεν boc₂e₂ Bya₂ cx | εις την πολιν boc₂e₂ | Αργοβ boc₂e₂ z* i | επι προσωπον αυτου] αυτου επι προσωπον e₂ | επι την γην boc₂e₂ A dlpqtz Thdt | τριτον boc₂e₂ | εφιλησεν boc₂e₂ | επι³ bc₂e₂ | τον² boc₂e₂ A lpqtz | 42 προς boc₂e₂ d | δαδ boc₂e₂ Acx dlpqtz | ομωμοκαμεν] ωμοκαμεν o aᵃ⁷ | ανα¹] > o | σπερματος μου και του] > c₂ B z s |

21:2 Νομβα] Νομα bʹ | ο oc₂e₂ | δαδ² boc₂e₂ | συ boc₂e₂ | 3 Αχιμελεχ bc₂e₂] Αβιμελεχ o | εντεταλται] εντεταλμαι bʹ c* | ρημα oc₂ Bya₂ cx dlpqtz Naghijnvb₂] post σημερον b A efmsw Or-gr : > e₂ | προς με boc₂e₂ Naghijnvb₂ | μηδεν boc₂e₂ | του ρηματος boc₂e₂ | εξαπεστειλα boc₂e₂ | περι boc₂e₂ z Or-gr |

διαμεμαρτυρημαι εν τοπω λεγομενω Θεου πιστις· 4 και νυν ει εισιν υπο την χειρα σου πεντε αρτοι, δος εις την χειρα μου η ο εαν ευρης. 5 και απεκριθη ο ιερευς τω Δαυιδ και ειπεν Ουκ εισιν αρτοι βεβηλοι υπο την χειρα μου, ει μη ο αρτος ο αγιος εισιν· ει εστιν τα παιδαρια πεφυλαγμενα απο γυναικος, και φαγονται. 6 και απεκριθη Δαυιδ τω ιερει και ειπεν αυτω οτι Πλην απο γυναικος απεσχημεθα απο της εχθες και τριτης ημερας· εν τω γαρ εξελθειν με εις την οδον γεγονε τα παιδαρια ηγνισμενα, και οτι [ει] βεβηλος η οδος αυτη, σημερον αγιασθησεται δια τα σκευη μου. 7 και εδωκεν αυτω Αχιμελεχ ο ιερευς αρτον προσωπου, οτι ουκ ην εκει αρτος ετερος αλλ' η οι αρτοι του προσωπου οι αφηρημενοι εκ προσωπου κυριου του παρατεθηναι [αρτους] θερμους εν ημερα η ελαβεν αυτους. 8 και ην τις εκει των δουλων Σαουλ εν τη ημερα εκεινη συνεχομενος Νεεσσαρ ενωπιον κυριου, ονομα αυτω Δωηκ ο Ιδουμαιος, νεμων τας ημιονους Σαουλ. 9 και ειπεν Δαυιδ προς Αχιμελεχ Ιδε ει εστιν ενταυθα υπο την χειρα σου δορυ η μαχαιρα, οτι την μαχαιραν μου και τα σκευη μου ουκ ειληφα εν τη χειρι μου, διοτι το ρημα του βασιλεως ην κατα σπουδην. 10 και ειπεν ο ιερευς Ιδου η ρομφαια Γολιαθ του αλλοφυλου, ον επαταξας εν τη κοιλαδι Ηλα,

ου²] + εγω ο a₂ q efmsw aj Or-gr | πιστις] πιστεις c₂ g | 4 ει] > o* Ba₂ x dlpqz e a*n | την² boc₂e₂ z Naghijnvb₂ | μου] > o | η ο εαν ευρης boc₂e₂ | 5 τω Δαυιδ και ειπεν] και ειπεν τω Δαυιδ e₂ lpqtz | ει μη ο αρτος ο αγιος boc₂e₂ | εστιν boc₂e₂ Ba₂ x hn | τα παιδαρια πεφυλαγμενα boc₂e₂ Or-gr | και³] > e₂ | φαγονται] φαγωνται b e | 6 οτι πλην boc₂e₂ z ghi(> οτι) | απο της boc₂e₂ | τριτης ημερας boc₂e₂ | γαρ boc₂e₂ | την boc₂e₂ | οτι² bc₂e₂ z(mg) Thdt] ετι o | ει be₂ z(mg) Thdt] η oc₂ | βεβηλος η οδος αυτη boc₂e₂ z^{ms}(αυτων) Thdt | αγιασθησεται boc₂e₂ x dlpqtz Or-gr Eus Thdt | 7 ο ιερευς] > o a₂ d | αρτον boc₂e₂ | προσωπου¹ bc₂e₂] απο προσωπου κυ o | ετερος boc₂e₂ z | αρτους be₂ z^{a?} <246>] αυτους oc₂ i | θερμους boc₂ z^{a?} i] ωμους e₂ | εν boc₂e₂ | η² boc₂e₂ | 8 τις εκει boc₂e₂ | δουλων boc₂e₂ | Νεεσσαρ boc₂ z i Or-gr] Νεεσαρ e₂ | αυτω] αυτου o | Δωηκ] Δοηκ e₂ t | Ιδουμαιος boc₂e₂ z^{a?} Or-gr | ημιονους] ονους b' | 9 μαχαιρα boc₂e₂ | μαχαιραν boc₂e₂ | διοτι boc₂e₂ | ην boc₂e₂ dlpqtz Naghjvb₂ | 10 επαταξας εν] επαταξεν c₂ | ειλημενη c₂ cx] ειλημμενη ο A : ηλημενη be₂ | οπισω της επωμιδος boc₂(sub ※)e₂ Acx z^{a?} | δη αυτην boc₂e₂ | ετερα] > e₂ d v |

και αυτη [ειλημενη] εν ιματιω οπισω της επωμιδος· ει ταυτην λημψη σεαυτω, λαβε δη αυτην, οτι ουκ εστιν ετερα παρεξ αυτης ωδε. και ειπεν Δαυιδ ουκ εστιν ωσπερ αυτη, δος μοι αυτην. 11 και εδωκεν αυτην αυτω· και ανεστη Δαυιδ και εφυγεν εν τη ημερα εκεινη εκ προσωπου Σαουλ. Και απηλθεν Δαυιδ προς Ακχους βασιλεα Γεθ. 12 και ειπον οι παιδες Ακχους προς αυτον Ουχ ουτος εστιν Δαυιδ ο βασιλευς της γης; ουχι τουτω εξηλθον εις απαντησιν αι χορευουσαι και εξηρχον λεγουσαι Επαταξεν Σαουλ εν χιλιασιν αυτου και Δαυιδ εν μυριασιν αυτου; 13 και εθετο Δαυιδ τα ρηματα ταυτα εν τη καρδια αυτου και εφοβηθη σφοδρα απο προσωπου Ακχους βασιλεως Γεθ. 14 και ηλοιωσεν το προσωπον αυτου ενωπιον αυτων και προσεποιησατο εν τη ημερα εκεινη και ετυμπανιζεν επι ταις θυραις της πολεως και παρεφερετο εν ταις χερσιν αυτου και επιπτεν επι ταις θυραις της πολεως, και τα σιαλα αυτου κατερρει επι τον πωγωνα αυτου. 15 και ειπεν Ακχους προς τους παιδας αυτου Ιδου ιδετε ανδρα επιλημπτον· και ινα τι εισηγαγετε αυτον προς με; 16 η προσδεομαι επιλημπτων εγω, οτι εισηνεγκατε αυτον επιλημπτευεσθαι επ᾽ εμε; ει ουτος εισελευσεται εις την οικιαν μου.

22:1 Και απηλθεν Δαυιδ εκειθεν και διεσωθη και ερχεται εις το σπηλαιον το Οδολλαμ. και ακουουσιν οι αδελφοι αυτου και πας ο οικος του πατρος

αυτης boc$_2$e$_2$ y cx efmsw Eus | ωδε boc$_2$e$_2$ | 11 αυτην] αυτη e$_2$ | απηλθεν boc$_2$e$_2$ | Ακχους bo(vid)c$_2$(pr ras 1 lit)e$_2$ | Γεθ] Αγεθ o | 12 ειπον boc$_2$e$_2$ cx d ef a | Ακχους boc$_2$e$_2$ | ουχ boc$_2$e$_2$ | εστιν boc$_2$e$_2$ | Δαυιδ ο βασιλευς της γης] ο βασιλευς της γης Δαυιδ o | τουτω] τουτο e$_2$ dp m in | εξηλθον εις απαντησιν boc$_2$e$_2$ z(εξηρχοντο) | και εξηρχον boc$_2$e$_2$ z | 13 ταυτα boc$_2$e$_2$ a$_2$ z | Ακχους boc$_2$e$_2$ | 14 αυτων boc$_2$e$_2$ z$^{a?}$ | και^4–πυλης sub ÷ c$_2$ | πολεως^2 boc$_2$e$_2$ y^b z efmsw av] πυλης c$_2$ By*a$_2$ Acx dlpqt Nghijnb$_2$ | σιαλα boc$_2$e$_2$ | 15 Ακχους boc$_2$e$_2$ | προς^1 bis scr b᾽ | ιδετε] ειδετε c$_2$ q efmw aj | επιλημπτον] επιλημπτικον c$_2$ | και^2 boc$_2$e$_2$ z i | 16 προσδεομαι boc$_2$e$_2$ z$^{a?}$] ελλαττομε b(mg) | επιλημπτων] επιληπτον e$_2$ a$_2$ ghv | εισηνεγκατε boc$_2$e$_2$] εισενεγκατε b᾽ z$^{a?}$ | αυτον] + προς με o | επιλημπτευεσθαι] επιληπτεσθαι b | επ᾽ εμε boc$_2$e$_2$ z$^{a?}$ | ουτος] ουτως o c*(vid) q m a* | την boc$_2$e$_2$ z | μου boc$_2$e$_2$ A z g |

αυτου και καταβαινουσιν προς αυτον εκει. 2 και συνηθροιζοντο προς
αυτον πας εν αναγκη ων και πας υποχρεως και πας κατωδυνος ψυχη, και
ην επ' αυτων ηγουμενος· και εγενοντο μετ' αυτου ωσει τετρακοσιοι ανδρες.
3 και απηλθεν εκειθεν εις Μασσηφα της Μωαβ και ειπεν Δαυιδ προς τον
βασιλεα Μωαβ Γινεσθωσαν δη ο πατηρ μου και η μητηρ μου μετα σου, εως
οτου γνω τι ποιησει μοι ο θεος. 4 και παρεκαλεσεν το προσωπον του
βασιλεως Μωαβ, και κατωκουν μετ' αυτου πασας τας ημερας οντος του
Δαυιδ εν τη περιοχη. 5 και ειπεν Γαδ ο προφητης προς Δαυιδ Μη καθεζου
εν τη περιοχη, πορευου και απελθε εις γην Ιουδα. και επορευθη Δαυιδ και
ηλθεν και κατωκει εν πολει Σαριχ. 6 Και ηκουσεν Σαουλ οτι εγνωσται
Δαυιδ και οι ανδρες οι μετ' αυτου· και Σαουλ εκαθητο εν τω βουνω υπο
την αρουραν την εν Βαμα, και το δορυ εν τη χειρι αυτου, και παντες οι
παιδες αυτου παρειστηκεισαν αυτω. 7 και ειπεν Σαουλ προς τους παιδας
αυτου τους παρεστηκοτας αυτω και ειπεν αυτοις Σαουλ Ακουετε δη, υιοι
Βενιαμιν· ει αληθως πασιν υμιν δωσει ο υιος Ιεσσαι αγρους και αμπελω-
νας η παντας υμας ταξει χιλιαρχους και εκατονταρχους; 8 οτι συγκεισθε
παντες υμεις επ' εμε, και ουκ εστιν ο αποκαλυπτων το ωτιον μου εν τω
διατιθεσθαι τον υιον μου διαθηκην μετα του υιου Ιεσσαι, και ουκ εστιν ο
πονων περι εμου εξ υμων και αποκαλυπτων το ωτιον μου οτι επηγειρεν ο
υιος μου τον δουλον μου επ' εμε εις εχθρον ως η ημερα αυτη. 9 και απο-

22:1 εκειθεν boc₂e₂ Acx | το²] > b′ cx f n | Οδολλαμ] Οδολαμ e₂ Acx d m | πας
boc₂e₂ Acx z jᵐᵉ(sub ※) Eus | 2 συνηθροιζοντο boc₂e₂ z(mg) | πας¹] + ο ο efmw
g | ων boc₂e₂ dlpqtz Eus | εγενοντο boc₂e₂ | ωσει boc₂e₂ cx Jos-ed | 3 Μασσηφα
boc₂e₂ B cx fmsw in | δαδ boc₂e₂ | τον boc₂e₂ cx s | μετα σου boc₂e₂ | ποιησει]
ποιηση b′ hv | 4 παρεκαλεσεν] παρεκαλεσα ο | του¹] > b′ cx d | 5 Γαδ] Γαγ
ο | προς Δαυιδ] προς τω Δαυιδ ο | καθεζου boc₂e₂ | απελθε boc₂e₂] απεθε b′ |
ηλθεν] απηλθε e₂ | κατωκει boc₂e₂ | 6 Βαμα boc₂e₂ Βyα₂ z efmsw hjn | 7 τους¹
bis scr b′ | αυτου] > e₂ cᵇx g | και ειπεν αυτοις boc₂ Βyα₂ A | Σαουλ ακουετε
boc₂e₂(> Σαουλ) | δη] + οι b a₂ e Ngh | η boc₂e₂ | και⁴] > ο a* | και εκατον-
ταρχους bc₂e₂ Acx fm | 8 διατιθεσθαι boc₂e₂ a₂ | υιου] > b x | ο² boc₂e₂ c z h |
πονων bis scr b | εις (bis scr c₂*) εχθρον] > o* i | η] > o* x |

κρινεται Δωηκ ο Ιδουμαιος ο καθεσταμενος επι τας ημιονους Σαουλ και λεγει Εορακα τον υιον Ιεσσαι παραγενομενον εις Νομβα προς Αχιμελεχ υιον Αχιτωβ τον ιερεα, 10 και επηρωτα αυτον δια του θεου και επισιτισμον εδωκεν αυτω και την ρομφαιαν Γολιαθ του αλλοφυλου εδωκεν αυτω. 11 και απεστειλεν ο βασιλευς καλεσαι τον Αχιμελεχ υιον Αχιτωβ τον ιερεα και παντας τους υιους του πατρος αυτου τους ιερεις τους εν [Νομβα], και παρεγενοντο παντες προς τον βασιλεα. 12 και ειπεν Σαουλ Ακουε δη υιε Αχιτωβ. και ειπεν Ιδου εγω· λαλει κυριε. 13 και ειπεν αυτω Σαουλ Ινα τι συνεθου κατ᾽ εμου συ και ο υιος Ιεσσαι του δουναι σε αυτω αρτον και ρομφαιαν και ερωταν σε αυτω δια του θεου του θεσθαι αυτον επ᾽ εμε εις εχθρον ως η ημερα αυτη; 14 και απεκριθη Αχιμελεχ τω βασιλει και ειπεν Και τις εν πασιν τοις δουλοις σου πιστος ως Δαυιδ και γαμβρος του βασιλεως και αρχων παντος παραγγελματος σου και ενδοξος εν τω οικω σου; 15 η σημερον ηργμαι ερωταν αυτω δια του θεου; μηδαμως. μη δοτω ο βασιλευς κατα του δουλου σου λογον και εφ᾽ ολον τον οικον του πατρος μου, οτι ουκ ηδει ο δουλος σου εν πασιν τουτοις ρημα μικρον η μεγα. 16 και ειπεν ο βασιλευς Σαουλ Θανατω αποθανη, Αχιμελεχ, συ και πας ο οικος του πατρος σου. 17 και ειπεν ο βασιλευς τοις παρατρεχουσιν τοις εφεστηκοσιν επ᾽ αυτον Προσαγαγετε και θανατωσατε τους ιερεις κυριου, οτι η χειρ αυτων μετα Δαυιδ, διοτι εγνωσαν οτι φευγει αυτος και ουκ απεκαλυψαν το ωτιον μου. και ουκ εβουληθησαν οι παιδες του βασιλεως επενεγκειν τας χειρας αυτων απαντησαι εις τους ιερεις [του] κυριου.

9 αποκρινεται] απεκρινετο b : απεκρινατο b' e | Δωηκ] Δοηκ e₂ | Ιδουμαιος boc₂e₂ | καθεσταμενος boc₂e₂] καθισταμενος b' | λεγει boc₂e₂ | παραγενομενον boc₂e₂ cx d* f gv Eus | 10 επηρωτα boc₂e₂ | αυτον boc₂e₂ a₂ cx t Ng | 11 τον ιερεα boc₂e₂ a₂ A(ιερεαν) | ιερεις] + του κυ (θυ cx) c₂ Acx Eus | Νομβα c₂e₂ dlpqtz efmsw Naijnb₂] Νομα b : Ομβα o | 12 υιε] > b' v | 13 ο] > o | σε¹] > b' | σε² boc₂e₂ | του³ boc₂e₂ | θεσθαι] + σε e₂ | 14 Αχιμελεχ boc₂e₂ A lqtz fmsw | ως δαδ boc₂e₂ | παντος] + του b' cx | 15 σου boc₂e₂ | ολον] οδον b | 16 και¹–σου] > o | 17 θανατωσατε boc₂e₂ c*] θανατωσετε b' c*x p | ιερεις¹] + του o Bya₂ A dlpqtz efmsw Nagilnvb₂ | αυτων] αυτου b* v | Δαυιδ] + και e₂ Bya₂ Acx dlpqtz efmsw Naijnb₂ | διοτι boc₂] οτι e₂ By Acx dlpqtz efmsw Nagijnvb₂ | ουκ¹] > e₂ | αυτων²] αυτου o* : + του o* | του² oc₂ y dlpqtz efmsw Nin] > be₂ |

18 και ειπεν ο βασιλευς τω Δωηκ Επιστρεφε συ και απαντα εις τους ιερεις. και επεστρεψεν Δωηκ ο Ιδουμαιος και εθανατωσεν αυτος τους ιερεις κυριου και απεκτεινεν εν τη ημερα εκεινῃ, τριακοσιους πεντηκοντα ανδρας, παντας αιροντας εφουδ. 19 και την Νομβα την πολιν των ιερεων επαταξεν εν στοματι ρομφαιας απο ανδρος και εως γυναικος, απο νηπιου και εως θηλαζοντος και απο μοσχου και ονου και προβατου επαταξεν εν στοματι ρομφαιας. 20 και διασωζεται υιος εις του Αχιμελεχ υιου Αχιτωβ, ονομα αυτω Αβιαθαρ, και εφυγεν οπισω Δαυιδ. 21 και απηγγειλεν Αβιαθαρ τω Δαυιδ οτι εθανατωσεν Σαουλ παντας τους ιερεις κυριου. 22 και ειπεν Δαυιδ τω Αβιαθαρ Ηιδειν εγω εν τη ημερα εκεινη οτι εκει ην Δωηκ ο Ιδουμαιος και απαγγελλων απαγγελει τω Σαουλ· εγω ειμι [----] αιτιος των ψυχων ολου του οικου του πατρος σου· 23 [καθησον] μετ' εμου και μη φοβου, οτι ου εαν ζητω τη ψυχη μου, ζητησω και τη ψυχη σου τοπον, οτι πεφυλαξαι συ παρ' εμοι.

23:1 Και απηγγειλαν τω Δαυιδ λεγοντες Ιδου οι αλλοφυλοι πολεμουσιν εν τη Κειλα, και αυτοι διαρπαζουσιν τας αλωνας και καταπατουσιν. 2 και

18 επιστρεφε boc₂e₂ efmsw n | ιερεις¹] + κυ e₂ | επεστρεψεν bc₂e₂] απεστρεψεν o | Ιδουμαιος boc₂e₂ | αυτος o(ς ex corr oˢ)c₂e₂] αυτους b | ιερεις²] + του b y lqtz efmsw N Eus | και απεκτεινεν boc₂(sub ⁕)e₂ | εν τη ημερα εκεινη sub ⁕ c₂ | πεντηκοντα ανδρας boc₂e₂ y* Thdt] ανδρας και πεντηκοντα b´ | 19 Νομβα] Νομβαν b Nib₂ : Νομαν b´ | και² boc₂e₂ | και³ boc₂e₂ | εως²] > b´ | απο³ boc₂e₂ a₂ | επαταξεν (> e₂ Acx) εν στοματι ρομφαιας boc₂e₂ Acx | 20 του bc₂e₂ cx a] τω o Bya₂ A dlpqtz efmsw Nijnvb₂ | υιου boc₂e₂ g | 21 και–Δαυιδ] > o A | κυριου] > b a₂ | 22 εγω boc₂e₂ | Ιδουμαιος boc₂e₂ | και² boc₂e₂ | απαγγελλων] απαγγελων o cx q s Ng | ----] o bo a₂ N : > c₂e₂ | αιτιος] μεταιτιος c₂ | των ψυχων] > o | ολου του boc₂e₂ Chr | 23 καθησον oc₂] καθησο be₂ : καθισον b´ | και¹ boc₂e₂ | τη ψυχη¹] την ψυχην b a₂ | ζητησω] ζητω o | τη ψυχη²] την ψυχην e₂ a₂ | τοπον bc₂e₂ | συ] σοι b´ a₂ N |

23:1 απηγγειλαν boc₂e₂ Nˣ | τας boc₂e₂ z(mg) i] τους b´ By Acx dlpqtz(txt) efmsw Nagijnv | αλωνας boc₂e₂ dz(mg) | και καταπατουσιν boc₂e₂ z(mg) |

επηρωτησεν Δαυιδ δια του κυριου λεγων Ει πορευθω και παταξω τους
αλλοφυλους τουτους; και ειπεν κυριος προς Δαυιδ Πορευου και παταξεις
τους αλλοφυλους και σωσεις την Κειλα. 3 και ειπον οι ανδρες του Δαυιδ
προς αυτον Ιδου ημεις ενταυθα οντες εν τη Ιουδαια φοβουμεθα, και πως
εσται εαν πορευθωμεν εις την Κειλα εις τας κοιλαδας των αλλοφυλων;
4 και προσεθετο ετι Δαυιδ επερωτησαι δια του κυριου, και απεκριθη αυτω
κυριος και ειπεν προς αυτον Αναστηθι και καταβηθι εις Κειλα, οτι εγω
παραδιδωμι τους αλλοφυλους εις τας χειρας σου. 5 και επορευθη Δαυιδ
και οι ανδρες οι μετ' αυτου εις Κειλα και επολεμησεν τους αλλοφυλους,
και εφυγον εκ προσωπου αυτου, και επαταξεν αυτους πληγην μεγαλην, και
απηλασεν τα κτηνη αυτων, και εσωσεν Δαυιδ τους κατοικουντας Κειλα.
6 Και εγενετο εν τω [φευγειν] Αβιαθαρ τον υιον Αχιμελεχ προς Δαυιδ εις
Κειλα κατεβη εχων εφουδ εν τη χειρι αυτου. 7 και απηγγειλαν τω Σαουλ
λεγοντες οτι Ηκει Δαυιδ εις Κειλα, και ειπεν Σαουλ Πεπρακεν αυτον ο
θεος εις τας χειρας μου, οτι αποκεκλεισται εισελθων εις πολιν θυρων και
μοχλων. 8 και παραγγελλει Σαουλ παντι τω λαω εις πολεμον καταβηναι
επι Κειλα του συνεχειν τον Δαυιδ και τους ανδρας τους μετ' αυτου. 9 και
εγνω Δαυιδ οτι Σαουλ περι αυτον γινεται και ου [παρεσιωπα] ο Σαουλ περι
αυτου την κακιαν, και ειπεν Δαυιδ προς Αβιαθαρ τον ιερεα Προσαγαγε το
εφουδ κυριου. 10 και ειπεν Δαυιδ [Κυριε] ο θεος Ισραηλ, ακουων ακηκοεν

2 ει] + και b a₂ | προς δαδ boc₂e₂ Ac(Δαβιδ)x | τους αλλοφυλους boc₂e₂ p*z
v | 3 ειπον boc₂e₂ cx dz ef agjᵃ⁷ | οντες boc₂e₂ z | την boc₂e₂ | κοιλαδας boc₂e₂
gi | 4 προσεθετο] εθετο o* | εις¹] + την o | τας boc₂e₂ dlpqtz | 5 εις¹] + την
b | τους αλλοφυλους boc₂e₂ z | αυτου²] αυτων e₂ a₂ | αυτους boc₂e₂ d | μεγα-
λην] + σφοδρα b | και απηλασεν τα κτηνη αυτων boc₂e₂(απηλασαν) |
κατοικουντας] + εν c₂ | 6 φευγειν bo y dlpqtz efmsw Ngijb₂] φυγειν c₂e₂ Ba₂
Acx anv | τον boc₂e₂ | 7 απηγγειλαν boc₂e₂ | λεγοντες boc₂e₂ | o] > b |
8 παραγγελλει bc₂e₂] παραγγελει b'o | καταβηναι επι boc₂e₂ | του boc₂e₂ z |
τους μετ' boc₂e₂ z | 9 περι αυτον γινεται και boc₂e₂ | ου bc₂e₂ cx] > o |
παρεσιωπα bo] παρασιωπα c₂e₂ | ο Σαουλ boc₂e₂(> o) | προσαγαγε] προσ-
αγαγετε c₂ x | το] τω bo c dpq | 10 κυριε oe₂ Bya₂ Acx dlpqtz efmsw Naˣgijnvb₂]
κς bc₂ a* |

ο δουλος σου οτι ζητει Σαουλ ελθειν επ᾽ εμε εις Κειλα διαφθειραι την πολιν δι᾽ εμε. 11 ει αποκλεισθησεται; και νυν ει καταβησεται Σαουλ, καθως ηκουσεν ο δουλος σου; κυριε ο θεος Ισραηλ, απαγγειλον τω δουλω σου. και ειπεν κυριος Αποκλεισθησεται. 12 και ειπεν Δαυιδ Ει παραδωσουσιν οι απο της Κειλα εμε και τους ανδρας μου εις χειρας Σαουλ; και ειπεν κυριος Παραδωσουσιν. 13 και ανεστη Δαυιδ και οι ανδρες αυτου ως τετρακοσιοι και εξηλθον εκ Κειλα και επορευοντο ου αν επορευοντο· και απηγγελη τω Σαουλ οτι διασεσωσται Δαυιδ εκ Κειλα, και ανηκεν εξελθειν. 14 Και εκαθισεν Δαυιδ εν τη ερημω εν Μεσσεραμ εν τοις στενοις και εκαθητο εν τω ορει εν τη ερημω Ζιφ εν τη καινη εις το ορος το [αυχμωδες]· και εζητει Σαουλ πασας τας ημερας τον Δαυιδ, και ου παρεδωκεν αυτον κυριος εις τας χειρας αυτου. 15 και ειδεν Δαυιδ οτι εξερχεται αυτου Σαουλ του ζητειν αυτον· και Δαυιδ ην εν τη ερημω τη αυχμωδει εν τη Καινη. 16 και ανεστη Ιωναθαν υιος Σαουλ και επορευθη προς Δαυιδ εις

ακηκοεν] ακηκοα e₂ | Σαουλ] > ο | επ᾽ εμε εις boc₂e₂ | Κειλα] + και c₂ | 11 κυριος] + καταβησεται και ειπε κ̅ς̅ b´b(txt) | αποκλεισθησεται] καταβησεται b(mg) e : + και ειπε κ̅ς̅ καταβησεται e₂ | 12 και¹-παραδωσουσιν² boc₂(και¹-Σαουλ sub ※)e₂ Acx z emᵐᵍ(sub ※ λ)w(ponit post αποκλεισθησεται¹ v. 11) Ngjᵐᵍ(sub ※) [[και¹] > mw | δαδ boc₂e₂ Acx z em(mg)w Ngj(mg) | ει] > z | παραδωσουσιν] συγκλεισουσιν N | οι απο της boc₂e₂ z] οι της cx : απο της g : παρα της A : οι παρα της emw j : ανδρες N | Κειλα boc₂(sub ※)e₂ Acx z w] Κεηλα j(mg) : Καιιλα gm(mg) : Κηλα e | εις χειρας] εν χειρι N | κ̅ς̅ boc₂e₂ Acx z em(mg)w Ng] πιπι j(mg) | παραδωσουσιν boc₂e₂ Ax z em(mg)w gj(mg)] δωσουσι c : συγκεισουσιν N]] | 13 ως] ωσει e₂ cx | εξηλθον] εξηλθεν ο lpqt | αν oc₂e₂ A d f Ngn] εαν b Bya₂ lpqtz emsw aˣijvb₂ | επορευοντο boc₂e₂ efmsw Thdt | τω Σαουλ boc₂e₂ | 14 Μεσσεραμ boc₂e₂] + η ο | εν τη ερημω boc₂e₂ A Eus | Ζιφ] Ζηφ o c dp f | εν τη καινη εις το ορος το boc₂e₂ | αυχμωδες c₂e₂] αχμωδες bo <246> | Σαουλ] > c₂* | τον δαδ boc₂e₂ | 15 ειδεν] ειπε ο | εξεχεται o*c₂e₂ z(mg)] εξερχεται boˣ Bya₂ cx dlpqtz(txt) efmsw Nagijnv | αυτου bc₂e₂ z(mg) | αυχμωδει] αχμωδει b gv | 16 προς] + τον c₂ |

την Καινην και εκραταιωσεν τας χειρας αυτου εν κυριω. 17 και ειπεν προς αυτον Μη φοβου, οτι ου μη σε ευρη η χειρ Σαουλ του πατρος μου, και συ βασιλευσεις επι τον Ισραηλ, και εγω εσομαι σοι εις δευτερον· και Σαουλ ο πατηρ μου εγνω ουτως. 18 και διεθεντο αμφοτεροι διαθηκην ενωπιον κυριου. και εκαθητο Δαυιδ εν τη Καινη, και Ιωναθαν απηλθεν εις τον οικον αυτου. 19 Και ανεβησαν οι Ζιφαιοι εκ της αυχμωδους προς Σαουλ επι τον βουνον λεγοντες Ουκ ιδου Δαυιδ κεκρυπται εν Μεσσεραμ παρ' ημιν εν τοις στενοις εν τη Καινη εν τω βουνω τω Εχελα τω εκ δεξιων του Ιεσσεμουν; 20 και νυν παν το προς την ψυχην του βασιλεως εις καταβασιν καταβαινετω προς ημας· αποκεκλεισμενοι γαρ εισιν εν ταις χερσιν του βασιλεως. 21 και ειπεν αυτοις Σαουλ Ευλογημενοι υμεις τω κυριω, οτι επονεσατε περι εμου· 22 πορευθητε δη και ετοιμασατε ετι και γνωτε και ιδετε τον τοπον αυτου, ου εστιν ο πους αυτου, εν ταχει εκει ου ειπατε, οτι ειπεν ο Σαουλ Μηποτε πανουργευσαμενος ουτος πανουργευσηται· 23 και ιδετε και γνωτε εκ παντων των τοπων οπου αυτος κρυπτεται εκει, και επιστρεψατε προς με εις ετοιμον, και πορευσομαι μεθ' υμων, και εσται ει εστιν επι της γης, εξερευνησω αυτον εν [πασιν] χιλιασιν Ιουδα. 24 και ανεστησαν οι Ζιφαιοι εκ της αυχμωδους, και επορευθησαν εμπροσθεν

την boc₂e₂ | εκραταιωσεν] + εις c₂ | 17 οτι] > o | ευρη boc₂e₂ a₂ efmsw | Σαουλ¹] > e₂ | εγνω boc₂e₂ z(mg) | 18 διεθεντο] εθεντο b gn | τη boc₂e₂ jv | καινη] + τη αχμωδη b | 19 Ζιφαιοι] Ζηφαιοι o a₂ cx dp giv | αυχμωδους] Αχμωδους b΄o g | επι] εις o | τον βουνον] Εργαβαθ bᵇ | ουκ] > b΄ Eus 1/2 | κεκρυπται] κρυπτεται o | εν Μεσσεραμ παρ' ημιν boc₂e₂] παρ' ημιν εν Μεσ-σαραμ b΄ | τω¹ boc₂e₂ | Εχελα] Χελα bᶠᵉ? a | τω² boc₂e₂ | εκ δεξιων του] > e₂ | Ιεσσεμουν boc₂e₂ dlpqtz fmsw Ni On-gr-ed | 20 την boc₂e₂ | γαρ boc₂e₂ z v | εν boc₂e₂ z | ταις boc₂ z] τας e₂ | χερσιν boc₂e₂ z | 22 και ιδετε boc₂ Acx | ου¹] ος b | εστιν boc₂e₂ ag | αυτου²] αυτων o | εκει] > e₂ <44> | ου²] και b΄ | οτι ειπεν ο Σαουλ bo(> o)c₂e₂ | ουτος boc₂ᵉe₂ | 23 εκ–ετοιμον boc₂(sub ※)e₂ Acx z emᵐᵍ(sub ※)w jᵐᵍ(sub ※) [[των] > em(mg)w | αυτος κρυπτεται boc₂ z] κρυβη-σεται Acx em(mg)w j(mg) | επιστρεψατε] επιστρεψεται j(mg) | εις ετοιμον] > w]] | πασιν be₂ y A] πασαις oc₂ Ba₂ cx dlpqtz efmsw Nagijnvb₂ | 24 Ζιφαιοι] Ζηφαιοι o a₂ dp gv | αυχμωδους] αχμωδους b΄o |

Σαουλ· και Δαυιδ και οι ανδρες αυτου εν τη ερημω τη επηκοω καθ' εσπεραν εκ δεξιων του [Ιεσσεμουν]. 25 και επορευθη Σαουλ και οι ανδρες αυτου του ζητειν τον Δαυιδ· και απηγγελη τω Δαυιδ, και κατεβη εις την πετραν την εν τη ερημω τη επηκοω· και ηκουσεν Σαουλ και κατεδιωξεν εις την ερημον την επηκοον οπισω Δαυιδ. 26 και πορευεται Σαουλ και οι ανδρες αυτου εκ μερους [του ορους] τουτου, και Δαυιδ και οι ανδρες αυτου εκ μερους του ορους του ετερου· και Δαυιδ ην σκεπαζομενος πορευεσθαι απο προσωπου Σαουλ, και Σαουλ και οι ανδρες αυτου παρεπλαγιαζον επι Δαυιδ και τους ανδρας αυτου του συλλαβειν αυτον. 27 και αγγελος παρεγενετο προς Σαουλ λεγων Σπευδε και ηκε, οτι επεθεντο οι αλλοφυλοι επι την γην. 28 και ανεστρεψεν Σαουλ του μη καταδιωκειν οπισω Δαυιδ και επορευθη εις συναντησιν των αλλοφυλων· δια τουτο εκληθη ο τοπος εκεινος Πετρα η μερισθεισα.

24:1 Και ανεβη Δαυιδ εκειθεν και εκαθισεν εν τοις στενοις Γαδδι. 2 και εγενετο ως ανεστρεψεν Σαουλ απο οπισθεν των αλλοφυλων, και απηγγειλαν αυτω λεγοντες Ιδου Δαυιδ εν τη ερημω Γαδδι. 3 και ελαβεν μεθ' εαυτου τρεις χιλιαδας ανδρων εκλεκτων εκ παντος του Ισραηλ και επορευθη ζητειν τον Δαυιδ και τους ανδρας αυτου κατα προσωπον της θηρας των ελαφων. 4 και ηλθεν επι τας αγελας των ποιμνιων των επι της οδου, και ην

τη¹] της e₂ | τη²] της e₂ | επηκοω boc₂e₂ z(mg) g Thdt | Ιεσσεμουν bc₂ dlpqtz msw Ni] Ιεσσαιμουν oe₂ jnb₂ | 25 οι] > b* | του bc₂e₂ z e | την¹] > b | τη επηκοω boc₂e₂ g | την επηκοον bo(επηκοων)c₂e₂ | οπισω δαδ boc₂e₂ | 26 πορευεται boc₂e₂ a₂ gb₂ | του ορους¹ oc₂ Bya₂ Acx dlpqtz efmsw Naginvb₂] > be₂ | του ορους²] > b′ B^{ab}a₂ cx dp em(txt) n Eus | του ετερου boe₂ cx] τουτου c₂ By A lqtz fm(mg)sw Nagijvb₂ | ην boc₂e₂ | παρεπλαγιαζον boc₂e₂ g | του⁴ boc₂e₂ | αυτον boc₂e₂ | 27 παρεγενετο boc₂e₂ | ηκε boc₂e₂ | οι boc₂e₂ B cx pz e | 28 του boc₂e₂ z | εκληθη boc₂e₂ efmsw |

24:1 Και¹–Γαδδι > b′ | ανεβη boc₂e₂ | Γαδδι boc₂e₂ y | 2 εγενετο boc₂e₂ cx Eus | απηγγειλαν] ανηγγειλαν o Eus 1/2 | αυτω] δαδ e₂ | λεγοντες ιδου] + δη o | Δαυιδ] > e₂ s | Γαδδι boc₂e₂ y cx e Eus 1/2 | 3 εκλεκτων boc₂e₂ g Eus 1/2 | του boc₂e₂ | κατα boc₂e₂ z(mg) | της θηρας των ελαφων boc₂e₂ B²a₂ z(mg) Eus 1/2 | 4 επι¹ boc₂e₂ dlpqtz Nagivb₂ | των² boc₂e₂ | Σαουλ boc₂e₂ A Eus 1/2

εκει σπηλαιον, και εισηλθεν Σαουλ παρασκευασασθαι· και Δαυιδ και οι ανδρες αυτου εν τω σπηλαιω [εσωτεροι] εκαθηντο εν αυτω. 5 και ειπον οι ανδρες Δαυιδ προς αυτον Ιδου η ημερα αυτη, ην ειπεν κυριος προς σε Ιδου εγω διδωμι τον εχθρον σου εις τας χειρας σου και ποιησεις αυτω το αρεστον εν [τοις] οφθαλμοις σου. και ανεστη Δαυιδ και αφειλεν το πτερυγιον της διπλοιδος Σαουλ λαθραιως. 6 και εγενετο μετα ταυτα και επαταξεν τον Δαυιδ η καρδια αυτου, οτι αφειλεν το πτερυγιον της διπλοιδος αυτου, 7 και ειπεν Δαυιδ προς τους ανδρας αυτου Μηδαμως εμοι παρα κυριου, ει ποιησω το ρημα τουτο τω κυριω μου τω χριστω κυριω επενεγκειν χειρα μου επ᾽ αυτον, οτι χριστος κυριου εστιν· 8 και επεισεν Δαυιδ τους ανδρας αυτου εν λογοις και ουκ εδωκεν αυτοις αναστηναι και θανατωσαι τον Σαουλ. και ανεστη Σαουλ και εξηλθεν εις την οδον εκ του σπηλαιου. 9 και εξηλθεν Δαυιδ [---- ----] εκ του σπηλαιου, και εβοησεν Δαυιδ οπισω Σαουλ λεγων Κυριε βασιλευ· και επεβλεψεν Σαουλ οπισω αυτου, και εκυψεν Δαυιδ επι προσωπον αυτου επι την γην και προσεκυνησεν αυτω. 10 και ειπεν Δαυιδ προς Σαουλ Ινα τι ακουεις των λογων του λαου λεγοντων Ιδου Δαυιδ ζητει την ψυχην σου; 11 καιγε εν τη ημερα ταυτη εορακασιν οι οφθαλμοι σου ως παρεδωκεν σε κυριος σημερον εις τας χειρας μου εν τω σπηλαιω, και ουκ ηβουληθην αποκτειναι σε και εφεισαμην σου και ειπον Ουκ εποισω χειρα μου επι τον κυριον μου, οτι χριστος

Chr Thdt | αυτου] + εσσωτεροι e₂ | εν¹ boc₂e₂ Chr | τω σπηλαιω boc₂e₂ Chr | εσωτεροι oc₂] εσωτερον b | εκαθηντο] εκαθητο b´ | εν αυτω boc₂e₂ | 5 η] > b A gv | ιδου εγω διδωμι boc₂e₂ z(mg) Nagin(παραδιδωμι)vb₂ Chr | το αρεστον boc₂e₂ g Chr | τοις bc₂] > oe₂ | 6 εγενετο boc₂e₂ | τον δαδ η καρδια αυτου boc₂e₂ z(mg) Chr Thdt | αφειλεν] αφειλετο b | 7 εμοι boc₂e₂ Thdt | χριστω] χρηστω e₂ cx | κω² boe₂ a] κυριου b´c₂ By Acx dlpqtz efmsw Ngijnvb₂ | επενεγκειν] απενεγκειν b*(vid) | χριστος] χρηστος c₂*(vid) cx a | εστιν] ουτος εστιν b | 8 αναστηναι και boc₂e₂ z*² Chr | εξηλθεν boc₂e₂ | εκ του σπηλαιου boc₂e₂ | 9 και¹–σπηλαιου > b´ | ----] οπισω Σαουλ¹ bc₂*e₂ z* g : > b´oc₂* Chr | εκ-Δαυιδ²] > c₂* | και εβοησεν Δαυιδ] > o | εβοησεν] + o c₂ᵃ | εκυψεν] επεσε o | 11 καιγε boc₂e₂ Thdt | κυριος σημερον] σημερον κυριος e₂ A Chr | ειπον boc₂e₂ d ef Chr Thdt | τον boc₂e₂ cx f Chr Thdt | χριστος] χρηστος e₂ Ac

κυριου ουτος εστιν. 12 και [πατηρ] μου και ιδου το πτερυγιον της διπλοι-
δος εν τη χειρι μου· εγω αφειλον το πτερυγιον της διπλοιδος σου και ουκ
απεκτεινα σε. και γνωθι και ιδε σημερον οτι ουκ εστιν εν τη χειρι μου
κακια ουδε αθετησις ουδε ασεβεια, και ουχ ημαρτον εις σε· και συ συν-
δεσμευεις την ψυχην μου του λαβειν αυτην. 13 κριναι κυριος ανα μεσον
εμου και ανα μεσον σου, και εκδικησαι μοι κυριος εκ σου· η δε χειρ μου
ουκ εσται επι σε, 14 καθως λεγεται εν παραβολη αρχαια Εξ ανομων εξε-
λευσεται πλημμελεια· και η χειρ μου ουκ εσται επι σε. 15 και νυν οπισω
τινος συ καταδιωκεις, βασιλευ του Ισραηλ; οπισω τινος εκπορευη; οπισω
κυνος τεθνηκοτος και οπισω ψυλλου ενος. 16 γενοιτο κυριος εις κριτην
και δικαστην ανα μεσον εμου και σου· και ιδοι κυριος και κριναι την
δικην μου και δικασαι μοι εκ χειρος σου. 17 και εγενετο ως συνετελεσεν
Δαυιδ λαλων τα ρηματα ταυτα προς Σαουλ, και ειπεν Σαουλ Η φωνη σου
αυτη, τεκνον Δαυιδ; και ειπεν Δαυιδ δουλος σος, κυριε μου βασιλευ. και
επηρεν Σαουλ την φωνην αυτου και εκλαυσεν. 18 και ειπεν προς Δαυιδ
Δικαιος συ υπερ εμε, οτι συ μεν ανταπεδωκας μοι αγαθα, εγω δε ανταπε-
δωκα σοι κακα. 19 και συ απηγγελκας σημερον α εποιησας μοι αγαθα, ως

p a | 12 και¹ boc₂(sub ⁕ vid)e₂ Acx z Thdt | πηρ bo z Thdt] περ c₂(sub ⁕ vid) Acx :
πρε e₂ | μου¹ boc₂(sub ⁕ vid)e₂ Acx z Thdt] + ιδε c₂(sub ⁕ vid) cx | διπλοιδος¹]
+ σου e₂ Bya₂ Acx dlpqtz efmsw Nagijnvb₂ | αφειλον boc₂e₂ z(mg) Chr | της
διπλοιδος σου boc₂e₂ lpqtz emsw gin | απεκτεινα boc₂e₂ lpqtz i Chr | κακια
boc₂e₂ Acx Chr Thdt | αθετησις] αθετησεις e₂ Ac | ουδε ασεβεια boc₂e₂ Acx
Thdt | ημαρτον boc₂e₂ Thdt | συνδεσμευεις boc₂e₂ | του boc₂e₂ z g Chr | 13
κριναι boc₂e₂ Chr Thdt | ανα μεσον² boc₂e₂ | μοι boc₂e₂ x lpqtz givb₂ | 14 εν
boc₂e₂ | παραβολη boc₂e₂ | 15 συ] > e₂ | καταδιωκεις boc₂] εκπορευεις e₂ :
καταδιωκης b′ | του boc₂e₂ | εκπορευη boc₂] καταδιωκεις e₂ Bya₂ Acx dlpqᵃtz
efmsw Naijnvb₂ | 16 και³ boc₂e₂ | και⁴] > c₂ y v | κριναι] κρινη b′ | δικην boc₂e₂
zᵃ⁷ g | μοι] σοι c₂ | 17 τα ρηματα ταυτα boc₂e₂ Acx | αυτη] ταυτη o | και
ειπεν δαδ boc₂e₂ z g] + o b | δουλος boc₂e₂ z g | σος boc₂ z g] σου b′e₂ | κυριε
μου βασιλευ boc₂e₂ z g(βασιλευς) | επηρεν boc₂e₂ | 18 μεν boc₂e₂ z Chr Thdt |
19 απηγγελκας boc₂e₂ | σημερον] > e₂ a₂ cx d gjv |

απεκλεισεν με κυριος σημερον εις τας χειρας σου και ουκ απεκτεινας με· 20 και οτι [ει] ευροι τις τον εχθρον αυτου εν θλιψει και εκπεμψει αυτον εν οδω αγαθη, και κυριος ανταποδωσει αυτω αγαθα, καθως πεποιηκας συ σημερον. 21 και νυν ιδου εγω γινωσκω οτι βασιλευων βασιλευσεις και στησεται βασιλεια Ισραηλ εν χειρι σου. 22 και νυν ομοσον μοι κατα του κυριου ινα μη εξολεθρευσης το σπερμα μου οπισω μου και μη αφανισης το ονομα μου εκ του οικου του πατρος μου. 23 και ωμοσεν Δαυιδ τω Σαουλ. και απηλθεν Σαουλ εις τον οικον αυτου, και Δαυιδ και οι ανδρες αυτου ανεβησαν εις Μεσσαρα την στενην.

25:1 Και Σαμουηλ απεθανεν, και συναθροιζεται πας Ισραηλ και κοπτονται αυτον και θαπτουσιν αυτον εν τω οικω αυτου εν Αρμαθαιμ. και ανεστη Δαυιδ και κατεβη εις την ερημον την επηκοον. 2 και ην ανθρωπος εν τη ερημω, και η εργασια αυτου εν τω Καρμηλω· και ο ανθρωπος μεγας σφοδρα, και τουτω προβατα τρισχιλια και αιγες χιλιαι· και εγενετο εν τω κειρειν αυτους τα ποιμνια αυτου εν τω Καρμηλω. 3 και ονομα τω ανθρωπω Ναβαλ, και τη γυναικι αυτου ονομα Αβιγαια· και ην η γυνη αγαθη συνεσει και καλη τω ειδει σφοδρα, ο δε ανθρωπος σκληρος και πονηρος εν επιτηδευμασιν, και ανθρωπος κυνικος. 4 και ηκουσεν Δαυιδ εν τη ερημω οτι κειρει Ναβαλ ο Καρμηλιος τα ποιμνια αυτου, 5 και απεστειλεν Δαυιδ δεκα παιδαρια και ειπεν προς τα παιδαρια Αναβητε εις τον Καρμηλον και

τας boc$_2$e$_2$ nv Chr | και ουκ απεκτεινας με] > o | 20 ει bc$_2$ By dlpqtz efmsw Naghivb$_2$] η e$_2$ª : > oe$_2$* a$_2$ Acx n | εκπεμψει] εκπεμψη e$_2$ | ανταποδωσει boc$_2$e$_2$ a$_2$ A Njv | συ b'b' oc$_2$e$_2$ Chr | 21 ιηλ boc$_2$e$_2$ Chr Thdt | εν χειρι σου boc$_2$e$_2$ Chr Thdt | 22 κατα του κυ ινα μη boc$_2$e$_2$ Chr Thdt | εξολεθρευσης oc$_2$e$_2$ giv Chr Thdt] εξολεθρευσεις b By Acx dlpqtz efmsw Nahjnb$_2$ | μου'] σου e$_2$ | μη² boc$_2$e$_2$ Chr Thdt | αφανισης boc$_2$e$_2$ Chr] αφανισεις b' j | 23 οικον boc$_2$e$_2$ | Μεσσαρα boe$_2$ B z] Μεσσερα c$_2$ | την boc$_2$e$_2$ z gjv |

25:1 απεθανεν boc$_2$e$_2$ | συναθροιζεται boc$_2$e$_2$ a$_2$ c | τω boc$_2$e$_2$ | την² boc$_2$e$_2$ g | επηκοον boe$_2$] επηκοων c$_2$ g | 2 ερημω boc$_2$e$_2$ dlpqtz g | η εργασια boc$_2$e$_2$ a$_2$(> η) z(mg) g | εγενετο boc$_2$e$_2$ j | αυτους boc$_2$e$_2$ g] αυτον b' | τα ποιμνια boc$_2$e$_2$ A p | αυτου²] > c$_2$* | 3 ονομα² bc$_2$e$_2$ | ην boc$_2$e$_2$ z | δε boc$_2$e$_2$ | εν] > o n | 4 τα ποιμνια boc$_2$e$_2$ | 5 προς τα παιδαρια boc$_2$e$_2$ | αναβητε] ανεβητε o |

ηκετε προς Ναβαλ και ασπασασθε αυτον επι τω ονοματι μου εν ειρηνη
6 και ερειτε αυτω ταδε Εις ωρας· και συ υγιαινων, και παντα τα [σα]
υγιαινοντα και ο οικος σου. 7 και νυν ιδου ακηκοα οτι κειρουσιν σοι· νυν
οι ποιμενες σου, οι ησαν μεθ᾽ ημων εν τη ερημω, και ουκ απεκωλυσαμεν
αυτους ουδε ενετειλαμεθα αυτοις ουδεν πασας τας ημερας οντων αυτων
εν τω Καρμηλω· 8 ερωτησον τα παιδαρια σου, και απαγγελουσιν σοι. και
ευρετω τα παιδαρια χαριν εν οφθαλμοις σου, οτι εφ᾽ ημεραν αγαθην ηκο-
μεν· δος δη ο εαν ευρη η χειρ σου τοις παισιν τω υιω σου Δαυιδ. 9 και
ερχεται τα παιδαρια Δαυιδ και λαλει προς Ναβαλ κατα παντα τα ρηματα
ταυτα επι τω ονοματι Δαυιδ. και ανεπηδησεν 10 Ναβαλ και απεκριθη τοις
παισιν Δαυιδ και ειπεν Τις Δαυιδ και τις υιος Ιεσσαι; σημερον πεπληθυμ-
μενοι εισιν οι δουλοι οι αποδιδρασκοντες εκαστος απο προσωπου του κυ-
ριου αυτου. 11 και λημψομαι τους αρτους μου και τον οινον μου και τα
θυματα μου, α [τεθυκα] τοις κειρουσιν μου, τα προβατα, και δωσω αυτα
ανδρασιν, ους ουκ οιδα ποθεν εισιν; 12 και απεστραφη τα παιδαρια Δαυιδ
εις την οδον αυτων και ανεστρεψαν και ηλθον προς αυτον και απηγγειλαν
τω Δαυιδ κατα παντα τα ρηματα ταυτα. 13 και ειπεν Δαυιδ τοις ανδρασιν
αυτου Ζωσασθε εκαστος την μαχαιραν αυτου· και περιεζωσαντο ανηρ τας

τον boc₂e₂ | ηκετε oc₂e₂] ηκατε b | προς²] + τον b | ασπασασθε boc₂e₂ z(mg) |
εν ειρηνη boc₂e₂ | 6 αυτω boc₂e₂ z | υγιαινων και παντα τα] > e₂ | σα oc₂
Bya₂ Acx dlpqtz efmsw Naghinvb₂] > be₂ | υγιαινοντα] υγιαινωντα e₂ | και⁴
boc₂e₂] + πας e₂ | ο οικος σου boc₂e₂ | 7 οι¹] > c₂* | ουδε boc₂e₂ | τω boc₂e₂
dlpqtz efmsw Nijb₂ | 8 και²] > o | ευρετω boc₂e₂ Thdt | ηκομεν] ηκωμεν b᾽ a₂ |
τοις παισιν boc₂e₂ Acx z efmsw jᵐˢ(sub ※) | 9 ερχεται boc₂e₂ | λαλει oc₂e₂]
λαλουσιν b Bya₂ A dlpqtz efmsw Naghnv | επι boc₂e₂ g | 10 και απεκριθη boc₂e₂
d | οι² bc₂e₂ cx efmsw gi Thdt | αποδιδρασκοντες boc₂e₂ a₂ z(mg) Thdt | απο
boc₂e₂ a₂ g Thdt] εκ b᾽ By Acx dlpqtz efmsw Nahinvb₂ | 11 τεθυκα bc₂ Bya₂ Acx lqtz
efmsw Nainvb₂] τεθηκα oe₂ p gh | αυτα] + τοις b᾽ | ους oc₂e₂ aᵃ⁷] οις b Bya₂ Acx
dlpqtz efmsw Na*ghijnvb₂ | 12 απεστραφη boc₂e₂ f g | Δαυιδ¹] > b᾽ | την boc₂e₂
p vᵇ | προς αυτον boc₂e₂ | παντα boc₂e₂ Acx efmsw Ngjᵐˢ(sub ※) | 13 μαχαιραν¹
boc₂e₂ z | και²–αυτου³ sub ※ c₂ | και περιεζωσαντο (περιεζωσατο efmsw

μαχαιρας αυτων, και Δαυιδ και αυτος εζωσατο την μαχαιραν αυτου· και ανεβησαν οπισω Δαυιδ τετρακοσιοι ανδρες, και διακοσιοι εκαθισαν επι των σκευων. 14 και τη Αβιγαια γυναικι Ναβαλ απηγγειλεν εν των παιδαριων απο των παιδων λεγων Ιδου απεσταλκεν Δαυιδ αγγελους εκ της ερημου ευλογησαι τον κυριον ημων, και εξεκλινεν απ' αυτων. 15 και οι ανδρες αγαθοι ημιν σφοδρα· και ουκ απεκωλυσαν ημας ουδε επιτεταχασιν ημιν ουδεν πασας τας ημερας, ας ημεν παρ' αυτοις· και εν τω ειναι ημας εν αγρω 16 ωσει τειχος ησαν περι ημας και την ημεραν και την νυκτα πασας τας ημερας, οντων ημων μετ' αυτων και ποιμαινοντων τα ποιμνια ημων. 17 και νυν γνωθι και ιδε τι ποιησεις, οτι συντετελεσται η κακια επι τον κυριον ημων και επι τον οικον αυτου παντα· και αυτος υιος λοιμος, και ουκ εστιν λαλησαι προς αυτον. 18 και εσπευσεν Αβιγαια και ελαβεν διακοσιους αρτους και δυο αγγεια οινου και πεντε προβατα πεποιημενα και πεντε οιφι αλφιτου και γομορ εν [σταφιδων] και διακοσιας παλαθας και εθετο επι τους ονους 19 και ειπεν τοις παιδαριοις αυτης Πορευεσθε εμπροσθεν μου, και ιδου εγω οπισω υμων παραγινομαι. τω δε ανδρι αυτης Ναβαλ ουκ απηγγειλεν. 20 και εγενετο αυτης επιβεβηκυιας επι την ονον και καταβαινουσης εν σκεπη του ορους και ιδου Δαυιδ και οι ανδρες αυ-

---

<244ᵇ>) ανηρ boc₂e₂ A efmsw Ng <244ᵇ> | τας μαχαιρας αυτων boc₂e₂ | και δαδ boc₂e₂ yᵇ Acx z fmsw N <244ᵇ> | και αυτος boc₂e₂ z | εζωσατο boc₂e₂ zᵃ⁷ | την μαχαιραν (ρομφαιαν cx) αυτου boc₂e₂ yᵇ Acx z fmsw N <244ᵇ>(> την) | επι boc₂e₂ dlpqtz(txt) Naghinvb₂ | 14 Αβιγαια] Αβιαια e₂ | απο των παιδων boc₂e₂ | λεγων] λεγον c₂ᵃ lᵃ⁷qz efs Nᵃ⁷v | απεσταλκεν] απεστειλεν b Bya₂ Acx efmsw Nanv | ημων] μου e₂ | 15 και² boc₂e₂ ya₂ e v Thdt | ουδε–ουδεν sub ※c₂ | επιτεταχασιν boc₂e₂ z(mg) Thdt | 16 ωσει boc₂e₂ d v Thdt | και την νυκτα boc₂e₂ Thdt] + και e₂ | και³ boc₂e₂ z Thdt | τα ποιμνια ημων boc₂e₂ Thdt | 17 επι¹ boc₂e₂] > b′ | τον κυριον] του κυριου b′ | επι² boc₂e₂ | παντα boc₂e₂ | αυτος boc₂e₂ | ουκ εστιν] ουκετι ο | 18 αλφιτου] αλφιτων b z | σταφιδων bc₂ a₂] σταφιλων oe₂ | διακοσιας] διακοσιους b Acx s*(vid) | 19 πορευεσθε boc₂e₂ cx f Ng | υμων] ημων e₂ g | δε boc₂e₂ | Ναβαλ boc₂e₂ Acx efmsw | 20 εγενετο boc₂e₂ cx | επιβεβηκυιας] επιβεβηκυιης ο Ba₂ Nah* : + αυτης e₂ |

του ανεβαινον εις συναντησιν αυτης, και αυτη απηντησεν αυτοις. 21 και Δαυιδ ειπεν Ισως εις αδικον εφυλαξα παντα τα του Ναβαλ εν τη ερημω και ουκ ητησαμην λαβειν εκ παντων των αυτου ουδεν, και ανταπεδωκεν μοι πονηρα αντι αγαθων· 22 ταδε ποιησαι ο θεος τοις εχθροις Δαυιδ και ταδε προσθειη, ει υπολειψομαι εκ παντων των του Ναβαλ εως πρωι ουρουντα προς τοιχον. 23 και ειδεν Αβιγαια τον Δαυιδ και σπευσασα κατεβη απο της ονου και επεσεν ενωπιον Δαυιδ επι προσωπον αυτης και προσεκυνησεν αυτω επι την γην 24 και επι τους ποδας αυτου επεσεν και ειπεν Εν εμοι, κυριε μου, η αδικια· λαλησατω δη η δουλη σου εις τα ωτα σου, και ακουσον τον λογον της δουλης σου. 25 μη δη θεσθω ο κυριος μου την καρδιαν αυτου επι τον ανδρα τον λοιμον τουτον, επι Ναβαλ, οτι κατα το ονομα αυτου [ουτως] εστιν αυτος· Ναβαλ ονομα αυτου, και αφροσυνη μετ' αυτου· και εγω η δουλη σου ουκ ειδον τα παιδαρια του κυριου μου α [απεστειλας]. 26 και νυν, κυριε μου, ζη κυριος και ζη η ψυχη σου, καθως εκωλυσεν σε κυριος του μη ελθειν εις αιμα αθωον και [μη] σωζειν την χειρα σου σοι, και νυν γενοιντο ως Ναβαλ οι εχθροι σου και ο ζητων τω κυριω μου κακα. 27 και νυν λαβε την ευλογιαν ταυτην, ην ενηνοχεν η δουλη σου τω κυριω μου, και δωσεις τοις παιδαριοις σου τοις παρεστηκοσιν τω κυριω μου. 28 αρον δη το ανομημα της δουλης σου, οτι ποιων ποιησει ο κυριος τω κυριω μου οικον πιστον, και τον πολεμον του κυριου μου ο κυριος πολεμη-

ανεβαινον bc₂e₂] αναβαινον o | αυτη bc₂e₂ z | απηντησεν] υπηντησεν e₂ cx lpqtz | 21 εφυλαξα] εφυλαξας b´ | ητησαμην boc₂e₂ | 22 τοις εχθροις boc₂e₂ fms hj^(ms)(sub ※) | εκ] > o | των του Ναβαλ] > c₂* | ουρουντα] ουρανin b | προς] + τον e₂ w | 23 σπευσασα boc₂] σπευσας e₂ | κατεβη boc₂e₂ | και επεσεν ενωπιον Δαυιδ επι προσωπον αυτης] > b´ | αυτω] > b´ d f | 24 και¹ boc₂e₂ Acx g | επεσεν boc₂e₂ | μου] > e₂ | δη] > e₂ a₂ cx efmsw a | τον boc₂e₂ A dlpqtz h | 25 την boc₂e₂ z N | αυτου] > b | ανδρα boc₂e₂ <44> | επι (τον cx) Ναβαλ boc₂e₂ Acx | ουτως bc₂ cx dlpqtz Nahinb₂] ουτος oe₂ Bya₂ gjv | αυτος boc₂(+ ras 2-3 litt)e₂ | αυτου³ boc₂e₂ ya₂ | απεστειλας be₂ Bya₂ Acx dlpqtz efmsw Naghijnvb₂] απεστειλες oc₂ | 26 καθως] και ως o | ελθειν] εισελθειν b´ a₂ pt hn : + σε o Thdt | μη² be₂ nb₂] > oc₂ | γενοιντο] γενοιτο b c dlpqtz a | ο ζητων boc₂e₂ | 27 σου² boc₂e₂ z | 28 o¹ boc₂e₂ a₂ | και τον boc₂e₂ | του boc₂e₂ efmsw n |

σει, και κακια ουχ ευρεθησεται εν σοι πωποτε. 29 και εαν αναστη
ανθρωπος καταδιωκων σε και ζητων την ψυχην σου, και εσται η ψυχη του
κυριου μου ενδεδεμενη εν δεσμω της ζωης παρα κυριου του θεου, και την
ψυχην των εχθρων σου σφενδονησει εν μεσω της σφενδονης. 30 και εσται
οταν ποιησει [ο] κυριος τω κυριω μου κατα παντα α ελαλησεν αγαθα επι
σε, και εντελειται σοι κυριος εις ηγουμενον επι Ισραηλ, 31 και ουκ εσται
σοι τουτο βδελυγμος και σκανδαλον καρδιας τω κυριω μου, εκχεαι αιμα
αθωον δωρεαν και σωσαι χειρα κυριου μου εαυτω. και αγαθυνει κυριος τω
κυριω μου, και μνησθηση της δουλης σου του καλως ποιησαι αυτη. 32 και
ειπεν Δαυιδ τη Αβιγαια Βαρουχ κυριος ο θεος Ισραηλ, ος απεστειλεν σε
σημερον εν ταυτη εις απαντησιν μοι, 33 και ευλογητος ο τροπος σου, και
ευλογημενη συ η αποκωλυσασα με σημερον εν ταυτη μη ελθειν με εις
αιματα και μη σωσαι χειρα μου εμοι. 34 πλην ζη κυριος ο θεος Ισραηλ, ος
απεκωλυσεν με σημερον του κακοποιησαι [σε], οτι ει μη εσπευσας και
παρεγενου εις απαντησιν μου, ουκ αν υπελειφθη τω Ναβαλ εως φωτος του
πρωι ουρων προς τοιχον. 35 και ελαβεν Δαυιδ παντα τα εκ της χειρος
αυτης α ηνεγκεν αυτω, και ειπεν αυτη Δαυιδ Αναβηθι εν ειρηνη εις τον οι-

μου²] > c₂* q gn | και²] > o | 29 εαν αναστη boc₂e₂ z hvᵇ | μου] > c₂ d v* |
ενδεδεμενη] δεδεμενη b´ | κυ² boc₂e₂ d vᵇ | του θυ boc₂e₂ d(> του) vᵇ | την²
boc₂e₂ lpqtz Naghijnvᵇb₂ | των boc₂e₂ Acx lpqtz Nhvᵇ | εχθρων part ex corr c₂ |
σφενδονησει oc₂e₂ vᵇ] σφενδονησεις b Bya₂ Acx lpqtz efmsw Na*hijnb₂ | 30 ποιη-
σει] ποιηση c₂ lqᵃ⁷z efmsw Nᵃ⁷j | o c₂e₂ ah] > bo | κατα boc₂e₂ gvᵇ | α boc₂e₂ vᵇ |
αγαθα] > o v* | 31 καρδιας boc₂e₂ Acx efmsw nvᵇ Thdt | εαυτω boc₂e₂ z vᵇ |
αγαθυνει boc₂e₂ vᵇ | του καλως ποιησαι boc₂e₂ z(mg) vᵇ | 32 βαρουχ b´b(txt)
oc₂e₂ z(mg) j(mg) Thdt] ευλογητος b(mg) Bya₂ Acx dlpqtz(txt) efmsw Naghij(txt)nv
b₂ | μοι boc₂ y dlqtz fm*sw Nhijb₂] μου e₂ Ba₂ cx p e agnvᵇ | 33 ευλογημενη]
ευλογημενος o | με² boc₂e₂ vᵇ | μη² boc₂e₂ z vᵇ | σωσαι] + την c₂ Thdt | μου]
+ εν b´b* | 34 σε c₂e₂ Bya₂ Acˣx z eˣfmsw Naghijnvᵇb₂] σοι b c* : με o | μου boc₂e₂
y Acx dp efmsw gvᵇ | ουκ boc₂e₂ dz(mg) vᵇ | αν boc₂e₂ z(mg) vᵇ | υπελειφθη boc₂e₂
z(mg) vᵇ | ουρων] ουρωντος b | 35 τα εκ της χειρος αυτης boc₂e₂ vᵇ | ηνεγκεν
boc₂e₂ vᵇ | δαδ² boc₂e₂ vᵇ | εν ειρηνη boc₂e₂ vᵇ | τον boc₂e₂ a₂ z ijvᵇ |

κον σου· βλεπε δη οτι ηκουσα της φωνης σου και ενετραπην το προσωπον σου. 36 και παρεγενετο Αβιγαια προς Ναβαλ, και ιδου ην αυτω ποτος ως ο ποτος των βασιλεων εν τω οικω αυτου, και η καρδια Ναβαλ αγαθη επ' αυτω, και αυτος μεθυων σφοδρα· και ουκ ανηγγειλεν Αβιγαια τω Ναβαλ ρημα μεγα η μικρον εως φωτος του πρωι. 37 και εγενετο πρωι, και ως εξενηψεν απο του οινου Ναβαλ, απηγγειλεν αυτω η γυνη αυτου παντα τα ρηματα ταυτα, και εναπεθανεν αυτω η καρδια αυτου, και αυτος γινεται ως λιθος. 38 και εγενοντο ωσει δεκα ημεραι και επαταξεν κυριος τον Ναβαλ, και απεθανεν. 39 και ηκουσεν Δαυιδ οτι απεθανεν, και ειπεν Βαρουχ κυριος [---- ----] ος εκρινεν την κρισιν του ονειδισμου μου εκ χειρος Ναβαλ και τον δουλον αυτου περιεποιησατο εκ χειρος κακων, και την κακιαν Ναβαλ επεστρεψεν κυριος εις την κεφαλην αυτου. και απεστειλεν Δαυιδ και ελαλησεν περι Αβιγαιας λαβειν αυτην εαυτω εις γυναικα. 40 και ηλθον οι παιδες Δαυιδ προς Αβιγαιαν εις τον Καρμηλον και ελαλησαν αυτη λεγοντες Δαυιδ απεσταλκεν ημας προς σε λαβειν σε αυτω εις γυναικα. 41 και αναστασα προσεκυνησεν επι προσωπον επι την γην και ειπεν Ιδου η δουλη σου εις παιδισκην νιπτειν τους ποδας των παιδων σου του κυριου μου. 42 και εταχυνεν και ανεστη Αβιγαια και επεβη επι την ονον, και πεντε κορασια αυτης [ηκολουθησαν] αυτη, και επορευθη οπισω

δη οτι boc₂e₂ z(mg) vᵇ | ενετραπην boc₂e₂ a₂ M(mg)gi(mg)vᵇ | 36 παρεγενετο boc₂e₂ cx ivᵇ | ην boc₂e₂ | ως] ωσει o | ο bc₂e₂ i | των βασιλεων εν τω οικω αυτου boc₂e₂ | αυτω boc₂e₂ a | ανηγγειλεν oc₂e₂] απηγγειλεν b Bya₂ Acx dlpqtz efmsw MNaghijnvb₂ | η μικρον boc₂e₂ p | 37 και² boc₂e₂ | η καρδια αυτου boc₂e₂ | 38 εγενοντο boc₂e₂ z efmsw i | τον] τω b x | 39 οτι απεθανεν boc₂(sub ※ vid)e₂ Acx gh] + Ναβαλ c₂(sub ※ vid) Acx g | βαρουχ boc₂e₂ i | ----] ο θϚ be₂ : > oc₂ | ος] > e₂ | εκρινεν] + εν e₂ | την κρισιν] τη κρισει e₂ | επεστρεψεν] απεστρεψεν b'o By* Ax | την³ boc₂e₂ iv | αυτην εαυτω] αυτω αυτην b' | 40 om totum comma e₂ | τον boc₂ i | απεσταλκεν boc₂ | 41 αναστασα boc₂e₂ | επι την γην boc₂e₂ y Acx f | ιδου] > o | νιπτειν τους boc₂e₂ | ποδας] + σου και e₂ | σου²] > e₂ A | του κυριου μου boc₂e₂ Acx e(σου)w i | 42 και εταχυνεν boc₂(sub ※)e₂(> και) Acx efmsw i | και ανεστη Αβιγαια] Αμιγαια

των αγγελων Δαυιδ και γινεται αυτω εις γυναικα. 43 και την Αχινααμ ελαβεν εαυτω Δαυιδ εξ [Ισραηλ], και ησαν αυτω αμφοτεραι εις γυναικας. 44 και Σαουλ εδωκεν Μελχολ την θυγατερα αυτου την γυναικα Δαυιδ τω Φαλτι υιω Ιωας τω εκ Γολιαθ.

26:1 Και ερχονται οι Ζιφαιοι εις τον βουνον εκ της αυχμωδους προς Σαουλ λεγοντες Ιδου Δαυιδ κρυπτεται παρ' ημιν εν τω βουνω [τω] Εχελα [τω] κατα προσωπον Ιεσσεμουν. 2 και ανεστη Σαουλ και κατεβη εις την ερημον την αυχμωδη και μετ' αυτου τρεις χιλιαδες ανδρων εκλεκτων εξ Ισραηλ του ζητειν τον Δαυιδ εν τη ερημω τη αυχμωδει. 3 και παρενεβαλεν Σαουλ εν τω βουνω τω Εχελα επι προσωπον Ιεσσεμουν του επι της οδου, και ο Δαυιδ εκαθητο εν τη ερημω. και ειδεν Δαυιδ οτι ηκει Σαουλ οπισω αυτου εις την ερημον, 4 και απεστειλεν Δαυιδ κατασκοπους και εγνω οτι ηκει Σαουλ οπισω αυτου εις Σεκελαγ. 5 και ανεστη Δαυιδ λαθραιως και επορευθη εις τον τοπον ον εκαθευδεν Σαουλ· και ειδεν Δαυιδ τον τοπον ου εκοιμηθη εκει Σαουλ, και Αβεννηρ υιος Νηρ αρχιστρατηγος αυτου εκει, και Σαουλ

και ανεστη e_2 | αυτης bc_2e_2 i | ηκολουθησαν bo cx e] ηκολουθησεν c_2e_2 | αγγελων boc_2e_2 g | 43 Αχινααμ] Αχινααβ o(vid) d | εαυτω boc_2e_2 i | Ισραηλ be_2 Bya_2 cx Nagh*v] Ιεζραηλ c_2 : Ιεζδραηλ o | αμφοτεραι boc_2e_2 | εις γυναικας boc_2e_2 z v | 44 Ιωας boc_2e_2 z(mg) efm*(vid)sw i | Γολιαθ boc_2e_2 z(mg) i |

26:1 Ζιφαιοι] Ζηφαιοι o a_2* cx dp f g | αυχμωδους] αχμωδους o x gnv | εκ της αυχμωδους προς Σαουλ boc_2e_2 | κρυπτεται oc_2e_2 M(mg)] κεκρυπται b'b(txt) z(mg) i | παρ' ημιν boc_2e_2 A i | $τω^2$ be_2 By dlpqtz efmsw Maghin] > oc_2 | Εχελα boc_2e_2 | $τω^3$ c_2e_2 lpqtz f ai] το bo a_2 d h | Ιεσσεμουν boc_2e_2 dlpqtz sw $N^{a?}g$ | 2 την αυχμωδη bo(αχμωδη)c_2e_2 z(mg) gi | του boc_2e_2 i | τη αυχμωδει bo(αχμωδη)c_2e_2 gi | 3 παρενεβαλεν] παρ※ενεβαλεν c_2* | τω Εχελα boc_2e_2(τω Εχελαν) ya_2 | προσωπον] + του b' Bya_2 Acx dlpqtz efmsw MNghijnvb$_2$ | Ιεσσεμουν boc_2e_2 dlpqtz msw $N^{a?}$] Εσσεμουν b' | του boc_2e_2 i | ο boc_2e_2 i | εκαθητο boc_2e_2 z i | ηκει] εικει b | 4 οπισω αυτου boc_2e_2 M(mg) | εις boc_2e_2 cx efmsw M(mg)g <71.244> | Σεκελαγ boc_2 efmsw] την ερημον e_2 | 5 λαθραιως boc_2e_2 | επορευθη boc_2e_2 | ον boc_2e_2 | $και^3$–σαουλ^2 sub ※ c_2 | και ειδεν (ειπε b'b*) δαδ τον τοπον ου

εκαθευδεν εν λαμπηνη, και ο λαος παρεμβεβληκως κυκλω αυτου. 6 και απεκριθη Δαυιδ και ειπεν προς Αχιμελεχ τον Χετταιον και προς Αβεσσα υιον [Σαρουια] αδελφον Ιωαβ λεγων Τις εισελευσεται μετ᾽ εμου εις την παρεμβολην προς Σαουλ; και ειπεν Αβεσσα Εγω εισελευσομαι μετα σου. 7 και εισπορευονται Δαυιδ και Αβεσσα εις τον λαον την νυκτα, και ιδου Σαουλ καθευδων υπνωσεν εν λαμπηνη, και το δορυ εμπεπηγος εις την γην προς κεφαλης αυτου, και [Αβεννηρ] και ο λαος εκαθευδεν κυκλω. 8 και ειπεν Αβεσσα προς Δαυιδ Απεκλεισεν κυριος σημερον τον εχθρον σου εις χειρας σου, και νυν παταξω δη αυτον τω δορατι απαξ και εις την γην, και ου δευτερωσω [αυτω]. 9 και ειπεν Δαυιδ προς αυτον Μη διαφθειρης αυτον, οτι τις εποισει χειρα αυτου επι χριστον κυριου και αθωωθησεται; 10 και ειπεν Δαυιδ Ζη κυριος, οτι εαν μη κυριος παιση αυτον, η η ημερα αυτου ελθη και αποθανη, η εις πολεμον καταβη και προστεθη· 11 εμοι δε μη γενοιτο παρα κυριου επενεγκειν χειρα μου επι χριστον κυριου· και νυν λαβε δη το δορυ το προς κεφαλης αυτου και τον φακον του υδατος απο του προς κεφαλης αυτου, και απελθωμεν ημεις. 12 και ελαβεν Δαυιδ το δορυ και τον φακον του υδατος απο προς κεφαλης αυτου, και απηλθον αυτοι·

εκοιμηθη (κοιμαται cx) εκει(> e₂ fm i) Σαουλ boc₂e₂ cx z(δαδ post τοπον²) efmsw i | υιος] > b′ cx d | Νηρ] ανηρ b′ | εκει² boc₂e₂ | λαμπηνη] λαπηνη b | 6 και ειπεν] > o c g | Σαρουια bo ya₂ Acx dlpqtz emsw Mghijnvb₂ Thdt] Αρουια e₂ : Σαουιλ c₂ | προς Σαουλ boc₂e₂ a₂(> προς) Thdt | 7 υπνωσεν boc₂] γυμνος e₂ | λαμπηνη] λαπινη b i | το] > c₂ y cx | Αβεννηρ be₂ Bya₂ A dlpqtz mw MNahijnvb₂] Αβενηρ c₂ cx efs g : και αβεννηρ post ο λαος ο | εκαθευδεν] εκαθευδον b h | κυκλω] + αυτων b | 8 σημερον] post σου¹] b | εις¹] + τας e₂ Bya₂ dlpqtz MNghijvb₂ | δη bc₂e₂ i | και εις την γην b(> και b′b^{a?})oc₂e₂ | δευτερωσω] δευτερω o | αυτω oc₂ Bya₂ Acx dlpqtz efmsw MNaghijnvb₂] αυτον be₂ cx N | 9 αυτον¹ boc₂e₂ | χριστον] χρηστον e₂ p* a | 10 μη] > b′ | αυτον] + κυριος b′ | η² boc₂e₂ B c e ahi] > b′ ya₂ Ax dlpqtz fmsw MNgjnvb₂ | 11 εμοι δε μη γενοιτο boc₂e₂ z(mg) | χριστον] χρηστον e₂ cx | το² boc₂e₂ i | και τον φακον του υδατος] > o | απο του προς κεφαλης αυτου bc₂e₂ a₂ i <242> [[απο] > i | του προς] της a₂ : > του <242> | αυτου] > <242>]] 12 αυτοι boc₂e₂ i |

και ουκ ην ο βλεπων και ουκ ην ο γινωσκων και ουκ ην ο εξεγειρομενος, παντες υπνουντες, οτι θαμβος κυριου επεπεσεν επ' αυτους. 13 και διεβη Δαυιδ εις το περαν και εστη επι της κορυφης του ορους μακροθεν, και πολλη η οδος ανα μεσον αυτων. 14 και προσεκαλεσατο Δαυιδ τον λαον και τω Αβεννηρ ελαλησεν λεγων Ουκ αποκριθησει, Αβεννηρ; και απεκριθη Αβεννηρ και ειπεν Τις ει συ ο καλων με; τις ει συ; 15 και ειπεν Δαυιδ προς Αβεννηρ Ουχι ανηρ συ; και τις ως συ εν Ισραηλ; και ινα τι ου [φυλασσεις] τον κυριον σου τον βασιλεα; οτι εισηλθεν εις του λαου διαφθειραι τον κυριον σου τον βασιλεα. 16 ουκ αγαθον το ρημα τουτο, ο πεποιηκας· ζη κυριος, οτι υιοι θανατου υμεις οι μη φυλασσοντες τον κυριον υμων τον βασιλεα τον χριστον κυριου. και νυν ιδε που εστιν το δορυ του βασιλεως και ο φακος του υδατος τα προς κεφαλης αυτου; 17 και επεγνω Σαουλ την φωνην Δαυιδ και ειπεν Η φωνη σου αυτη, τεκνον Δαυιδ; και ειπεν Δαυιδ φωνη μου, κυριε μου, Δουλος σος, κυριε βασιλευ. 18 και ειπεν Δαυιδ Ινα τι τουτο [καταδιωκει] ο κυριος μου ο βασιλευς οπισω του δουλου αυτου; τι ημαρτον η τις εν εμοι κακια ευρεθη; 19 και νυν ακουσατω δη ο κυριος μου ο βασιλευς τα ρηματα του δουλου αυτου· ει ο θεος επισειει σε επ' εμε, οσφρανθειη η θυσια σου· ει δε υιοι ανθρωπων, επικαταρατοι ουτοι ενωπιον κυριου, οτι εξεβαλον με σημερον μη εστηριχθαι εν κληρονομια κυριου λεγοντες Πορευου και δουλευε θεοις ετεροις. 20 και νυν μη πεσοι το αιμα μου επι την γην εξ εναντιας προσωπου κυριου, οτι εξεληλυθεν ο βασιλευς

---

13 της κορυφης boc₂e₂ | 14 και απεκριθη Αβεννηρ] > b΄ο By* Ax | συ¹] > b | τις ει συ boc₂e₂ | 15 Ουχι boc₂e₂ | εν Ισραηλ ως συ b | ινα boc₂e₂ | φυλασσεις oe₂ Bya₂ Ax dlpqt efmsw MNahjnb₂] φυλασσης bc₂ c giv | εις] + εκ b Bya₂ Acx qtz MNaˣghijnb₂ | 16 τουτο] > c₂ dlpqtz | θανατου boc₂e₂ cx zᵃˀ Thdt | μη boc₂e₂ Mv Thdt | τον βασιλεα boc₂e₂ Thdt | χριστον] χρηστον e₂ c a | το δορυ του βασιλεως και ο φακος του υδατος boc₂e₂ | 17 φωνη μου κυριε μου boc₂e₂ i Thdt 1/2 | σος boc₂ y MNhjnv Thdt] σου e₂ Ba₂ Acx dlpqtz efmsw agib₂ | 18 δαδ boc₂e₂ A n | καταδιωκει be₂ Bya₂ Acx dlpqtˣz efmsw MNahijnvb₂] καταδιωκη c₂ g : καταδιωκεις o t* | μου ο βασιλευς boc₂e₂ | ημαρτον η τις boc₂e₂ Thdt | κακια ευρεθη boc₂e₂ Thdt | 19 επισειει] επισειεις e₂ v | σε] > e₂ d i | οσφραν-θειη] οσφρανθη e₂ h | ει²] οι b΄ cx | δε] + οι e₂ e | και² boc₂e₂ Thdt | 20 μη]

Ισραηλ ζητειν ψυλλον ενα καθως καταδιωκει ο νυκτικοραξ εν τοις ορεσιν. 21 και ειπεν Σαουλ Ημαρτον· επιστρεφε, τεκνον Δαυιδ, οτι ου κακοποιησω σε ετι ανθ' ων εντιμος γεγενηται η ψυχη μου εν οφθαλμοις σου εν τη ημερα ταυτη· μεματαιωμαι και ηγνοηκα πολλα σφοδρα. 22 και απεκριθη Δαυιδ και ειπεν Ιδου το δορυ του βασιλεως· διελθετω εν των παιδαριων και λαβετω αυτο. 23 και κυριος επιστρεψει εκαστω τας δικαιοσυνας αυτου και την πιστιν αυτου, ως παρεδωκεν σε κυριος σημερον εις χειρας μου και ουκ ηθελησα επενεγκειν χειρα μου επι χριστον κυριου· 24 και νυν καθως εμεγαλυνθη εν τη ημερα ταυτη η ψυχη σου εν οφθαλμοις μου, ουτως μεγαλυνθειη η ψυχη μου εναντιον κυριου και εκσπασαι με και εξελοιτο με εκ πασης θλιψεως. 25 και ειπεν Σαουλ προς Δαυιδ Ευλογημενος συ, τεκνον Δαυιδ, και ποιων ποιησεις και δυναμενος δυνησει. και απηλθεν Δαυιδ εις την οδον αυτου, και Σαουλ επεστρεψεν εις τον τοπον αυτου.

27:1 Και ειπεν Δαυιδ εν τη καρδια αυτου λεγων Νυν προστεθησομαι εν ημερα μια εις χειρας Σαουλ, και ουκ εσται μοι εις αγαθον, εαν μη διασωθω εις γην αλλοφυλων και ανη απ' εμου Σαουλ του ζητειν με εις παν οριον Ισραηλ, και σωθησομαι εκ χειρος αυτου. 2 και ανεστη Δαυιδ και διεβη αυτος και οι εξακοσιοι ανδρες [οι] μετ' αυτου και επορευθη προς Ακχους υιον Αχιμααν βασιλεα Γεθ. 3 και εκαθισεν Δαυιδ προς Ακχους βασιλεα εν Γεθ, αυτος και οι ανδρες οι μετ' αυτου, εκαστος και ο οικος

> e₂ | επι την γην] > e₂ | ψυλλον ενα boc₂e₂ z(mg) | 21 ημαρτον boc₂e₂ | ετι boc₂e₂ Acx efmw | εντιμος] ετοιμος o | γεγενηται b'oc₂e₂ i] γεγεννηται b | η boc₂e₂ cx efmsw ahv | ηγνοηκα] ηγνοημαι e₂ | 22 διελθετω] + δη b x a | αυτο] αυτω o d gv | 23 επιστρεψει] επιστρεψη oc₂* | χριστον] χρηστον e₂ cx | 24 νυν boc₂e₂ | τη ημερα boc₂e₂ z | η ψυχη σου boc₂e₂ | μεγαλυνθειη] μεγαλυνθη e₂ vᵃ⁷ | εναντιον boc₂e₂ ajb₂ | εκσπασαι boe₂] σκεπασαι c₂ Bya₂ lpqtz efmsw MNaghijnvb₂ | 25 δαδ² boc₂e₂ Acx i | επεστρεψεν] απεστρεψεν b' A |

27:1 λεγων] > o | προστεθησομαι] προσθησομαι c₂ | εσται boc₂e₂ i | εις² boc₂e₂ | γην] χειρας o | 2 και διεβη αυτος boc₂e₂ Acx z(mg) i <246>(ανεβη) | οι² c₂e₂ A efmsw MNahiv] > bo | Ακχους boe₂] Αγχους c₂ Bya₂ A dlpqtz efmsw MNaghjnvb₂ | Αχιμααν boc₂e₂ z(mg) M(mg)] Αχιμαα b' | 3 προς boc₂e₂ g |

αυτου, και Δαυιδ και αμφοτεραι αι γυναικες αυτου Αχινααμ η [Ισραη-
λιτις] και Αβιγαια η γυνη Ναβαλ του Καρμηλιου. 4 και απηγγελη τω
Σαουλ οτι πεφευγεν Δαυιδ εις Γεθ, και ου προσεθετο ετι ζητειν αυτον.
5 και ειπεν Δαυιδ προς Ακχους Ει δη ευρηκεν χαριν ο δουλος σου εν
οφθαλμοις σου, δοτωσαν δη μοι τοπον εν μια των πολεων των κατ' αγρον
και καθησομαι εκει· και ινα τι καθηται ο δουλος σου εν πολει βασιλευο-
μενη μετα σου; 6 και εδωκεν αυτω Ακχους εν τη ημερα εκεινὴ την
Σεκελαγ· δια τουτο εγενετο η Σεκελαγ τω βασιλει της Ιουδαιας εως της
ημερας ταυτης. 7 και εγενετο ο αριθμος των ημερων, ων εκαθισεν Δαυιδ
εν αγρω των αλλοφυλων, μηνες τεσσαρες. 8 και ανεβαινεν Δαυιδ και οι
ανδρες αυτου και επετιθεντο επι παντα τον εγγιζοντα και εξετεινον επι
τον [Γεσουραιον] και τον Ιεξραιον και επι τον Αμαληκιτην· οτι κατωκειτο
η γη απο Γεσσουρ και εως γης Αιγυπτου. 9 και ετυπτον την γην και ουκ
εζωογονει ανδρα και γυναικα και ελαμβανεν ποιμνια και βουκολια και
ονους και καμηλους και ιματισμον, και ανεστρεφον και ηρχοντο προς Ακ-

Ακχους boc₂'e₂] Αγχους c₂* Bya₂ A dlpqtz efmsw MNaghijnvb₂ | βασιλεα εν
boc₂e₂ | οι μετ' boc₂e₂ z <123> | Αχινααμ bc₂e₂ P Acx z efm*sw i] Αχινααβ ο
hᵇ | Ισραηλιτις b'ˣ Bya₂ x dlpqtz ew Maghjnvb₂] Ησραηλιτις b'*b : Ιεζραηλιτις
c₂e₂ fms : Εζισραηλιτης o | Καρμηλιου] Καρμηλιτου b'b(mg) | 4 Σαουλ] δαδ
b' | 5 Ακχους boc₂e₂ | ο δουλος σου boc₂e₂ cx MNa(παις)gijvb₂ | 6 Ακχους
boc₂e₂ | εκεινη pr ※ ad init lin c₂ | Σεκελαγ¹ bc₂e₂ efmsw hᵇ'] Σεκελακ ο Ba₂ N |
εγενετο boc₂e₂ j | η boc₂e₂ j | Σεκελαγ² boc₂ efmsw hᵇ'] Σελαγ e₂ | 7 εγενετο
boc₂e₂ | τεσσαρες boc₂e₂ d | 8 ανδρες] + οι μετ' ο | επετιθεντο] επετιθοντο
b a₂ a | εγγιζοντα και εξετεινον επι τον [Γεσουραιον] και τον Ιεξραιον
boc₂e₂ z(mg) gi <246> [[εξετεινεν i <246> | Γεσουραιον oe₂ z(mg) g] Γεσσου-
ραιον bc₂ : Γεβουσαιον i : Ιεβουσαιον <246> | και τον ιεξραιον] > b' | τον²]
επι τον i <246> | Ιεξραιον] Ιεξαιραιον g : Ιεσραιον z(mg) : Ιεζαιον
<246>]] | οτι boc₂e₂ z(mg) | κατωκειτο] κατωκει b | η γη boc₂e₂ y Acx z(mg) |
ανηκοντων] + η b B Acx | Γεσσουρ b'oe₂] Γεσουρ bc₂ z(mg) | 9 τυπτον bc₂e₂
i] ετυπτε ο Bya₂ Acx dlpqtz efmsw MNaghjnvb₂ | εζωογονει] εζωογονυ b' | και³
boc₂e₂ By Acx | ελαμβανεν oc₂e₂ Bya₂ Acx v] ελαμβανον b dlpqtz efmsw
MNaghijnb₂ | Ακχους boc₂e₂ |

χους. 10 και ειπεν Ακχους προς Δαυιδ Επι τινα επεθεσθε σημερον; και ειπεν Δαυιδ προς Ακχους Κατα νοτον της Ιουδαιας και κατα νοτον Αερμων και κατα νοτον του Κενεζι. 11 και παντα ανδρα και γυναικα ουκ εζωογονει Δαυιδ του εισαγαγειν εις Γεθ λεγων Μη ποτε απαγγειλωσιν καθ' ημων λεγοντες Ταδε ποιει Δαυιδ. και τουτο το δικαιωμα αυτου πασας τας ημερας ας εκαθισεν Δαυιδ εν αγρω των αλλοφυλων. 12 και ενεπιστευθη Δαυιδ εν τω Ακχους σφοδρα και ειπεν [ο] Ακχους Ησχυνται αισχυνομενος εν τω λαω αυτου εν τω Ισραηλ και εσται μου δουλος εις τον αιωνα.

28:1 Και εγενετο εν ταις ημεραις εκειναις και συναθροιζουσιν οι αλλοφυλοι τας παρεμβολας αυτων του εξελθειν εις πολεμον επι τον Ισραηλ, και ειπεν Ακχους προς τον Δαυιδ Γινωσκων γνωσει οτι μετ' εμου εξελευσει εις τον πολεμον συ και οι ανδρες σου. 2 και ειπεν Δαυιδ προς Ακχους Ουτω νυν γνωσει α ποιησει ο δουλος σου· και ειπεν Ακχους προς Δαυιδ Ουτως αρχισωματοφυλακα θησομαι σε πασας τας ημερας. 3 Και Σαμουηλ απεθανεν, και εκοψαντο αυτον πας Ισραηλ και θαπτουσιν αυτον εν Αρμαθαιμ εν τη πολει αυτου. και Σαουλ εξηρεν τους εγγαστριμυθους και τους γνωσ-

10 και¹–Ακχους²] > b´ | Ακχους¹ boc₂e₂ | Ακχους² boe₂ | νοτον] νωτον¹ b´ c a* | Ιουδαιας] Ιδαιας b´* | νοτον²] νωτον b´ c | Αερμων b´oc₂e₂ z(mg)] Αερμον b | νοτον³] νωτον b´ c | 11 παντα boc₂e₂ | εζωογονει boc₂e₂ z gi] εζωογονυ b´ | δαδ¹ boc₂e₂ z gi | ποτε boc₂e₂ z | απαγγειλωσιν bc₂e₂] απαγγειλω σοι ο | δαδ² boc₂e₂ a₂ Acx z jv | τουτο boc₂e₂ iv^b | εκαθισεν oc₂e₂] εκαθητο b Bya₂ Acx dlpqtz efmsw MNaghijnvb₂ | 12 ενεπιστευθη oc₂e₂ z] επιστευθη b Bya₂ Acx dlpqt efmsw MNaghijnvb₂ | Ακχους¹ boc₂e₂ | και ειπεν boc₂e₂ z i | ο be₂ z] > oc₂ | Ακχους² boc₂e₂ | αισχυνομενος] αισχυνομενοι ο | τω³ boc₂e₂ z | μου boc₂e₂ A] μοι b´ Bya₂ cx dlpqtz efmsw MNaghijnvb₂ |

28:1 εγενετο boc₂e₂ A | συναθροιζουσιν οι boc₂e₂ Thdt | τας παρεμβολας boc₂e₂ Thdt | του boc₂e₂ z Thdt | εις πολεμον επι boc₂e₂ Thdt | τον¹ boc₂e₂ | Ακχους boc₂e₂ | τον² boc₂e₂ | ειπεν Ακχους προς τον Δαυιδ] Ακχους προς τον Δαυιδ ειπεν ο | τον³ boc₂e₂ Acx z h | 2 Ακχους¹ boc₂e₂ | Ακχους² boc₂e₂ | 3 αυτον¹] > b cx d i | πας] πασαι φυλαι ο | τη boc₂e₂ Thdt | εξηρεν boc₂e₂ |

τας απο της γης. 4 και συναθροιζονται οι αλλοφυλοι και ερχονται και παρεμβαλλουσιν εις Σωμαν, και συναθροιζει Σαουλ παντα ανδρα Ισραηλ και παρεμβαλλουσιν εις Γελβουε. 5 και ειδεν Σαουλ την παρεμβολην των αλλοφυλων και εφοβηθη, και εξεστη η καρδια αυτου σφοδρα. 6 και επηρωτησεν Σαουλ δια του κυριου, και ουκ απεκριθη αυτω κυριος και εν τοις υπνοις και εν τοις δηλοις και εν τοις προφηταις. 7 και ειπεν Σαουλ τοις παισιν αυτου Ζητησατε μοι εγγαστριμυθον, και πορευσομαι προς αυτην και εκζητησω εν αυτη· και ειπον οι παιδες αυτου προς αυτον Ιδου γυνη εγγαστριμυθος εν Αενδωρ. 8 και ηλοιωθη Σαουλ και περιεβαλετο ιματια ετερα και πορευεται αυτος και δυο ανδρες μετ' αυτου και ηλθον προς την γυναικα νυκτος και ειπεν αυτη Σαουλ Μαντευσαι δη μοι εν τω εγγαστριμυθω και αναγαγε μοι ον εαν ειπω σοι. 9 και ειπεν η γυνη προς αυτον Ιδου συ οιδας α εποιησεν Σαουλ, ως [εξωλεθρευσεν] τους εγγαστριμυθους και τους αποφθεγγομενους απο της γης· και ινα τι συ παγιδευεις την ψυχην μου θανατωσαι με; 10 και ωμοσεν αυτη Σαουλ κατα του θεου λεγων Ζη κυριος, ει απαντησει σοι αδικια εν τω λογω τουτω. 11 και ειπεν η γυνη τω Σαουλ Τινα αναγαγω σοι; και ειπεν Σαουλ Τον Σαμουηλ αναγαγε μοι. 12 και ειδεν η γυνη τον Σαμουηλ και εβοησεν η γυνη φωνη μεγα-

4 οι boc₂e₂ B cx z f ai | παρεμβαλλουσιν] παρεμβαλουσιν b′ a₂ dp a*g | Σωμαν boc₂e₂ Bya₂ i | συναθροιζει] συναθροιζη b c v | παρεμβαλλουσιν] παρεμβαλουσιν b′ a₂ c dpz a*v | Γελβουε] Γελβους c₂ : Γεβουε b* | 5 σφοδρα] > e₂ d e | 6 του boc₂e₂ cx ib₂ Thdt | και¹ boc₂e₂ Thdt | υπνοις oc₂e₂ ij Thdt] ενυπνιοις b Bya₂ Acx dlpqtz efmsw MNaghnvb₂ | 7 μοι] + γυναικα b Bya₂ Acx dlpqtz efmsw MNaghijnvb₂ | εκζητησω boc₂e₂ | ειπον boc₂e₂ A dz ef ai | 8 ηλλοιωθη boc₂e₂ z(mg) M(mg)i | περιεβαλετο] περιεβαλλετο b m Na* | ηλθον boc₂e₂] ηλθε b′ | Σαουλ² boc₂e₂ i | μαντευσαι] μαντευσον b c | εγγαστριμυθω] γαστριμυθω o* | αναγαγε] αναγγειλον b | ον] o b′ a₂ cx v | 9 συ¹] σοι o h* | α boc₂e₂ | Σαουλ ως] > o v | εξωλεθρευσεν bc₂ Bya₂ Ac dlpqtz efmsw MNaghijnvb₂] εξολοθρευσαι e₂ x : > o | αποφθεγγομενους b′oc₂e₂ z(mg) i] αποφεγγομενους b | παγιδευεις] παγιδευης o s | με boc₂e₂ i | 10 κατα του θυ boc₂e₂ | 11 Σαουλ² boc₂e₂ | 12 εβοησεν boc₂e₂ cx n Or-gr | η γυνη φωνη μεγαλη και ειπεν η γυνη

λη· και ειπεν η γυνη προς Σαουλ Ινα τι παρελογισω με; και συ ει Σαουλ. 13 και ειπεν αυτη ο βασιλευς Μη φοβου, τι εωρακας; ειπε. και ειπεν η γυνη προς Σαουλ Θεους ειδον εγω αναβαινοντας εκ της γης. 14 και ειπεν αυτη Σαουλ Τι εγνως; και ειπεν αυτω Ανδρα [ορθριον] αναβαινοντα απο της γης, αναβεβλημενον διπλοιδα. και εγνω Σαουλ οτι Σαμουηλ εστιν ουτος, και εκυψεν επι προσωπον επι την γην και προσεκυνησεν αυτω. 15 και ειπεν Σαμουηλ Ινα τι παρηνωχλησας μοι του αναβηναι με; και ειπεν Σαουλ Θλιβομαι σφοδρα, και οι αλλοφυλοι πολεμουσιν εν εμοι, και ο θεος αφεστηκεν απ᾽ εμου και ουκ επακηκοεν μου ετι ουτε εν χειρι των προφητων ουτε εν ενυπνιοις ουτε εν δηλοις· και νυν κεκληκα σε του γνωρισαι μοι τι ποιησω. 16 και ειπεν Σαμουηλ Ινα τι επερωτας με; και κυριος αφεστηκεν απο σου και γεγονεν μετα του πλησιον σου· 17 και εποιησεν αυτω καθως ελαλησεν εν χειρι μου, και διαρρηξει κυριος την βασιλειαν εκ χειρος σου και δωσει αυτην τω πλησιον σου τω Δαυιδ. 18 διοτι ουχ υπηκουσες της φωνης κυριου και ουκ επλησας θυμον οργης αυτου εν τω Αμαληκ, δια το ρημα τουτο εποιησεν σοι κυριος ουτως τη ημερα ταυτη. 19 και παραδωσει κυριος τον Ισραηλ μετα σου εις χειρας αλλοφυλων, και αυριον συ και Ιω-

---

boc₂e₂] φωνη μεγαλη η γυνη και ειπεν b´ | 13 τι oc₂e₂ Or-gr] τινα b Bya₂ Acx dlpqtz efmsw MNaghijnvb₂ | εωρακας ειπε boc₂e₂ | η γυνη προς Σαουλ boc₂e₂ em(mᵐᵍ sub ※)w Or-gr | ειδον boc₂e₂ Or-gr | εγω boc₂e₂ | 14 αυτη] αυτω o | Σαουλ¹ boc₂e₂ | ορθριον (αναβαινοντα) be₂ y A m Ngh] (αναβαινοντα) ορθρι-ον b´ : ορθιον (αναβαινοντα) o B cx dlpqtz efsw Maijnvb₂ : θειον (αναβαινον-τα) c₂ | απο bc₂e₂] εκ o By Acx dlpqtz efsw MNaghijnvb₂ | αναβεβλημενον boc₂e₂ | εστιν boc₂e₂ y | 15 του¹ boc₂e₂ z Or-gr | αναβηναι] αναγαγειν e₂ Or-gr | Σαουλ] Σαμουηλ e₂* | ουτε¹ boc₂e₂ z | ουτε² boc₂e₂ z | ουτε³ boc₂e₂ z | εν δηλοις boc₂e₂ z efsmw MNaᵇgn | του γνωρισαι boe₂] ινα γνωρισης c₂ N | μοι²] με b c*ᵛ v | 17 εποιησεν αυτω boc₂e₂ z(πεποιηκεν) Or-gr | βασιλειαν] + σου o Bya₂ Acx d efmsw Nv | 18 ουχ boc₂e₂ | υπηκουσες oˣc₂e₂] υπηκουσας b : υπη-κουσε o* | της] > c₂ | τω boc₂e₂ | σοι Ϗ ουτως bc₂e₂] κυριος o | 19 Ιωναθαν boc₂e₂ z(mg) Thdt | ο υιος boc₂e₂ z(mg) Thdt | μετ᾽ εμου bc₂e₂ z(mg) M(mg) Jos

ναθαν ο υιος σου μετ' εμου, και την παρεμβολην Ισραηλ και σε δωσει κυριος εις χειρας αλλοφυλων. 20 και εσπευσεν Σαουλ και επεσεν απο της στασεως αυτου επι την γην, και εφοβηθη σφοδρα απο των λογων Σαμουηλ· και ουκ ην εν αυτω ετι ισχυς, οτι ουκ εφαγεν αρτον ολην την ημεραν εκεινην και ολην την νυκτα. 21 και εισηλθεν η γυνη προς Σαουλ και ειδεν οτι εσπευκεν Σαουλ σφοδρα, και ειπεν προς αυτον Ιδου ηκουσεν η δουλη σου της φωνης σου και εθεμην την ψυχην μου εν τη χειρι μου και ηκουσα τους λογους σου ους ελαλησας μοι· 22 και νυν ακουσον και συ της φωνης της δουλης σου, και παραθησω ενωπιον σου ψωμον αρτου, και φαγεσαι, και εσται εν σοι ισχυς, οτι πορευη εν οδω. 23 και ηπειθησεν και ουκ εβουλετο φαγειν· και παρεβιασαντο αυτον οι παιδες αυτου και η γυνη, και ηκουσεν της φωνης αυτων και ανεστη απο της γης και εκαθισεν επι τον διφρον. 24 τη δε γυναικι ην μοσχαριον γαλαθηνον εν τη οικια, και εσπευσεν και εθυσεν αυτο και ελαβεν αλευρα και εφυρασεν και επεψεν αζυμα 25 και προσηνεγκεν ενωπιον Σαουλ και ενωπιον των παιδων αυτου, και εφαγον. και ανασταντες απηλθον την νυκτα εκεινην.

29:1 Και συναθροιζουσιν οι αλλοφυλοι πασας τας παρεμβολας αυτων εις Αφεκ, και Ισραηλ παρενεβαλεν εν Αιν τη εν [Ιεζραηλ]. 2 και οι σατραπαι των αλλοφυλων παρεπορευοντο εις εκατονταδας και χιλιαδας, και Δαυιδ

(vid)] > ο y*a₂ Or-gr | και σε boc₂e₂ Thdt | δωσει] παραδωσει ο Or-gr | 20 απο της στασεως αυτου boc₂e₂ M(mg) | ισχυς boc₂e₂ | αρτον] αρτου b | και ολην την νυκτα boc₂e₂ Acx | 21 προς'] > c₂* d | εσπευκεν boe₂] εσπευσεν c₂ Bya₂ lpqtz efmsw MNaghijnvb₂ | Σαουλ² boc₂e₂ | μου²] σου e₂ y efmsw | 22 και² boc₂e₂ | συ boc₂e₂ esw | φαγεσαι boc₂e₂ g | πορευη] πορευση e₂ B | 23 και¹ boc₂e₂] + ουκ b'* | ηπειθησεν b'*⁷(vid)boc₂e₂] ηπειθησε b'* | παρεβιασαντο boc₂e₂ cx N | ανεστη] απεστη b | τον] το ο y | 24 μοσχαριον γαλαθηνον boc₂e₂ y(απαλον) z(mg) i(mg) | αυτο b'oc₂e₂ y A] αυτω b | εφυρασεν] εσφυραις ο | επεψεν] επεμψεν ο Acx Ng | 25 ανασταντες boc₂e₂ Thdt |

29:1 εις] επι e₂ | Αφεκ boc₂e₂ Bya₂ Acx | εν¹] > e₂ | Αιν oc₂e₂] Ναιν b M(mg) | τη] την c₂ Bya₂ Ax qtz hn | Ιεζραηλ c₂e₂] Ιεζδραηλ ο : Ισραηλ b Bya₂ jb₂ | 2 οι¹

και οι ανδρες αυτου παρεπορευοντο επ' εσχατων μετα Ακχους. 3 και ειπον
οι σατραπαι και οι στρατηγοι των αλλοφυλων Τινες οι παραπορευομενοι
ουτοι; και ειπεν Ακχους προς τους σατραπας των αλλοφυλων Ουτος εστιν
Δαυιδ ο δουλος Σαουλ του βασιλεως Ισραηλ ος γεγονεν μετ' εμου ηδη
δευτερον ετος ημερων, και ουχ ευρον εν αυτω ουδεν αφ' ης ημερας εισ-
ηλθεν προς με εως της ημερας ταυτης.

4 και εθυμωθησαν επ' αυτω οι
σατραπαι των αλλοφυλων και λεγουσιν αυτω Αποστρεψον τον ανδρα και
αποστραφητω εις τον τοπον αυτου, ου κατεστησας αυτον εκει, και μη
ερχεσθω μεθ' ημων εις τον πολεμον και μη γινεσθω επιβουλος τη παρεμ-
βολη· και εν τινι διαλλαγησεται ουτος τω κυριω αυτου; η ουχι εν ταις
κεφαλαις των ανδρων εκεινων; 5 ουχ ουτος εστιν Δαυιδ, ω εξηρχον αι
χορευουσαι λεγουσαι Επαταξεν Σαουλ εν χιλιασιν αυτου και Δαυιδ εν
μυριασιν αυτου; 6 και εκαλεσεν Ακχους τον Δαυιδ και ειπεν αυτω Ζη
κυριος οτι ευθης συ και αγαθος εν οφθαλμοις μου, και η εξοδος σου και
η εισοδος σου μετ' εμου εν τη παρεμβολη, και ουχ ευρον κατα σου κακιαν
αφ' ης ημερας ηκεις προς με εως της ημερας ταυτης· και εν οφθαλμοις των
σατραπων ουκ αγαθος συ· 7 και νυν αναστρεφε και πορευου εν ειρηνη,
και ου μη ποιησης κακιαν εν οφθαλμοις των σατραπων των αλλοφυλων.
8 και ειπεν Δαυιδ προς Ακχους Τι εποιησα σοι η τι ευρες εν τω δουλω σου
αφ' ης ημερας ημην ενωπιον σου και εως [της] ημερας ταυτης, οτι ου μη
ελθω πολεμησαι τους εχθρους του κυριου μου του βασιλεως; 9 και απε-

boc₂e₂ y cx z | Ακχους boc₂e₂ | 3 και οι στρατηγοι των αλλοφυλων oc₂e₂] των
αλλοφυλων και οι στρατηγοι b | παραπορευομενοι boc₂e₂ y z(mg) | Ακχους
boc₂e₂ | εστιν boc₂e₂ g] + ο ο | του boc₂e₂ | ος boc₂e₂ Acx z g | μετ' εμου ηδη
boc₂e₂ | ημερων oc₂e₂] σημερον b | ευρον boc₂e₂ | εισηλθεν boc₂e₂ M(mg) |
4 εθυμωθησαν boc₂e₂ z(mg) Chr | επ' αυτω οι σατραπαι] οι σατραπαι επ'
αυτω e₂ | ημων] υμων ο g | ουτος] ουτως c₂ a*v* | η bc₂e₂ Chr | 5 αι χορευ-
ουσαι boc₂e₂ y x z(mg) | λεγουσαι boc₂e₂ y z(mg) | 6 Ακχους bc₂e₂] Αχχους ο |
ευθης] ευθυς b*e₂ e ain <71> | η²] > ο* t* | ευρον boc₂e₂ | ταυτης boc₂e₂ |
7 εν ειρηνη b(εν bis scr b*)oc₂e₂ | ποιησης] ποιησεις b´ο Ba₂ Acx p MN*aghv |
8 Ακχους boc₂e₂] Εκχους b´ | εποιησα boc₂e₂ | η boc₂e₂ | εν] > b´ | ημερας]
> ο | της c₂e₂ Bya₂ Acx dlpqtz efmsw MNaghijnvb₂] > bo |

κριθη Ακχους και ειπεν προς Δαυιδ Οιδα οτι αγαθος συ εν οφθαλμοις μου, [καθως αγγελος θεου] αλλ' οι στρατηγοι των αλλοφυλων λεγουσιν Ουχ ηξει μεθ' ημων εις πολεμον. 10 και νυν ορθρισον το πρωι, συ και οι παιδες σου οι ηκοντες μετα σου, και πορευεσθε εις τον τοπον ον κατεστησα υμας εκει, και λογον λοιμον μη θης εν τη καρδια σου, οτι αγαθος συ εν οφθαλμοις μου ως αγγελος θεου· εν οδω ορθρισατε· εν τη οδω φωτισατω υμιν, και πορευθητε. 11 και ωρθρισεν Δαυιδ αυτος και οι ανδρες αυτου του απελθειν το πρωι και φυλασσειν την γην των αλλοφυλων, και οι αλλοφυλοι ανεβησαν επι Ισραηλ πολεμειν.

30:1 Και εγενηθη εν τω παραγενεσθαι Δαυιδ και τους ανδρας αυτου εις Κειλα τη ημερα τη τριτη, και Αμαληκ επεθετο επι τον νοτον και επι Σεκελαγ εξελθοντος Δαυιδ και των ανδρων αυτου εκ Σεκελαγ τη ημερα τη τριτη και επαταξαν την Σεκελαγ και ενεπυρισαν αυτην εν πυρι· 2 τας δε γυναικας και παντας τους εν αυτη απο μικρου εως μεγαλου ουκ εθανατωσαν ανδρα και γυναικα, και ηχμαλωτευσαν αυτους και απηλθον εις την οδον αυτων. 3 και εγενετο εισελθοντος του Δαυιδ και των ανδρων των μετ' αυτου εις την Σεκελαγ τη ημερα τη τριτη, και ιδου ενπεπυριστο πυρι, αι δε

9 Ακχους boc₂e₂ | και ειπεν boc₂e₂ Ac(ειπε)x N | συ αγαθος b | καθως αγγελος θυ (κυ cx) bc₂ Acx] > oe₂ | στρατηγοι boe₂ dlᵃ(sup ras)pqtz Nahv] σατραπαι c₂ Bya₂ Acx l* efmsw Mgijnb₂ | 10 συ¹] σοι b | ηκοντες] οντες e₂ | ον boc₂e₂ | υμας] ημας o c* | θης] θεις b´o y gi | εν οφθαλμοις boc₂e₂ z(mg) i | ως αγγελος θυ boc₂e₂ z(mg) h | εν οδω boc₂e₂ z(mg) | υμιν] υμων o | 11 το boc₂e₂ Ax | πρωι boc₂e₂ cx | επι boc₂e₂ By | πολεμειν boc₂e₂ |

30:1 εν τω παραγενεσθαι boc₂e₂ z(mg) | τους ανδρας boc₂e₂ z(mg) | εις boc₂e₂ Bya₂ Acx z(mg) i | Κειλα b´oc₂e₂ Bya₂ z(mg) i] Κειλαγ b | νοτον] νωτον b´ | Σεκελαγ¹ oc₂e₂ y efmsw hᵇ⁷] Σικελαγ b Ax dlpqtz aijnb₂ : Σικιλα b´ | εξελθοντος-τριτη boc₂e₂ i(Σικελαγ) | επαταξαν bc₂e₂ dlptz hᵇ⁷n] επαταξεν o B Acx MNgh*ij b₂ | Σεκελαγ² boc₂e₂ hᵇ⁷ | 2 δε boc₂e₂ | και² boc₂e₂ Bya₂ A n | και³ oc₂e₂] αλλ' b Bya₂ Acx dlpqtz efmsw MNaghijnvb₂ | αυτους boc₂e₂ | 3 εγενετο εισελθοντος boc₂e₂ | του oc₂e₂ | των ανδρων των μετ' boc₂e₂ | Σεκελαγ τη ημερα τη τριτη boc₂e₂ | ενπεπυριστο boc₂e₂ efmsw Nghin] εμπεπυρισται b´ By A |

γυναικες αυτων και αι θυγατερες αυτων και οι υιοι αυτων αιχμαλωτευμε- νοι. 4 και επηρεν Δαυιδ και οι ανδρες αυτου την φωνην αυτων και εκλαυ- σαν, εως οτου ουκ ην ισχυς εν αυτοις του κλαιειν ετι. 5 και αμφοτεραι αι γυναικες Δαυιδ ηχμαλωτευθησαν, [Αχινααμ] η Ιεζραηλιτις και Αβιγαια η γυνη Ναβαλ του Καρμηλιου. 6 και εθλιβη Δαυιδ σφοδρα, οτι ειπεν ο λαος λιθοβοληΣαι αυτον, διοτι κατωδυνος ψυχη παντος του λαου, εκαστου επι τοις υιοις αυτου και επι ταις θυγατρασιν αυτου· και εκραταιωθη Δαυιδ εν κυριω θεω αυτου. 7 και ειπεν Δαυιδ προς Αβιαθαρ τον ιερεα υιον Αχιμελεχ Προσαγαγε το εφουδ· και προσηγαγεν Αβιαθαρ το εφουδ προς Δαυιδ, 8 και επηρωτησεν Δαυιδ δια του κυριου λεγων Ει καταδιωξω οπισω του συστρεμματος τουτου; και ει καταλημψομαι αυτους; και ειπεν αυτω κυριος Καταδιωκε, οτι καταλαμβανων καταλημψη αυτους και εξαιρουμε- νος [εξαιρη]. 9 και επορευθη Δαυιδ, αυτος και οι εξακοσιοι ανδρες οι μετ' αυτου, και ερχεται εως του χειμαρρου του Βοσορ, και καταλειπει εκει διακοσιους ανδρας. 10 και κατεδιωξεν εν τετρακοσιοις ανδρασιν, υπεσ- τησαν δε οι διακοσιοι ανδρες του φυλασσειν, οιτινες εκαθισαν περαν του χειμαρρου του Βοσορ. 11 και ευρισκουσιν ανδρα Αιγυπτιον εν αγρω και λαμβανουσιν αυτον και αγουσιν αυτον προς Δαυιδ· και διδοασιν αυτω αρτον, και εφαγεν, και υδωρ εποτισαν αυτον· 12 και εδωκαν αυτω κλασμα

και οι υιοι αυτων boc₂e₂ | αιχμαλωτευμενοι bo°c₂e₂ A] αιχμαλωτευσαμενοι o* | 4 επηρεν boc₂e₂ | εν αυτοις b(> εν b')oc₂e₂ Mgj | του boc₂e₂ a₂ | ετι boc₂e₂ | 5 ηχμαλωτευθησαν] > e₂ | Αχιναα bc₂ Acx lpqtz fmsw MNagjv] Αχιvααβ ο a₂ : Ναα e₂(vid) i | Ιεζραηλιτις] Εζδραηλιτης ο | Καρμηλιου] Καρμηλιτου b' | 6 εθλιβη] + ο e₂ | διοτι boc₂e₂ | κατωδυνος] + η c₂ | παντος] > o* | του] > e₂ | επι¹] > ο | τοις υιοις boc₂e₂ z | ταις θυγατρασιν boc₂e₂ z | κυριω θεω] τω θεω ο | 7 το¹] τω ο c dp v | και προσηγαγεν Αβιαθαρ το εφουδ προς δαδ boc₂e₂ Ac(τω)x | 8 συστρεμματος oc₂e₂ M(mg)i(mg)] συστρευματος b : στρατευματος b' | και² boc₂e₂ A z | ει²] > ο A | εξαιρη oc₂ efmsw] εξαιρει be₂ | 9 οι² boc₂e₂ c°x z f av | ερχεται boc₂e₂ A | καταλειπει bc₂e₂] καταλειπη ο | εκει διακοσιους ανδρας boc₂e₂ | 10 κατεδιωξεν] κατεδιωκεν ο | οι boc₂e₂ c z g | του φυλασσειν boc₂e₂ z g(φυλασιν) | 11 αυτω] αυτον b'e₂ c t g | εποτισαν αυτον boc₂e₂ | 12 εδωκαν boc₂e₂ | κλασμα] κλασματα ο f |

παλαθης, και δυο σταφιδας και εφαγεν, και κατεστη το πνευμα αυτου εν αυτω, διοτι ου βεβρωκει αρτον και ου πεπωκει υδωρ τρισιν ημεραις και τρισιν νυξιν. 13 και ειπεν αυτω Δαυιδ Ποθεν ει και τινος ει συ; και ειπεν το παιδαριον το Αιγυπτιον Δουλος ειμι εγω ανδρος Αμαληκιτου, και [εγκατελιπεν] με ο κυριος μου, διοτι ηνωχληθην εγω σημερον τριταιος. 14 ημεις δε επεθεμεθα επι νοτον του Χορρι και επι τα της Ιουδαιας μερη και επι νοτον του Χελουβ και την Σεκελαγ ενεπρησαμεν εν πυρι. 15 και ειπεν προς αυτον Δαυιδ Ει καταξεις με επι το συστρεμμα τουτο; και ειπεν Ομοσον δη μοι κατα του θεου μη θανατωσαι με και μη παραδουναι με εις χειρας του κυριου μου, και καταξω σε επι το συστρεμμα τουτο. και ωμοσεν αυτω, 16 και κατηγαγεν αυτους, και ιδου αυτοι διακεχυμενοι επι προσωπον πασης της γης, εσθιοντες και πινοντες και εορταζοντες επι πασι τοις σκυλοις τοις μεγαλοις, οις ελαβον εκ γης αλλοφυλων και εκ γης Ιουδα. 17 και ηλθεν επ' αυτους Δαυιδ και επαταξεν αυτους απο εωσφορου και εως εσπερας και της επαυριον, και εθανατωσεν· και ου διεσωθη εξ αυτων ανηρ, αλλ' η τετρακοσια παιδαρια α επεβη επι καμηλων και εφυγεν. 18 και εκομισατο Δαυιδ παντα, οσα ελαβεν ο Αμαληκ, και αμφοτερας τας

και δυο σταφιδας boc₂e₂ z | διοτι boc₂e₂ | ου βεβρωκει] ουκ εβρωκει o | ου πεπωκει] ουκ επεπωκει e₂ g | τρισιν ημεραις boc₂e₂ | και⁶] > b' | τρισιν νυξιν boc₂e₂] > b' | 13 αυτω] > e₂ | ει¹] εις c₂ | ειμι boc₂e₂ z(mg) <44> | εγω boc₂e₂ | Αμαληκιτου] Αμαλικιτου e₂ | εγκατελιπεν bc₂ z] εγκατελειπεν oe₂ | διοτι oc₂e₂] και b' : οτι b Bya₂ Acx dlpqtz efmsw MNaghijnvb₂ | 14 δε bc₂e₂ | νοτον¹] νοτου b : νωτου b' | Χορρι boc₂e₂ z(mg) M(txt)Nagh*ijnvb₂ | νοτον²] νωτον b' | του² boc₂e₂ v | Χελουβ boc₂e₂ z(mg) e MNh*ijvb₂ | Σεκελαγ bc₂e₂ hᵇ'] Σελαγ o | ενεπρησαμεν boc₂e₂ cx | 15 συστρεμμα¹ boc₂e₂ z(mg) Thdt | θανατωσαι boc₂e₂ dlpqtz efmsw MNghijnb₂ | συστρεμμα² boc₂e₂ z(mg) | και ωμοσεν boc₂e₂ yᵇa₂ z Mg | αυτω boc₂ yᵇa₂ Mg] αυτον e₂ | 16 αυτους boc₂e₂ z i | αυτοι boc₂e₂ i | επι² boc₂e₂ cx | τοις μεγαλοις] > e₂ | 17 και³ boc₂e₂ | εσπερας boc₂e₂ M(mg)g Jos(vid) | της boc₂] τη e₂ Bya₂ Acx dpqtz efmsw MNaghijnvb₂ | και εθανατωσεν boc₂e₂(-ωσε) | παιδαρια] παιδια c₂ | επεβη boc₂e₂] επεβησαν b' | καμηλων boc₂e₂ | εφυγεν boc₂e₂] εφυγον b' Bya₂ cx dpqtz efmsw MNaghijnvb₂ | 18 εκομι-

γυναικας αυτου εξειλατο. 19 και ου διεφωνησεν αυτοις απο μικρου και εως μεγαλου απο των σκυλων και εως υιων και θυγατερων και απο των σκυλων και εως παντων ων ελαβον αυτων· τα παντα επεστρεψεν Δαυιδ. 20 και ελαβεν Δαυιδ παντα τα ποιμνια αυτων και τα βουκολια και απηγαγεν εμπροσθεν των σκυλων, και τοις σκυλοις εκεινοις ελεγετο Ταυτα σκυλα Δαυιδ. 21 και παραγινεται Δαυιδ προς τους διακοσιους ανδρας τους απολειφθεντας του πορευθηναι οπισω Δαυιδ ους εκαθισεν εν τω χειμαρρω Βοσορ, και εξηλθον εις απαντησιν Δαυιδ και εις απαντησιν του λαου του μετ' αυτου, και προσηλθεν Δαυιδ εως του λαου, και ηρωτησεν αυτους τα εις ειρηνην. 22 και [απεκριθη] πας ανηρ πονηρος και λοιμος των ανδρων των πολεμιστων των πορευθεντων μετα Δαυιδ και ειπον Διοτι ου κατεδιωξαν μεθ' ημων, ου δωσομεν αυτοις εκ των σκυλων, ων εξηρημεθα, αλλα εκαστος την γυναικα [αυτου] και τα τεκνα αυτου απαγεσθωσαν και αποστραφητωσαν. 23 και ειπεν Δαυιδ Ου ποιησετε αδελφοι μου ουτως μετα το παραδουναι κυριον [ημιν] τους υπεναντιους και φυλαξαι ημας και παραδουναι το συστρεμμα το επελθον εφ' ημας εις χειρας ημων. 24 και τις

σατο boc₂e₂ z (mg) | οσα ελαβεν ο Αμαληκ boc₂e₂ | εξειλατο] εξειλετο b pqtz eᵃfmsw Mghᵇˀ | 19 και² boc₂e₂ z | σκυλων¹] > o* | και απο των σκυλων boc₂e₂ Ac(> των)x | αυτων] αυτοι b′ | 20 αυτων boc₂e₂ z | ταυτα] + τα e₂ Ba₂ cx l efw j | 21 απολειφθεντας boc₂] υπολειφθεντας e₂ dpqtz efmsw MNaghijnvb₂ | του¹] > b′ h | πορευθηναι] > b′ ah | ους boc₂e₂ ghi | εξηλθον] εξηλθεν e₂ a₂ M | προσηλθεν boc₂e₂ z(mg) | ηρωτησεν boc₂e₂ | αυτους boc₂e₂ | 22 απεκριθη bc₂ Bya₂ Acx dpqtz efmsw MNaghijnvb₂] απεκριθησαν oe₂ | και λοιμος boc₂e₂ | ειπον boc₂e₂ cx d ef ajᵃˀ | διοτι boc₂e₂ Acx | ου κατεδιωξαν] ουκ απεδιωξαν o | δωσομεν] δωσωμεν b′e₂ y x ghnv | εξηρημεθα boc₂e₂] ηξηρημεθα b′ | αλλα boc₂e₂ | αυτου¹ bo*e₂* Bya₂ Acx dpqtz efmsw MNaghijnvb₂] εαυτου o*c₂e₂* | αυτου²] > o | απαγεσθωσαν oc₂e₂ Bya₂ ef Nhinv] απαγαγεσθωσαν b | αποστραφητωσαν boc₂e₂ h | 23 ποιησετε] ποιησεται b′o a₂ c a*v | αδελφοι μου boc₂e₂ | το¹] του e₂ d g | ημιν bc₂ Bya₂ Acx dpqtz emsw Maghijnb₂] υμιν oe₂ | τους υπεναντιους bo(εναντιους)c₂e₂ z(mg) | ημας¹] υμας e₂ | παραδουναι² boc₂e₂ z(mg) i | το συστρεμμα το boc₂e₂ z(mg) i | επελθον boc₂e₂ z(mg) | εις]

ακουσεται των λογων υμων τουτων; οτι ουχ ηττους ημων εισιν· δια τουτο κατα την μεριδα του καταβαντος εις τον πολεμον, ουτως εσται και η μερις του καθημενου επι τα σκευη· και μεριουνται κατα το αυτο. 25 και εγενετο απο της ημερας εκεινης και επεκεινα εγενετο εις προσταγμα και εις δικαιωμα τω Ισραηλ εως της ημερας ταυτης. 26 Και ηλθεν Δαυιδ εις Σεκελαγ και απεστειλεν τοις πρεσβυτεροις Ιουδα και τοις πλησιον αυτου των σκυλων λεγων Ιδου ευλογια υμιν εκ των σκυλων των εχθρων κυριου· 27 και τοις εν [Βαιθηλ] και τοις εν [Ραμα] νοτου και τοις εν Ιεθερ 28 και τοις εν [Αρουηλ] και τοις εν Αρικαιν και τοις εν Σεφινμωθ και τοις εν Ονθομ 29 και τοις εν Καρμηλω και [τοις] εν ταις πολεσιν του Ισραηλ και τοις εν ταις πολεσιν του Κενεζι 30 και τοις εν Ερμα και τοις εν Βηρσαβεαι και τοις εν Ναγεβ 31 και τοις εν Χεβρων και εις παντας τους τοπους, ους διηλθεν Δαυιδ εκει, αυτος και οι ανδρες αυτου.

31:1 Και οι αλλοφυλοι επολεμουν εν Ισραηλ, και εφυγον ανδρες Ισραηλ εκ προσωπου των αλλοφυλων, και πιπτουσιν τραυματιαι εν τω ορει Γελβουε. 2 και συναπτουσιν οι αλλοφυλοι τω Σαουλ και τοις υιοις αυτου, και τυπτουσιν οι αλλοφυλοι τον Ιωναθαν και τον Αμιναδαβ και τον Μελχι-

+ τας e₂ i | 24 ακουσεται boc₂e₂ | υμων boc₂e₂ | ηττους boc₂e₂ z efmsw i | ημων boc₂e₂ a₂ cx* dpqtz efmsw ghi | δια τουτο boc₂e₂ | καταβαντος boc₂e₂ | τον] > b´ | και² boc₂e₂ cx | και³ boc₂e₂ z | κατα το αυτο boc₂e₂ | 25 εγενετο boc₂e₂ y | επεκεινα boc₂e₂ | εις²] > o B N | 26 Σεκελαγ boc₂e₂ a | και³ boc₂ Bya₂ Acx z(mg)] > e₂ | των σκυλων¹ boc₂e₂ z(mg) h | υμιν εκ boc₂e₂ | 27 και¹ boc₂e₂ | Βαιθηλ bc₂ A M(mg)] Βαιθουρ o : Βεθουρ e₂ | Ραμα be₂ Bya₂ Acx dpqtz efmsw MNaghijnvb₂] Ραμααθ c₂ : Ραβαθ o | νοτου] νωτου b´ | 28 Αρουηλ c₂e₂ hᵇ⁷] Ρουηλ o : Ραγουηλ b | Αρικαιν boc₂e₂ | Σεφινμωθ oc₂e₂] Σεφιμωθ b | 29 Καρμηλω] Καρπηλω o | και²] > b ai | τοις² c₂e₂ Bya₂ Acx dpqtz efmsw MNghjnvb₂] ταις o : > b ai | εν ταις πολεσιν του¹] > b ai | Ισραηλ oc₂e₂ Bya₂ M(mg)] > b ai | ταις²] > o | 30 Ερμα bc₂e₂] Ραμα o cx | και²] + εν b´ | Βηρσαβεαι boc₂e₂] Βηρσαβεε b´ By dpqtz efmsw MNaghijnvb₂ | 31 και¹] + εν b´ | Χεβρων] Χεβρω e₂ av |

31:1 εν¹ boc₂e₂ a₂ | τω] > o | 2 οι¹ boc₂e₂ a₂ cx dpqtz efmsw | οι² boc₂e₂ a₂ cx dpz

σουε υιους Σαουλ. 3 και βαρυνεται ο πολεμος επι Σαουλ, και ευρισκουσιν αυτον οι ακοντισται, ανδρες τοξοται, και ετραυματισαν αυτον εις τα υποχονδρια. 4 και ειπεν Σαουλ προς τον αιροντα τα σκευη αυτου Σπασαι την μαχαιραν σου και εκκεντησον με εν αυτη, μη ποτε ελθωσιν οι απεριτμητοι ουτοι και αποκτεινωσιν με και εμπαιξωσιν εν εμοι. και ουκ εβουλετο ο αιρων τα σκευη αυτου, διοτι εφοβηθη σφοδρα· και ελαβεν Σαουλ την μαχαιραν αυτου και επεσεν επ' αυτην. 5 και ειδεν ο αιρων τα σκευη αυτου οτι τεθνηκεν Σαουλ, και επεπεσεν και αυτος επι την μαχαιραν αυτου και απεθανεν μετ' αυτου. 6 και απεθανεν Σαουλ και οι τρεις υιοι αυτου και ο αιρων τα σκευη αυτου και παντες οι ανδρες αυτου εν τη ημερα εκεινη κατα το αυτο. 7 και ειδον ανδρες Ισραηλ οι εν τω περαν της κοιλαδος και οι εν τω περαν του Ιορδανου οτι εφυγον ανδρες Ισραηλ και οτι τεθνηκεν Σαουλ και οι υιοι αυτου, και καταλειπουσιν τας πολεις αυτων και φευγουσιν· και ερχονται οι αλλοφυλοι και κατοικουσιν εν αυταις. 8 και εγενηθη τη επαυριον και ερχονται οι αλλοφυλοι εκδυσαι τους τραυματιας και ευρισκουσιν τον Σαουλ και τους τρεις υιους αυτου

fm MNg | 3 αυτον¹] > e₂ p | ετραυματισαν bc₂e₂] ετραυματισθη ο Bya₂ Acx dpqtz efmsw MNaghijnvb₂ | αυτον² bc₂e₂ | 4 σπασαι] σπασον ο y gh | μαχαιραν¹ bc₂e₂] ρομφαιαν ο Bya₂ Acx dpqtz efmsw MNaghijnvb₂ | σου] μου b´ | εκκεντησον bc₂e₂] αποκεντησον ο Bya₂ Acx dpqtz efmsw MNaghijnvb₂ | ποτε bc₂e₂ efmsw | αποκτεινωσιν bc₂e₂] αποκεντησωσιν ο By c dpqtz efmsw Mghij(mg) nvb₂ | εμπαιξωσιν] εμπαιξουσιν c₂ a₂ cx ahv | διοτι bc₂e₂] οτι ο By Acx dpqtz efmsw MNaghijnvb₂ | μαχαιραν² bc₂e₂ i(mg)] ρομφαιαν ο Bya₂ Acx dpqtz efmsw MNaghi(txt)jnvb₂ | επεσεν boe₂ a₂*⁷ cx pqz(txt) efmsw] επεπεσεν c₂ By A tz(mg) MNaghijnvb₂ | 5 επεπεσεν bc₂e₂ By A dltz fms Mhijb₂] επεσεν b´o a₂*⁷ cx pq ew Na(vid) | μαχαιραν bc₂e₂] ρομφαιαν ο Bya₂ Acx dpqtz efmsw MNaghijnv b₂ | 6 τρεις] + οι e₂ a₂ g | ο αιρων] οι αιροντες b | και παντες οι ανδρες αυτου bc₂e₂ Acx efmw | 7 ειδον] + οι ο Bya₂ Acx dlpqtz efmsw Mginv | οι¹] > o* cx | οι²] > o e g | 8 εγενηθη] + και e₂ : > b d | και²] > b Bya₂ d | εκδυσαι bc₂e₂ i] εκδιδυσκειν ο Bya₂ Ax dpqtz efmsw MNaghjnvb₂ | τραυματιας bc₂e₂ i] νεκρους ο Bya₂ Acx dpqtz efmsw MNaghjnvb₂ | τρεις] δυο b* : > c₂ a₂ A | εν τω ορει bc₂e₂] επι τα ορη ο Bya₂ Acx dpqtz efmsw MNaghijnvb₂ |

πεπτωκοτας εν τω ορει Γελβουε. 9 και αποκεφαλιζουσιν αυτον και εκδιδυσκουσιν αυτον τα σκευη αυτου και αποστελλουσιν εις γην αλλοφυλων κυκλω, ευαγγελιζομενοι τοις ειδωλοις αυτων και τω λαω αυτων· 10 και ανεθηκαν τα σκευη του Σαουλ εις το [Ασταρτιον] και το σωμα αυτου κατεπηξαν εν τω τειχει Βαιθσαν. 11 και ακουουσιν περι αυτου οι κατοικουντες Ιαβις της Γαλααδιτιδος οσα εποιησαν οι αλλοφυλοι τω Σαουλ. 12 και ανεστησαν παντες ανδρες δυναμεως και επορευθησαν ολην την νυκτα και ελαβον το σωμα Σαουλ και το σωμα Ιωναθαν του υιου αυτου απο του τειχους Βαιθσαν και ηνεγκαν αυτους εις Ιαβις και [κατεκαυσαν] αυτους εκει. 13 και ελαβον τα οστα αυτων και εθαψαν υπο την αρουραν εν Ιαβις και ενηστευσαν επτα ημερας.

9 αποκεφαλιζουσιν bc₂e₂ z(mg) M(mg)i] αποστρεφουσιν ο Bya₂ Acx dpqtz(txt) efmsw M(txt)Naghjnvb₂ | εκδιδυσκουσιν bc₂e₂ z(mg) i] εξεδυσαν ο By Acx dpqtz(txt) efmsw MNaghjnvb₂ | αυτον² bc₂e₂ z(mg) i | αυτου] + και αποκοπτουσιν την κεφαλην αυτου ο dpqtz efmsw MNa(mg)gn | αποστελλουσιν] εξαποστελλουσιν ο MNhijnvb₂ | 10 του Σαουλ bc₂e₂ vᵇ] αυτου ο Bya₂ Acx dpqtz efmsw Maghijnb₂ | Ασταρτιον bc₂ Bya₂ Acx dlpqtz efmsw MNaghijnvᵇb₂] Σταρτιον oe₂ | κατεπηξαν] κατεπτηξαν ο | Βαιθσαν bc₂e₂ z msw ghjvb₂] Βαιθσαμαν ο | 11 περι αυτου bc₂e₂ Acx vᵇ | οσα boc₂e₂ vᵇ | 12 παντες boc₂e₂ vᵇ] + οι b | ανδρες boc₂e₂ vᵇ | Βαιθσαν boc₂e₂ ahᵇ⁷(vid) | ηνεγκαν boc₂e₂ | εις] ως ο | κατεκαυσαν oc₂ vᵇ] κατευκαυσαν e₂ : κατεκλαυσαν b | 13 ελαβον boc₂e₂ vᵇ | εθαψαν boc₂e₂ vᵇ | εν] > b′ | ενηστευσαν boc₂e₂ vᵇ |